ELOGIOS – *A EVOLUÇÃO DA DEUSA*

"*A Evolução da Deusa*, de Emma Mildon, é um livro excepcional. Recomendo demais."
— **Caroline Myss**, autora de *Archetypes and Sacred Contracts*, best-seller do *New York Times*

"*A Evolução da Deusa* é um guia contemporâneo para o Feminino. Leitura obrigatória para quem se interessa pela busca espiritual, desejando mergulhar fundo na ascensão do Feminino, sem que precise ler vários livros diferentes! Trata-se de um guia prático sobre a Deusa ao longo do tempo, e o melhor: é apresentado de maneira fácil e agradável de ler."
— **Rebecca Campbell**, autora de *Light Is the New Black* e *Rise Sister Rise*

"Com este livro, Emma Mildon dá voz a antigas histórias de nossa evolução. Histórias que foram excluídas da História, e com efeitos devastadores – seja pelo nosso sistema de saúde em colapso, pelos países em estado contínuo de guerra, pela repressão às mulheres em todo lugar, ou pela devastação causada ao ambiente pelo sistema capitalista. Este livro é uma convocação para que cada mulher resgate a Deusa que tem dentro de si – e para que, ao fazê-lo, ajude a gerar um novo despertar, há muito devido, do princípio do Divino Feminino."
— **Ruby Warrington**, fundadora de The Numinous e autora de *Material Girl, Mystical World*

"Se sua Deusa Interior estiver presa dentro de você, esperando a libertação, este livro vai guiá-la rumo ao mundo e à luz. A voz poderosa, mas acessível, de Emma Mildon faz dela a mulher ideal para contar esta história."
— **Emma Loewe**, editora da plataforma mindbodygreen

"*A Evolução da Deusa* é uma invocação moderna e poderosa da sabedoria e das práticas ancestrais da Deusa. Uma invocação do Divino Feminino e um alerta contra a propaganda pseudoespiritual, este livro é um convite sério para que as mulheres assumam de fato seu poder e retomem sua magia, sem nenhuma culpa. Se você deseja vivenciar uma vida mais ousada e significativa, lutar pelo amor e imprimir uma mudança realmente positiva no mundo, então este livro é leitura obrigatória. *A Evolução da Deusa* é o combustível para acender seu fogo interior e encorajá-la a se tornar a mulher que você sabe que pode ser."
— **Rebecca Van Leeuwen**, fundadora do Soul Sister Circle

"Com ousadia e um atrevimento maroto, mas inteligente, que são suas marcas registradas, Emma Mildon nos brinda com um livro divinamente feminino, destinado à mulher moderna que deseja explorar suas raízes ancestrais. Como uma sacerdotisa da Deusa, Emma nos conduz pelas conexões e colaboração sinceras que todas podemos desenvolver com Deusas de vários países, crenças espirituais e práticas. A invocação dos poderes de Kali Ma, Gaia, Afrodite e Deméter jamais foi apresentada de maneira tão original e divertida."
— **Julie Parker,** sacerdotisa e fundadora da Beautiful You Coaching Academy

"Emma assumiu a missão de guiar todas nós rumo à felicidade, saúde e alegria ilimitadas, por meio da compreensão espiritual e do autoconhecimento. Amo esta mulher e este livro. Sua mensagem sobressai em meio a ruídos inúteis, falando direto à alma. Numa palavra: transformadora."
— **Shannon Kaiser,** autora dos best-sellers *Adventures for Your Soul* e *The Self-Love Experiment*

"Um livro para todas as mulheres que desejam com ardor retomar seu direito inato a ser uma Deusa. Emma Mildon desempenha um papel importante em nos ajudar a recordar essa história esquecida."
— **Sahara Rose Ketabi,** autora de *Idiot's Guide to Ayurveda* e *Eat Feel Fresh*

"*A Evolução da Deusa* é um guia maravilhoso, que ensina às mulheres como reconquistar sua Deusa, e o humor irreverente de Emma só o torna ainda mais saboroso. Um livro oportuno, para ajudar a elevar a vibração feminina, incentivando as mulheres a buscar a iluminação em todos os momentos possíveis."
— **Angela Morris,** fundadora de The Feminine Shift

"*A Evolução da Deusa* atingiu o mesmo objetivo que o primeiro livro de Emma, *O Despertar da Deusa*, guiou-me ao mundo espiritual, reconfortando-me com sua companhia durante toda a viagem. Sua inteligência, senso de humor e autenticidade, amparados por seu conhecimento, tornam este livro, assim como o anterior, uma leitura impossível de ser interrompida!"
— **Makaia Carr,** fundadora de Motivate Me, blogueira e empreendedora

A EVOLUÇÃO DA DEUSA

A EVOLUÇÃO DA DEUSA

O Guia da Mulher Moderna Para Ativar os Poderes do Sagrado Feminino

EMMA MILDON

Tradução
Martha Argel
Humberto Moura Netto

Editora Pensamento
SÃO PAULO

Título original: *Evolution of Goddess.*

Copyright © 2018 Emma Renée Mildon.

Copyright da edição brasileira © 2021 Editora Pensamento-Cultrix Ltda.

Publicado mediante acordo com a editora original Enliven Books/Atria Books, a Division of Simon & Schuster, Inc

1ª edição 2021.

Todos os direitos reservados. Nenhuma parte deste livro pode ser reproduzida ou usada de qualquer forma ou por qualquer meio, eletrônico ou mecânico, inclusive fotocópias, gravações ou sistema de armazenamento em banco de dados, sem permissão por escrito, exceto nos casos de trechos curtos citados em resenhas críticas ou artigos de revista.

A Editora Pensamento não se responsabiliza por eventuais mudanças ocorridas nos endereços convencionais ou eletrônicos citados neste livro.

Ilustrações de Max Thompson

Editor: Adilson Silva Ramachandra
Gerente editorial: Roseli de S. Ferraz
Preparação de originais: Alessandra Miranda de Sá
Gerente de produção editorial: Indiara Faria Kayo
Editoração eletrônica: Join Bureau
Revisão: Vivian Miwa Matsushita

Dados Internacionais de Catalogação na Publicação (CIP)
(Câmara Brasileira do Livro, SP, Brasil)

Mildon, Emma
  A evolução da deusa: o guia da mulher moderna para ativar os poderes do sagrado feminino / Emma Mildon; tradução Martha Argel, Humberto Moura Neto [ilustrações de Max Thompson]. – São Paulo: Editora Pensamento Cultrix, 2021.

  Título original: Evolution of goddess
  ISBN 978-65-87236-47-6

  1. Deusas 2. Religião da Deusa 3. Mulheres - Vida religiosa I. Thompson, Max. II. Título.

20-47450

Índices para catálogo sistemático:
1. Religião da Deusa 291.14
Cibele Maria Dias – Bibliotecária – CRB-8/9427

Direitos de tradução para o Brasil adquiridos com exclusividade pela
EDITORA PENSAMENTO-CULTRIX LTDA., que se reserva a propriedade literária desta tradução.
Rua Dr. Mário Vicente, 368 – 04270-000 – São Paulo – SP
Fone: (11) 2066-9000
http://www.editorapensamento.com.br
E-mail: atendimento@editorapensamento.com.br
Foi feito o depósito legal.

ESTE LIVRO É PARA TODAS AS MULHERES DO MUNDO QUE ESTÃO SENTINDO A MUDANÇA. INCLUSIVE VOCÊ. E PARA MINHA MÃE, PARA SUA MÃE, PARA NOSSA MÃE TERRA.

Dedicado à Deusa abnegada máxima, minha mãe, Margaret Helen Mildon. Você adotou muito mais que meu eu bebê; você ficou impressa para sempre em minha alma, e por isso, sempre serei grata por ter compartilhado uma pequena fatia desta vida com você. Os dezesseis anos que tivemos foram, sem dúvida, doces. Que você possa ser a mãe de almas perdidas na sua próxima vida, assim como foi a minha nesta. Obrigada por tomar-me sob sua proteção, e por me ensinar com mente e coração abertos.

Você me deu um sentido de pertencimento em um mundo que queria me moldar igual a todos os demais. Obrigada por permitir que seu modo gentil de educar me desse espaço para evoluir. Desde permitir que eu comprasse revistas de tarô aos 5 anos de idade, a me deixar encher as paredes do meu quarto com pôsteres de orcas, cristais e enfeites de fada. Obrigada por nunca ofuscar meu espírito infantil e toda a minha esquisitice esotérica. Este livro é para todas as mulheres que nos permitem abraçar nossa jornada evolutiva e sempre incentivaram as outras a assumirem seu verdadeiro eu.

SUMÁRIO

Nota à Leitora 11
Introdução: Resgatando a Deusa Interior 13
Sobre o Livro 21

PARTE I: SUA EVOLUÇÃO

1. A Deusa de Mil Faces 31
2. Saiba Isto: Manifesto da Deusa 43
3. O Feminino: Arquétipos + Narrativas 49
4. A Linha do Tempo Segundo as Estrelas 59
5. Qual Arquétipo da Deusa Você É? 77

PARTE II: DEUSA DA LUA

6. Lua: Mitologia + Poderes 93
7. O Essencial da Evolução da Lua 103
8. Modalidades da Lua 113

PARTE III: DEUSA DA ÁGUA

9. Água: Mitologia + Poderes 127
10. O Essencial da Evolução da Água 135
11. Modalidades da Água 145

PARTE IV: DEUSA DA TERRA

12.	Terra: Mitologia + Poderes	153
13.	O Essencial da Evolução da Terra	163
14.	Modalidades da Terra	173

PARTE V: DEUSA DO AR

15.	Ar: Mitologia + Poderes	185
16.	O Essencial da Evolução do Ar	191
17.	Modalidades do Ar	201

PARTE VI: DEUSA DO SOL

18.	Sol: Mitologia + Poderes	209
19.	O Essencial da Evolução do Sol	217
20.	Modalidades do Sol	227

Ativando Seus Poderes da Deusa	233
Posfácio	243
Agradecimentos	247
Apêndice: Mantras da Deusa	249
Notas	253

NOTA À LEITORA

Querida leitora,

A verdade é que chega um momento em que virar uma nova página de sua vida é o sentimento mais libertador e empoderador que você pode vivenciar. É o doce momento de realização, em que você percebe que no livro da vida há muita, muita coisa. Que o poder de dar luz à vida que deseja está em suas mãos, para você dar a volta por cima, livrar-se daquilo que não alimenta sua alma, enriquecer a vida, ajudá-la a crescer ou, de maneira consciente, desafiar você. Continue virando as páginas, Deusa. Você tem permissão para mudar e é encorajada a fazê-lo.

love Emma xox

INTRODUÇÃO: RESGATANDO A DEUSA INTERIOR

"ELA SEMPRE TEVE TUDO O QUE PRECISA DENTRO DE SI MESMA. FOI O MUNDO QUE A CONVENCEU QUE ELA NÃO TINHA."
– RUPI KAUR

Zhena fez com que me sentisse bem, em cada partícula do meu ser. Minha musa, mentora e autonomeada mãe mística, Zhena Muzyka é uma mistura maravilhosa de cigana, guerreira empresarial e Deusa. Certa manhã, estávamos sentadas em seu bangalô, lá no alto, de onde se avistavam palmeiras e arrozais, e ela me disse algo profundo. Tínhamos ido para Bali a fim de trabalharmos juntas neste livro e, sendo minha sábia guia, estava claro para ela que eu, seu jovem gafanhoto, precisava de um estímulo inicial. Assim, ela me disse: "A única saída é para dentro". Piração. Total.

Seu olhar sábio e sua presença de Deusa tornavam impossível não ouvir o que Zhena dizia. Ela é uma mulher de autoridade delicada; é amorosa, mas se impõe, e ao mesmo tempo que acolhe, é mestra em não deixar barato. É serena em seu poder, maravilhosamente equilibrada. Admirei sua energia. Nunca havia conhecido ninguém como ela. Zhena era tanto o estado desperto quanto a ação. Eu havia respondido ao seu chamado alguns anos antes, quando o império de negócios que criara foi tirado dela. Havia sido confrontada com uma mudança inevitável, como acontece com todos nós ao longo da vida. Sabe, aquele tipo de mudança que deixa você mais sábia e mais forte, mas também muito furiosa.

Com aprendizados transformadores, uma determinação alimentada pela sensação de injustiça e disposta a ir com tudo, ela se reconstruiu, um tijolo consciente após o outro. Bom, um livro consciente após o outro. Sua missão como editora era criar conteúdo consciente para o mundo. Mas não as típicas divagações de sempre da Nova Era. Não, ela não desperdiçaria seu tempo com o *mainstream* inconsequente. Sua missão era ajudar a fomentar livros que incentivassem o ativismo espiritual. Livros que transmitissem a verdade às pessoas, indo além do blá-blá-blá consciente. Que fossem um chamado à ação desperta. Ela se fez presente acolhendo pessoas criativas conscientes, que atenderam ao chamado para que escrevessem para o mundo. Ela as guiou. Ativou um autor após o outro. Cultivando de maneira vigorosa e amorosa seus trabalhos, para que sustentassem com coragem as verdades por vezes desconfortáveis que transmitiam em suas páginas, emitindo para as massas seus chamados à ação consciente. Esta autora, com este livro, faz parte de tudo isso.

"Não, querida." Zhena tirou os óculos para fixar o olhar em meu terceiro olho. "Não." Ela sacudiu a cabeça e curvou-se na minha direção. "Você é muito mais do que alguém que escreve sobre evolução. Você... você escreve sobre empoderamento."

Os pelinhos dos meus braços se arrepiaram, um alerta intuitivo para eu prestar atenção. Minha alma aflorou em meus olhos; postou-se alerta, em saudação. Eu não sabia o que dizer. Toda a minha energia concentrava-se em ouvir – e em tentar não chorar, enquanto dizia a mim mesma para ficar calma.

"O mundo não tem tempo para coisas bonitinhas. Você tem permissão para ir direto ao cerne da coisa. Quer dizer, você nunca precisou de permissão, mas você a tem." Zhena fez um aceno displicente para mim com a mão, como se estivesse dizendo, *claro, o que você precisar para fazer isso acontecer*. Olhei para trás, por cima do ombro, para os arrozais, e notei a fumaça que subia de um fogo que queimava as plantações. Meus olhos ardiam, ansiando por clareza em meio à fumaça, e encheram-se de lágrimas com a cena.

A permissão dela foi como uma revelação para mim. Senti literalmente um peso enorme sendo tirado do meu peito. Meu chakra da garganta limpou-se quando tossi em contemplação, junto com os grilos e cigarras que cantavam. Engoli em seco, digerindo o que ela havia dito. Senti como se tivesse acabado de sair do meu retorno de Saturno – atingida por uma ofuscante clareza consciente.

"Emma, este livro não é só para você, entende? É para elas. As mulheres que estão por aí e que precisam saber que são seres espirituais com um poder inimaginável. Mulheres que são a chave para a mudança do mundo. As heroínas que estão por aí sem uma espada escondida nas costas do vestido. Dê a elas a p***a da espada."

Ela estava certa. Vocês precisavam saber. Todas nós precisávamos. Todas estão fazendo a coisa certa de maneira consciente e, ao mesmo tempo, não estão fazendo absolutamente nada.

Zhena passava muito tempo com cientistas, economistas e empresários. Navegar por águas desconhecidas, longe das confortáveis margens conscientes, era uma segunda natureza para sua corajosa percepção de como deveria ser a mudança. Ela punha em prática seu discurso consciente evoluído. Sua tribo eram os pensadores, os fazedores. Assim, devia estar muito frustrada por eu não ter sacado que tinha permissão, e por não estar cumprindo minha missão. Eu podia sentir a frustração e a aflição dela, por isso reuni toda a minha energia e reagi com a única resposta profunda em que consegui pensar. Um "Uaaaaaau!" atônito e impressionado. Reação supercabeça, cara. Que vergonha!

Ela deu um sorrisinho torto e acenou de leve com a cabeça para mim, compreendendo que eu talvez precisasse de um tempinho para entender que eu era uma mensageira – tipo o Arcanjo Gabriel, ou Gabrielle, para o movimento da Deusa – com a missão de comunicar a todos que a criação da mudança estava diante de nós. Meu papel era transmitir essa mensagem a todas vocês, a todas as mulheres sábias.

Saí do bangalô dela carregando pesadas asas sobre meus ombros espirituais. A realidade de que não apenas eu, mas todas nós, tínhamos a responsabilidade por estarmos aqui – essa *era* a realidade. Parte de mim queria sair correndo pelas ruas de Bali, arrancando da cabeça das mulheres suas cestas trançadas, para coroá-las com a mesma compreensão: de que era o momento de atendermos ao chamado, de encontrar nossa coletividade consciente, e de somar nossa contribuição a essa transformação iminente.

Eu havia passado anos procurando a iluminação. Incontáveis horas de meditação e infindáveis odisseias espirituais haviam me levado das profundezas do Peru aos mais altos picos da Nova Zelândia, da solidão reflexiva da Espanha às reverências agradecidas de Bali. Sempre achei que estava sendo chamada para uma viagem de busca interior. Mas era muito mais do que isso.

Assumindo seu Poder de Deusa

Sabe, muitas vezes me vejo presa à rotina de sempre querer que gostem de mim. De querer agradar a todos. Chamo isso de minha "natureza feminina", dada a frequência com que vejo a mim, e outras mulheres, nos esforçando tanto para nos tornar alguém que não somos só para atender às expectativas dos outros, de modo que nunca conseguimos nos transformar em nosso verdadeiro eu. Vivemos para agradar as pessoas. Pior, tentamos fazer isso totalmente sozinhas. Eu sei. Eu também faço isso! Talvez esteja em nosso DNA querer fazer amigos e cuidar dos outros. Na verdade, nós nos esgotamos, e vamos até o fim de nossas forças, na tentativa de amar tudo e todos, e tentando ser amadas por todo mundo!

O movimento de "autoajuda/autoamor" nos ensinou que precisamos nos colocar em primeiro lugar. Temos permissão para cuidar de nós mesmas, para procurar por nós mesmas. Incluindo nossas criações e vocações. Para a maioria de nós, isso não é nenhuma novidade ou grande revelação. Mas o movimento sobre o qual escrevo não tem a ver apenas com o autoamor (embora com todo o coração eu reconheça que ele será uma ferramenta importante para você nesta jornada). Este livro está um passo evolutivo além do aprender a amar a si mesma. Estamos falando do resgate de sua Deusa Interior. Por quê? Porque é hora de desvelar a face feminina de Deus (uma vez mais) e assumir seu poder.

Muitas de nós, inclusive eu, foram condicionadas a acreditar que precisamos de autorização para sermos donas de fato de alguma coisa – para sermos donas do nosso verdadeiro eu. Não precisamos de convite para sermos reais. A verdade é: não precisamos de permissão para sermos donas do poder que nos torna únicas, que nos torna mulheres. O poder das emoções, das lágrimas ou da raiva, do amor e da paixão. Nossas emoções podem ser selvagens, indomadas e ardentes, como também podem ser amorosas, podem acalentar e consolar. Todas são energias femininas poderosas – e quando são domadas e direcionadas para a ação consciente, podem ser uma força invencível. Portanto, esta é sua autorização oficial para despertar seu eu pleno e emocionalmente ativado. Com toda a sua paixão e poder.

QUANDO VOCÊ EMPODERA UMA MULHER, VOCÊ EMPODERA O MUNDO.

Algo maravilhoso vai acontecer com você nestas páginas. Empoderamento. E depois, a ação empoderada. Quando você empodera uma mulher, você empodera o mundo. Juntas, podemos falar, compartilhar nossa voz, proteger, educar, elevar o ânimo dos outros, gritar, rir, chorar, conversar, perdoar e seguir em frente. Podemos dar um tempo. Ou tomar uma posição. Nossos sentimentos podem nos empurrar para a frente. Podemos nos mover. E, mais importante, podemos fazer os outros se moverem.

Assim, da mesma maneira que Zhena me deu permissão, muito embora ela sabiamente soubesse que de qualquer modo eu não precisava, este livro é sua permissão (caso você precise). Mais do que uma permissão, é um empurrão. Seu direito inato de Deusa para criar e sua vocação instintiva para cuidar do mundo são oferecidos de volta a você. O poder sempre esteve dentro de você. Mas às vezes precisamos de um desafio, de um despertar e de uma ativação para compreender que é seguro colocar sob controle tal poder. Que ele pode ser colhido, reunido.

Você e milhões de outras mulheres conscientes precisam saber que são santificadas, abençoadas, bem-vindas, aplaudidas e conscientemente incentivadas, a se conectarem e unirem-se umas às outras. Conectadas com sua verdadeira vocação de Deusa. E conectadas com almas que pensam de modo semelhante. Ter o amparo de outras Deusas ativadas é essencial para seu sucesso em mudar o mundo. Não seremos livres até sermos livres. Somos mais fortes quando estamos juntas. Esse é um elemento vital para que você complete sua missão consciente. Sua tribo torna você responsável. Ela ilumina e encoraja você. Afinal de contas, muitas fazem um movimento.

Você, eu, a bem-aventurada mulher que está sentada ao seu lado no metrô, todas nós temos estado em um treinamento para nos tornar soldadas espirituais carregadas de emoção. Abandonando todas as armas. Liderando com o amor. Nossa marca registrada: *mudança*. Sua marca registrada.

Você, minha querida, é o símbolo da mudança. Você é o fio que nos entrelaça a todas para criar o manto de mudança que envolve seu peito. Seus seios generosos são um símbolo de energia abundante e da fertilidade para criar um novo começo e uma nova vida.

QUE MELHOR SÍMBOLO DO CRESCIMENTO ETERNO E DA MUDANÇA DO QUE A DEUSA? A ESPIRAL ETERNA DE CRIAÇÃO, ENRODILHADA COMO UMA SERPENTE, NOSSA ENERGIA SHAKTI REPOUSA, ESPERANDO PARA SER DESPERTADA DENTRO DE TODAS NÓS.

Afinal de contas, o que é mais transformador do que a forma feminina? Que melhor símbolo do crescimento eterno e da mudança do que a Deusa? A espiral eterna de criação. Enrodilhada como uma serpente, nossa energia shakti repousa, esperando para ser despertada dentro de todas nós. Para isso nosso corpo e nosso ser foram constituídos. Para isso fomos criadas. *Mudança. Criação. Criar a mudança.*

Não importa sua ascendência, religião, passado ou opinião, nós, como um coletivo, seremos aconselhadas por nossas Deusas anciãs, avós, descendentes, líderes e ativistas espirituais, que não são diferentes de você. São mulheres que atenderam ao mesmo chamado. Mulheres que se fizeram presentes. E cujas vidas hoje são guiadas por essa perspicácia ancestral que foi despertada.

Este livro vai empoderar suas ações diárias, que se tornarão suas oferendas para o mundo. Seus pensamentos diários, que se tornarão suas preces e manifestações. Pequenas mudanças vão se tornar as sementes de um desenvolvimento monumental e de experiências evoluídas. Estas páginas vão amparar você em todas as fases de sua vida – do nascimento, a "que diabos é isso", até a morte. Somos todas igualmente bem-vindas e valorosas, como a lua é para o céu, cada bruxuleio para cada chama, cada gota para o oceano – juntas, reunidas, somos poderosas para além de qualquer medida. É hora de evoluirmos, como se fôssemos uma só.

Você, irmã, é feita da mesma beleza interior que algumas das mais devotadas santas, das mais talentosas inventoras e artistas, das mais valentes líderes e revolucionárias, e algumas das mais famosas e respeitadas mulheres através dos tempos. É isso aí, garota, você tem em si um pedacinho da Madre Teresa, da princesa Diana, de Joana d'Arc, e até da Beyoncé. Todas nós temos. Todas somos, afinal, parte da mesma família sagrada unida pela Deusa. E você está na presença vigorosa de milhões de damas conscientes. Como deveria se sentir, sabendo que está diante de Deusas? A resposta é bem simples. Você deveria sentir-se bem. Elas deveriam fazer com que você se sentisse empoderada, amparada, inspirada, motivada, mais inteligente, mais ousada e mais leve. O espírito da Deusa é: viver para o amor, a luz e o legado.

O ESPÍRITO DA DEUSA É: VIVER PARA O AMOR, A LUZ E O LEGADO.

SOBRE O LIVRO

"A VIDA QUE VOCÊ QUER ESTÁ ESPERANDO PARA EMERGIR E VIR A SEU ENCONTRO...
VOCÊ ACEITARÁ? SENTE-SE MERECEDORA O SUFICIENTE PARA ACEITÁ-LA?"
– OPRAH WINFREY

Meu desejo para você é que este livro se torne uma fonte de energia e sabedoria da Deusa. Você aprenderá sobre seu passado de Deusa para que possa despertar, escutar e assumir seu poder. Quero que este livro ajude você a se conectar com nossas avós Deusas, a canalizá-las e invocá-las, pois elas podem ampará-la em equilíbrio, força, acolhimento, confiança, cura, realização, avaliação, crescimento e orientação, e fazer com que você siga em frente com um passo confiante, autêntico e desperto.

ESTA É A HISTÓRIA PERDIDA DE NOSSA EVOLUÇÃO ESPIRITUAL FEMININA, UM LIVRO QUE VAI GUIÁ-LA E ACOMPANHÁ-LA NA JORNADA QUE FARÁ, DESDE QUEM VOCÊ ACHAVA SER ATÉ SEU VERDADEIRO EU.

Juntas, desvendaremos o cordão umbilical esquecido que percorre cada uma de nós, conectando-nos a novas palavras que ressoam em nosso interior; coisas que você sabe, sem saber como; sensações de *déjà-vu*; um impulso intuitivo; uma curiosidade espontânea a respeito de um país, um povo, um passado; e intuições esquecidas, perdidas ou silenciadas, e que são desenterradas. Esta é a história perdida de nossa evolução espiritual feminina, um livro que vai guiá-la e acompanhá-la na jornada que fará, desde quem você achava ser até seu verdadeiro eu. Ajudando a empoderá-la para que você tome seu lugar neste círculo de mudança. Um divisor de águas para a Deusa.

Este livro é sua jornada para descobrir tudo o que os livros de história, escrituras e até a Wikipédia contemporânea deixaram de fora da lista de "coisas importantes que você precisa saber para evoluir espiritualmente e para mudar e curar o mundo de maneira consciente". Este livro vai se tornar um diário de referência para sua alma em evolução. Uma fonte de ativação.

Vamos entrelaçar lições dos elementos e da própria Terra, conectando-nos coletivamente aos ensinamentos da mitologia feminina ancestral. Vamos alinhavar os fios energéticos de nosso manto consciente, os fios dos elementos naturais, que usam nossos arquétipos evolutivos, histórias e modalidades – tanto místicas quanto modernas – para entretecer tudo de forma unificada. Assim você poderá ver a beleza e o poder que resultam de ingressar em um círculo de irmãs espirituais de ideias semelhantes, com um propósito comum, com energia alinhada, e não apenas com uma visão para o futuro próximo, mas com um plano em andamento. As energias que você costumava deixar que fragmentasse, definisse ou confinasse você agora passarão a empoderá-la.

Você será solicitada a registrar, anotar, pesquisar, circundar, sublinhar, experimentar, exercitar e digerir novas ideias e abordagens, que vão ajudá-la a compreender sua evolução rumo ao empoderamento. Sua história. Este livro vai guiá-la, inspirá-la, interagir com você e impulsioná-la para um reino de sabedoria perdida.

Algumas das figuras femininas serão familiares, outras serão novas, mas você terminará o livro com a sensação de que encontrou uma sororidade havia muito perdida, não muito diferente de você. Irmãs de diferentes épocas ao longo da história, de diferentes culturas e crenças, que eram todas, como você, parte de uma consciência coletiva, e que defenderam a mudança. Você vai ser incentivada a explorar pistas espirituais – de seu lugar nas estrelas, a seus interesses, intrigas e inspirações – expondo seu verdadeiro eu de Deusa.

Meu desejo para todas as mulheres, mais do que a luta pela igualdade, é que *sejam* a igualdade. Em todas as coisas, da ação à energia. Este é o sinal de um ser evoluído.

VOCÊ ESTÁ LADO A LADO COM DEUSAS; ALINHADA COM A ENERGIA DE GIGANTAS.

Meu desejo é que evoluamos além de meus sonhos mais loucos e nos tornemos ativas com um propósito consciente. Que todas possamos nos expandir além de quaisquer crenças limitantes, de tudo que distrai ou desanima. Nada disso importa agora. Trata-se de oferecer sua sabedoria, sua visão espiritual e seu empoderamento iluminado, para servir o mundo todo. E pode estar segura de que você não fará isso sozinha. Você está lado a lado com Deusas; alinhada com a energia de gigantas. O mundo e eu estávamos esperando você fazer-se presente, responder ao chamado. Você não imagina como estamos felizes em vê-la.

SOBRE O LIVRO

MEU DESEJO É RESPEITAR VOCÊ PARA QUE SE SINTA SEGURA QUANDO OS OUTROS QUISEREM QUE SE ENQUADRE. QUERO AJUDAR VOCÊ A MANTER SUA BELA PRESENÇA DE DEUSA QUANDO AS PESSOAS TENTAREM CALÁ-LA.

Meu desejo é respeitar você para que se sinta segura quando os outros quiserem que se enquadre. Quero ajudar você a manter sua bela presença de Deusa quando as pessoas tentarem calá-la. Recordar-lhe e cutucá-la quando você tentar silenciar a si mesma. Você tem espaço para invocar plenamente o seu eu, e todas as facetas ferozes e femininas que compõem você. Eu lhe darei apoio.

Meu desejo é iniciar a ação convidando mulheres de ideias semelhantes a formar círculos. Gerar encontros de Deusas. Comandar um chamado consciente pela mudança que acolha as mulheres em seu seio, para que se unam e se identifiquem umas com as outras, em uma ação desperta. Vamos nos erguer juntas. Invoque seu eu plenamente empoderado. Cada movimento, cada marcha só tem força porque cada uma das pessoas se fez presente no dia. Este é seu dia de se fazer presente. É este meu desejo para você.

Neste livro, você vai aprender a:

- ♣ Compreender seu eu feminino, sempre em evolução, em um novo nível profundo e poderoso, reconhecendo todos os elementos de Deusa que compõem você, e toda a sua beleza polarizadora.

- ♣ Entrelaçar histórias do nosso passado de Deusas, de culturas e da mitologia, que reúnem pistas sobre a melhor maneira de avançar nesta era contemporânea de despertar.

- ♣ Acessar seus arquétipos evolutivos e dos elementos, e usá-los como um guia ao longo de uma vida mais desperta, consciente e satisfatória.

JOIA DA DEUSA, DEUSA (R)EVOLUCIONÁRIA, CONTEMPLAÇÕES DA DEUSA E EXERCÍCIO EVOLUTIVO

Ao longo deste livro, você encontrará pequenas joias de sabedoria e práticas para ajudar a estimular o pensamento evolutivo. São pequenas ferramentas para ajudar em sua transformação. Esteja atenta a esses destaques, pois vão ajudá-la a criar novas maneiras de se abrir, de assimilar e digerir novas ideias, pensamentos, fatos e palavras de sabedoria que entremeei para você nos textos deste livro. Também adicionei a essa tapeçaria transformativa histórias revolucionárias de Deusas. Algumas são desconhecidas, outras são familiares. São mulheres que estão dando sua contribuição ao mundo e moldando não apenas sua própria evolução, mas ajudando a dar forma a uma sociedade em eterna mudança. Histórias. Compartilho as histórias delas para ajudar você a viver, e a viver bem, e também compartilho alguns dos meus pensamentos, minhas "contemplações da Deusa...". Esses momentos de descoberta e contemplações conscientes estão aninhados entre as páginas à medida que você avança em sua jornada por este livro.

JOIA DA DEUSA, DEUSA (R)EVOLUCIONÁRIA, CONTEMPLAÇÕES DA DEUSA E EXERCÍCIO EVOLUTIVO.

- ♣ Dominar suas modalidades elementares e usar tais ferramentas de transformação como uma Deusa em evolução, para fortalecer sua vida diária com ações despertas.
- ♣ Permitir a você um espaço sagrado para explorar e expandir seu sistema de crenças e desafiar sua consciência sobre a vida assim como você a conhece.
- ♣ Aceitar uma nova abordagem da transformação. Seu poder está em sua resposta, e este livro vai orientá-la sobre como responder, ao estilo da Deusa.
- ♣ Saudar as Deusas que precederam você, tanto na história quanto as que lideram a mudança atualmente, compartilhando com você o entusiasmo delas e sua inspiração feminina.

ENTENDEMOS QUE A VERDADEIRA EVOLUÇÃO ESPIRITUAL VEM DE SEGUIR EM FRENTE, ENQUANTO NOS VOLTAMOS PARA DENTRO DE NÓS.

Neste livro, vamos evoluir para além do templo, da mesquita, da igreja, ao mesmo tempo que os respeitamos e honramos o lugar deles em nossa evolução espiritual. Entendemos que a verdadeira evolução espiritual vem de seguir em frente, enquanto nos voltamos para dentro de nós. Embora eu certamente vá ser sua Deusa-guia em termos de onde agir de forma desperta e de quando isso será necessário, você mesma terá que conduzir seu próprio barco evolutivo na viagem transformadora destas páginas. E em seu próprio ritmo. O poder de verdade está em suas mãos, linda.

Este livro busca fornecer a você práticas e truques evolutivos elementares eficazes e simples, organizados de uma maneira do tipo "faça você mesma", para ajudá-la a seguir em frente com sua jornada, em um verdadeiro estilo de Deusa, sem complicações nem dramas. Ninguém tem tempo para isso.

Primeiro, você será orientada a encontrar seu arquétipo elementar dominante de Deusa, que lhe dará um vislumbre sobre sua *persona* evolutiva e dará embasamento à maneira de conduzir a caminhada desperta que tem pela frente. Segundo, você vai ativar seu arquétipo de Deusa. Esse arquétipo então se encaixará nas áreas centrais de sua ativação pessoal, realçando sua mitologia, poderes e modalidades – as quais lhe permitirão mergulhar fundo em sua evolução, ajudando você com rituais práticos, soluções, histórias e exercícios.

LUA. ÁGUA. TERRA. AR. SOL. SÃO ESSES OS CINCO ARQUÉTIPOS ELEMENTARES QUE VOCÊ VAI EXPLORAR, APRENDER E INTEGRAR.

Lua. Água. Terra. Ar. Sol. São esses os cinco arquétipos elementares que você vai explorar, aprender e integrar. Você vai aprender sobre o empurra e puxa polarizador da energia. Como o sol pode aquecer a água. Como o ar pode conduzir o calor do sol. Como a lua pode atrair a água. Como o sol e a lua são ambos importantes, opostos, mas trabalham melhor quando em equilíbrio. E, o mais importante, como a terra é o palco principal, o chão, o espaço, a área evolutiva para todos esses elementos exibirem seus poderes. E você, Deusa, estará armada com os superpoderes necessários para lançar-se à transformação.

CONTEMPLAÇÕES DA DEUSA...
SEJA OUSADA, INTELIGENTE E LINDA SEM SER DESAGRADÁVEL.

Suas reações às situações serão indícios que definirão em que ponto você está na escala evolutiva da Deusa. Então responda rápido, quando está sob ataque, você escolhe lutar ou fugir? Você devolve o golpe, retruca, diz o que pensa e age? (Sua energia masculina.) Ou recua, se esconde, enterra a cabeça na areia e fica superindecisa sobre o que fazer ou como agir? (Sua energia feminina.) Ou está em algum ponto intermediário? (Ah, energia equilibrada.) Essa é a direção na qual você está indo. Quero lhe pedir que comece a prestar atenção às suas reações, passe a dar atenção a seus modos de Deusa e fique consciente de suas reações à medida que lê e evolui. Seja ousada, inteligente e linda sem ser desagradável. Lembre-se, você pode ser uma Deusa durona mas com amor, gratidão, humildade e elegância.

JOIA DA DEUSA

Arranje tempo para as irmãs inspiradoras que você curte. Eu pessoalmente adoro assistir a *SuperSoul Sunday*, ler o *blog* ou os livros de Arianna Huffington ou mesmo assistir TED Talks a respeito de assuntos sobre os quais nunca pensei muito. Algumas dessas conferências me deixam ligada, outras me fazem delirar, e outras me deixam furiosa. São todos sinais de desafios, de mudança. Alguns grandes livros sobre Deusas dos quais você pode virar uma superfã são: *Mulheres que Correm com os Lobos*, *Warrior Goddess Training Dakini Power* e *Stripped*. Essas obras trazem histórias de mulheres que exploram sua espiritualidade e evolução, seja por meio dos arquétipos ou de experiências que conduzem ao despertar. O principal é estar consciente da mudança e consciente do que muda. Preste atenção a tudo. Essa é a arte da verdadeira consciência.

Vamos entremear as informações quanto aos elementos nas lições de opostos que a mitologia antiga nos ensina: o bem *versus* o mal, o certo *versus* o errado, o forte *versus* o fraco, a luz *versus* a escuridão, e usar essas histórias (às vezes hilariantes, e muitas não contadas) como lembretes para nos ajudar em nossas lutas e triunfos cotidianos. Juntando todos os pontos. Sintetizando todas as energias. Entremeando todos os fios do que nos faz seres únicos e completos.

PARTE I
SUA EVOLUÇÃO

A DEUSA DE MIL FACES

*"UMA MULHER SÁBIA NÃO DESEJA SER INIMIGA DE NINGUÉM;
UMA MULHER SÁBIA SE RECUSA A SER A VÍTIMA DE ALGUÉM."*
— MAYA ANGELOU

"Deusa" tem muitas definições – nosso velho amigo, o *The Merriam-Webster Dictionary* define bem: "Uma mulher cujo grande charme ou beleza desperta adoração".[1] Ainda que muitas de nós não gostem de ser definidas por termos específicos de gênero, vamos tomar ciência de todos eles, todos os rótulos, da Deusa à bruxa e à mandona, e tais elementos que existem dentro de cada uma de nós. Porque, para sermos justas, não deveria haver por trás de uma mulher mandona, forte e poderosa uma conotação mais ofensiva do que há por trás de uma Deusa graciosa e genuína. Todas têm o seu lugar.

Uma Deusa tem muitas faces. E podemos ser igualmente admiradas por nossas variadas emoções, paixões e integridade ao abordarmos questões importantes para nós. Cada emoção é um elemento de admiração – cada parte fazendo de você um todo – uma Deusa completa. Um ser humano que pode chorar pela dor de outro, que pode perder o controle de si para proteger os outros – afinal, somos humanas.

Em muitos casos a Deusa é definida em termos de beleza, ou como uma divindade. Para nossa definição de uma Deusa que é admirada, e para os propósitos deste livro, definiremos a "beleza" da Deusa pela qualidade de sua alma. Nossa bela natureza amorosa, nossa qualidade consciente e amorosa, nossos parâmetros morais, nossas ações despertas – nossa beleza interior. Por "divindade" queremos dizer que vamos relacionar esse elemento da Deusa moderna a nosso chamado divino, expressado ao sermos úteis aos outros, e em nossa paixão, foco, força, poder, motivação amorosa e senso de soberania espiritual. Nossa energia ao fazer-nos presentes. Ao servir.

EXERCÍCIO DE EVOLUÇÃO: ROTEIRO DA ALMA

Responda de forma rápida às questões que se seguem. Tente não deixar sua cabeça interferir; em vez disso, canalize a maneira como sua alma expressa suas experiências, crenças, a vida e suas lições:

- Orgulho-me destes nove atributos:
- Para mim, a beleza é:
- Dou valor a três coisas nas minhas amizades:
- A parte de mim que eu mais gostaria de trabalhar é:
- Uma das coisas mais inspiradoras que com frequência digo a mim mesma é:
- Alguns dos comentários negativos que digo a mim mesma em minha conversa interior são:
- Três coisas que estou fazendo para melhorar a mim mesma neste momento são:
- Três coisas que gostaria de aprender para ajudar minha evolução espiritual são:
- Para mim, uma Deusa significa:

Pronto, agora está no papel, irmã de alma. Um contrato de alma entre você e seu eu sempre em evolução; uma promessa eterna de ser a melhor Deusa que puder; e no que você aspira se transformar.

> UMA DEUSA EVOLUÍDA É ALGUÉM QUE TEM COMPREENSÃO E PERCEPÇÃO CONSCIENTES QUANTO À VIDA, CUJA BELEZA RESIDE EM SUA NATUREZA DE ATENÇÃO PLENA, E QUE CONSTITUI UM MODELO, POR SUA PERSISTÊNCIA EM BUSCAR UMA MUDANÇA CONSCIENTE.

Portanto, uma Deusa evoluída é alguém que tem compreensão e percepção conscientes quanto à vida. Cuja beleza reside em sua natureza de atenção plena, e que constitui um modelo, por sua persistência em buscar uma mudança consciente. Você conhece as palavras de Gandhi: "Seja a mudança que deseja ver no mundo"; acho que ele poderia estar falando conosco, Deusas em evolução.

Eis a verdade sobre seu papel: você é uma Deusa em evolução. Uma Deusa une as pessoas, que alimenta a energia delas, alimenta sua sabedoria e as ajuda a se sentirem seguras em sua família unificada. Ela é amor. É educação. É a personificação das vibrações do bem. Uma Deusa não busca o equilíbrio; ela é o equilíbrio. Quando o desequilíbrio a circunda, ela procura corrigir o que está errado. Uma Deusa não luta pela igualdade ou espera por ela; a Deusa é a igualdade.

UMA DEUSA NÃO PEDE SEUS PODERES, OU CULPA OS OUTROS POR TOMAREM-NOS DELA. ELA É DONA DE SEU PODER, E SABE QUE ESTE JAMAIS PODE SER TIRADO DELA. O PODER DE UMA DEUSA NÃO É UMA ARMA EXTERNA... ELE ESTÁ DENTRO DELA. DENTRO DE VOCÊ.

Uma Deusa não pede seus poderes, ou culpa os outros por tomarem-nos dela. Ela é dona de seu poder, e sabe que este jamais pode ser tirado dela. O poder de uma Deusa não é uma arma externa, um brado de "atacar", ou uma cavalaria em debandada. Ele está dentro dela. Dentro de você. Dentro de todas nós. O poder da Deusa é sua emoção e seu conhecimento. É uma poderosa força de vontade, um comportamento diário suave, e ainda assim exigente, um amor vigoroso, abrangente e pleno de emoção, que é imperioso e acolhedor. Uma resposta educada e desperta ao comportar-se. Comportar-se como uma aura que é maior que a própria Deusa. Uma presença marcante para os outros.

Tudo o que uma Deusa pensa, faz, diz, come, pratica; tudo em que acredita e que almeja; tudo sobre o qual age constituem reflexos do modo como escolhemos viver nossa vida de Deusa. Tudo está entrelaçado de uma maneira abençoada. Sempre. Sempre a serviço dos outros. Seja dando um simples sorriso tranquilizador para uma pessoa desconhecida, oferecendo apoio a alguém em dificuldade, educando ou inspirando os outros, ou simplesmente oferecendo seu tempo e energia para algo além de suas próprias necessidades.

Dando Início às Mudanças

Querida Deusa.
Do chão às estrelas.
Filhas de todas as mães, pais.
Devotas da verdade, do amor e da paz.
Aos incrédulos.
A você, que crê.
Escute.

JOIA DA DEUSA

Como podemos guiar e sermos guiadas, usando o coração? Gosto de usar estas breves diretrizes de Deusa como uma ajuda para conter meu ego, em colaboração com minha paixão de Deusa.

- Seja íntima e afetuosa com sua tribo. É fato, a intimidade não está reservada a relacionamentos monógamos; é uma maneira feminina de estabelecer vínculos e mostra que você se importa. Então não pense que você não pode se conectar com outras pessoas de forma bondosa e cortês por meio do toque.
- Seja carinhosa, não poupe elogios (faço isso todos os dias, ao elogiar algum desconhecido). Suas emoções são parte de sua força feminina, e não uma fraqueza.
- Proteja sua tribo, ofereça apoio e orientação, e incentive os que estão à sua volta. Faça-o sem nenhuma necessidade de retribuição, apenas para levantar o ânimo dos outros.
- Aja organicamente. Quando colaborar com os outros, permita que flua. Assegure-se de que é natural, um dar e receber, sem necessidade de exigências ou de controlar sua companhia.

Contemple. Você, que sonha com um novo futuro. Curvo-me em saudação diante de você. A verdade é que você acredita que a mudança pode acontecer. Que é uma possibilidade real. E, verdade seja dita, são vocês que farão isso acontecer. Sem a menor dúvida. E assim, dê início às mudanças. As mudanças em você, e ao seu redor. É onde devemos agir.

DEUSA (R)EVOLUCIONÁRIA: BARBARA SAVAGE

No momento em que vi Barbara Savage, fundadora da Tribal Trust Foundation, pela primeira vez soube que estava na presença de uma alma poderosa. Seu cabelo longo e grisalho indicava sabedoria, e ela se parecia demais com a rainha da selva Jane Goodall. A mulher conseguia metamorfosear a energia dela, juro! Em um segundo estava nadando de *topless* em uma piscina cheia de Deusas de espírito livre, e no instante seguinte estava dando uma palestra muito interessante sobre suas arriscadas viagens pelo Congo. Sim, Congo! Barbara era uma mulher sábia e, ao mesmo tempo, uma pessoa jovem e vibrante. Eu sabia que aquela mulher teria uma história interessante para compartilhar, mas nunca imaginei que minhas emoções seriam arrebatadas em semelhante jornada!

A história de como foi chamada, e de como se fez presente, vale a pena conhecer. Todas as nossas histórias valem a pena. Mas eu precisava compartilhar a dela com vocês.

Ela nos conta, com suas palavras, a virada em sua evolução espiritual e o chamado à ação:

> Minha rotina diária começava com um café, meditação e uma corrida antes do desjejum. Escolhi não ter uma vida social, e passava as noites em preces e escrevendo meu diário. Nos dois meses seguintes sonhei com um homem e uma mensagem imperativa: "Venha para a África". Na época, eu não sabia quem era. Vi apenas distintamente o rosto de um africano, e sua mensagem era clara. A experiência foi tão impactante que na mesma hora me levantei da almofada de meditação e telefonei para uma companhia aérea, para fazer uma reserva.
>
> Um mês depois, conheci Matuto, o homem da minha visão, no Zimbábue. Era um líder espiritual tradicional, que o povo Shona acreditava ser o Governante Divino/Rei. Quando contei a ele o modo como recebi seu chamado espiritual, ele confirmou tudo o que eu dizia, e explicou por que havia me chamado para ajudar. Essa experiência guiada pelo divino me abriu para meu propósito de ajudar povos indígenas a preservar sua cultura e compartilhar sua sabedoria em apoio à natureza e à cura.[2]

Quando lhe perguntei qual era seu maior arrependimento, a resposta foi simples: ela gostaria de ter-se feito presente antes. "Eu gostaria de ter aberto meu coração e confiado na vida mais cedo. Embora tivesse profunda fé no meu destino e coragem para seguir meus sonhos, não compreendi o plano divino para minha jornada."

Ela recorda um dos momentos de definição, quando mulheres a procuraram, com um pedido de que as ajudasse a reconstruir seu empoderamento:

> A inspiração veio da selva de Chitwan, no Nepal, depois de conhecer o povo indígena Tharu. Esse povo autóctone foi deslocado de suas terras e marginalizado. As jovens solteiras tornaram-se vítimas do tráfico sexual. As mulheres me pediram para ajudá-las a criar um coletivo de artesanato feminino, que as empoderasse. Na época eu não tinha dinheiro algum para dar a elas, mas tinha amigos com dinheiro. Criei a Tribal Trust Foundation, uma organização sem fins

lucrativos, para que meus amigos pudessem fazer doações dedutíveis do imposto de renda em apoio a causas indígenas.[3]

E assim começou a mudança dela.

Uma coisa sobre a qual Barbara e eu concordamos é você. Com você, vêm grande responsabilidade, grande crescimento e grande poder. Ela conta o que deseja para você:

> Meu desejo é que a nova geração de Deusas ajude a curar o mundo (e a si mesmas!) por meio do amor, do serviço ao próximo e da alegria. Se eu fui capaz, vocês também serão! Como uma Deusa mais velha, tenho experiência e perspectiva para saber que vocês, a próxima geração, estão aqui para trazer uma expansão da consciência. Vocês são o futuro feminino. Isto pode ser conseguido em seu dia a dia, cultivando sua alma e seguindo seu coração todos os dias.[4]

Quando lhe perguntei o que ela podia dizer a você diretamente, se você tivesse que largar este livro e olhar dentro da alma dela, Barbara respondeu: "Conheça o seu valor, sonhe alto, e nunca desista! O mundo precisa de você".

Perguntei então que Deusa a inspira, e ela compartilhou uma frase de Maya Angelou: "Minha missão na vida não é meramente sobreviver, mas florescer; e fazê-lo com uma certa paixão, uma certa compaixão, um pouco de humor e um pouco de estilo. Se você não gosta de alguma coisa, mude-a. Tente ser o arco-íris na nuvem de alguém".[5]

Parece que a missão dela, a missão de Maya e a sua missão compartilham a mesma perspectiva positiva.

VOU LHE DAR AS FERRAMENTAS QUE TODAS AS DEUSAS TÊM DESDE O INÍCIO DOS TEMPOS, PARA GARANTIR QUE ESSA SUA ENERGIA RADIANTE, CORAJOSA E LINDA ESTEJA EQUIPADA COM TUDO O QUE VOCÊ PRECISA PARA CONTINUAR A EVOLUIR ETERNAMENTE. A PRIMEIRA É: RECONHECIMENTO.

Você sente a necessidade de mudança. A chama interna. Você questiona coisas. Você sente emoção. É apaixonada. Está desperta, pronta. É notável. Vou lhe dar as ferramentas que todas as Deusas têm desde o início dos tempos, para garantir que essa sua energia radiante, corajosa e linda esteja equipada com tudo o que você precisa para continuar a evoluir eternamente. A primeira é: *reconhecimento*.

MULHERES PODEROSAS NÃO PRECISAM DE OUTRO PAR DE CALÇAS DE YOGA; PRECISAM DE UM MICROFONE.

Você é inteligente. Você é intuitiva. E você é um poderoso ser espiritual com um chamado consciente. Você é uma mulher que pode ter uma ação desperta de fato no

DEUSA (R)EVOLUCIONÁRIA: KUAN YIN

Responda-me, se lhe oferecessem uma passagem de primeira classe para seu paraíso pessoal, você aceitaria ou, em vez disso, ficaria e ajudaria aqueles que sofrem? A Deusa budista Kuan Yin optou por ajudar aqueles que precisavam dela. Sim, ela provavelmente já ouviu seus apelos também.

As histórias sobre a vida dela têm um toque de Cinderela; seus pais a forçaram a trabalhar, cuidar da casa e cozinhar, e ela obedeceu, de maneira educada e diligente. Conto isso para dar contexto, para que você imagine como o paraíso pareceria atraente, depois de uma vida inteira de serviços domésticos. Mas, de forma altruísta, Kuan Yin deteve-se ao chegar aos portões do Céu, e ficou paralisada pelos sons do mundo e por seus gritos de angústia e sofrimento. Ela preferiu renunciar ao paraíso para voltar e ajudar todos os que precisavam de sua compaixão. Um exemplo verdadeiro de um gesto altruísta. Ela é uma mãe para todos nós.

Acredita-se que ela ouve todos os prantos, alivia a dor da doença e acompanha as pessoas que fazem a passagem e que lidam com o luto. Ama a todos, incondicionalmente. Essa é uma heroína de verdade, uma Deusa mártir, uma Deusa evoluída que cuida das necessidades das pessoas; quando outros estariam cheios de amargura ou de ressentimentos, ela escolhe o amor acima de tudo. Kuan Yin assume a responsabilidade por sua contribuição para curar e ajudar os necessitados.

mundo. Estamos sendo chamadas para elevar nossas buscas conscientes; para, de forma consciente, criar condições de igualdade. É hora de ir além da aula de yoga e nos engajarmos. As mulheres são a tribo da Deusa de agora. Somos as líderes do exército amoroso para este cenário de despertar. Somos aquelas por quem o mundo estava esperando. Somos aquelas com quem o mundo está contando. Somos a mudança. Então, se está se perguntando quem salvará o mundo, a resposta é nós. E se quiser saber quando, a resposta é agora. Mulheres poderosas não precisam de outro par de calças de yoga; precisam de um microfone.

E se Gandhi tivesse sido um eremita espiritual, torcendo para que acontecesse o melhor? E se Madre Teresa tivesse ficado confinada ao santuário de sua igreja católica em Calcutá? E se o reverendo Martin Luther King Jr. tivesse optado por permanecer encerrado em sua paróquia e não tivesse se tornado o porta-voz da igualdade das raças?

Quero dizer, imagine se Elizabeth Gilbert não tivesse chutado o pau da barraca e largado seu casamento e carreira para lançar-se à aventura da busca espiritual de *Comer, Rezar, Amar* e, em vez disso, tivesse mantido para si sua verdade transformadora. Não. Essas pessoas tomaram uma posição, falaram, afagaram a cabeça da humanidade, falaram mais, compartilharam, e seguiram em frente até haver uma solução, até haver compreensão, até haver paz. A história delas: todos são heróis e heroínas sagrados de sua época.

Sua história de Deusa: você é a pessoa sagrada preparando-se para marchar, dizendo a si mesma os últimos incentivos diante do espelho, ajeitando a postura. Este é o sinal consciente para entrar em ação. É o chamado para lutar de maneira compassiva, diplomática e divina, ajudando a curar as injustiças do mundo. Erguendo a voz pelo equilíbrio. Saindo em busca de fazer o que é certo. As pessoas conscientes que realmente se importam!

É HORA DE PARAR DE SE ESCONDER; É HORA DE CONHECER SEU PODER, CONQUISTAR SUA VOZ E FAZER COM QUE O PÊNDULO OSCILE EM DIREÇÃO A UM FUTURO FEMININO.

É hora de parar de se esconder; é hora de conhecer seu poder, conquistar sua voz e fazer com que o pêndulo oscile em direção a um futuro feminino. Para restaurar o equilíbrio. Não estamos falando de homens *versus* mulheres. Governos *versus* religião. Comandar e conquistar. Estamos falando de harmonia. Unidade. Remover o que tem nos definido e nos dividido. É hora de nos tornarmos Deusas ativadas.

Compreenda. Essas mudanças vão sacudir o chão debaixo dos seus pés. Então, algo imprescindível que você precisa saber é que se fizer uso de sua energia de Deusa, de suas verdadeiras emoções, em sua alma, nada será capaz de abalar você. Tenha sempre em mente sua motivação sincera. Isso não pode ser tirado de você. Saiba que pode mover montanhas com essas ferramentas, as quais controlarão e farão uso de algo que agora está adormecido dentro de você, mas que despertará de maneira muito natural.

CONTEMPLAÇÕES DA DEUSA...

Mas como podemos vencer a luta? Se você está se perguntando isso, então preciso lhe contar um segredo: *não há luta*. O propósito nunca foi lutarmos uns contra os outros. A única coisa que deve lutar é a Terra – por sua sobrevivência. E, para mim, com toda a razão. Assim, não, não lutaremos. Nosso papel é proteger. Há uma diferença. Então, em vez de lutar, você defende algo. Em vez de guerrear, você advoga. Você educa. Que tal se eu a defender de maneira incondicional? Do ponto de vista energético, estou aqui dando apoio a você. E as mulheres das quais você se cerca deveriam fazer o mesmo. Isso dá a sensação de uma família. É como fazer parte, com naturalidade, de um contrato sagrado. Compartilhando uma sensação familiar de segurança, de que você está protegida no próprio trabalho sagrado que está sendo executado em presença umas das outras. Parecerá algo natural. Cada uma amparando-se nas demais. Erguendo-se mutuamente. E amando-se umas às outras.

Procure mulheres que, em vez de dizer o que você não pode ser, mostrem o que você pode ser. Ao nos cercarmos de mulheres que entendem isso, todas nós avançamos. Resilientes, admiráveis, evolutivas. Deusas apaixonadas que assumem uma posição. Porque se importam. Assim como você.

Assuma sua verdade. Entregue ao mundo a *você* completa, verdadeira, indomada. Sua sabedoria selvagem. E diremos, é isso aí, veja-me aqui em toda a minha glória. E eu vejo você em toda a sua.

Você começará a permitir que seu poder se faça presente. Que suas emoções tomem corpo de forma plena e expressem suas paixões e sonhos.

Seu coração vai começar a bater com um propósito. Você entoará um cântico de cura de mudança interior, e saberá que as mudanças têm raízes muito mais fortes e de alcance muito maior do que se vê brotando na superfície. Estas três mudanças são as sementes da mudança consciente:

Primeira mudança: Faça-se presente.
Segunda mudança: Então seu poder também se fará presente.
Terceira mudança: E então sua tribo também.

VOCÊ PODE TOMAR CIÊNCIA DE SUA ENERGIA DE DEUSA QUANDO A TIVER RECONQUISTADO E QUANDO ASSUMIR SEU EU PLENAMENTE EMPODERADO.

Para podermos entrar nesse processo e fazer-nos presentes como nós mesmas, e saber o que buscar numa tribo, primeiro precisamos entender a verdadeira essência de nossa energia de Deusa. Você pode tomar ciência de sua energia de Deusa quando a tiver reconquistado *e* quando assumir seu eu plenamente empoderado.

DEUSA (R)EVOLUCIONÁRIA: AS MULHERES DE STANDING ROCK

Vendo os protestos contra o oleoduto de Dakota, liderados pelas nativas norte-americanas de Standing Rock, fica claro que o movimento da Deusa já teve início, e que pode produzir mudanças reais. Esse coletivo de mulheres chamou a atenção do mundo para a luta perene pela água iniciada por suas avós, e com isso inspirou muitas ações. Como? Fizeram o mundo ouvi-las. Moveram-se como uma só.

Primeiro, o chamado: convocaram as tropas conscientizadas. Buscaram apoio pelos quatro cantos da Terra, e agora quase todo mundo já ouviu falar do oleoduto de Dakota. Segundo, a ação inspirada: elas difundiram sua mensagem pelos Estados Unidos, para quem quisesse ouvir. Por último, o movimento: uma história global que demonstra que os millennials conscientes podem mover as massas de forma muito mais significativa do que qualquer outra época ou geração da história.

Terão sucesso? Todas esperamos que sim. Elas tentaram? Pode apostar que sim. E estão recuando? Como assim? Claro que não. Estão protegendo a Terra. Estão convocando outras mulheres indígenas a se erguerem. Elas nos convocam, a todos nós, para pensarmos sobre a água, para pensarmos sobre a vida. Elas são a mudança. Elas são a ação. O que eu mais adoro em toda essa história é o que a água simboliza – emoção, limpeza, movimento.

PRIMEIRA MUDANÇA: FAÇA-SE PRESENTE

VOCÊ EXERCITA SEU PODER DE DEUSA DIARIAMENTE? E O QUE A ESTÁ IMPEDINDO DE FAZER-SE PRESENTE?

> **JOIA DA DEUSA**
>
> Gosto de usar um cristal de amazonita ao redor do pescoço, para me apoiar em minha busca pela verdade. Esse cristal tem a fama de ajudar a ter coragem e a expressar seus verdadeiros sentimentos, ao mesmo tempo que ajuda você a não julgar os outros. Se você quer um cristal para ajudá-la a fazer saltos evolutivos, então uma pedra espectrolita na palma da mão a ajudará em seus momentos de descobertas evolutivas.

Você se faz presente? Exercita seu poder de Deusa diariamente? E o que a está impedindo de fazer-se presente? É fácil deixar-se distrair, permitir que os outros suguem nosso tempo, empregar nossa energia em preocupações, ansiedades e coisas sem importância. Gostaria de me perguntar, daqui a um ano – o que era mais importante? Aquilo com que me preocupava, ou a contribuição que dei?

Preciso que você verifique o que pode estar sendo um obstáculo para você se fazer presente. A permanência em um relacionamento que já não parece certo? É um vício energético em não ter energia para a mudança? Será o risco que existe na realidade da mudança? Ou será algo tão simples como não saber por onde começar? Você não seria a primeira mulher a pensar, *meu Deus, por onde começo?*

SEGUNDA MUDANÇA: ENTÃO SEU PODER TAMBÉM SE FARÁ PRESENTE

A CHAVE PARA SEU PODER É SIMPLES: AMOR. AMOR É FORÇA. SUA COMPAIXÃO É IMPERIOSA. SUA HABILIDADE PARA CURAR É MANIFESTA. QUE ISSO SEJA SEU ESPÍRITO DE DEUSA.

A chave para seu poder é simples: *amor*. Amor é força. Sua compaixão é imperiosa. Sua habilidade para curar é manifesta. Que isso seja seu espírito de Deusa. Sua conduta evoluída, que faz com que você lidere com amor, encare a oposição com compreensão e igualdade, e abasteça seu sentido do poder com seu impulso de servir ao mundo. Ajudar a todos. Curar a todos. Em todas as reações às ações, pergunte-se, o que uma Deusa faria?

Sabe aquela sensação que você tem quando um estranho lhe oferece aleatoriamente uma gentileza?

> ### EXERCÍCIO EVOLUTIVO: MAPA MENTAL
>
> Todas vocês já viram uma árvore genealógica, certo? É um mapa com ramos indicando as pessoas aparentadas ou conectadas a você. Bem, imagine uma versão mapa mental — constituída de todos os ramos que compõem você.
>
> - Comece com uma folha de papel em branco com seu nome escrito no centro.
> - Então, ao redor de seu nome, escreva de três a seis elementos-chave que fazem de você quem você é. Pode ser sua família, amigos, experiências, sua personalidade, seus interesses, crenças, metas e sonhos. Você pode adicionar mais sub-ramos à medida que suas ideias a respeito de si mesma começarem a fluir e a se expandir.
> - Não tenha medo de circundar palavras-chave ou repetidas, ou de traçar linhas unindo temas. Fazer isso ajudará a revelar novas relações entre coisas que você sente serem essenciais para você e para o seu crescimento pessoal. Você pode usar cores diferentes para temas diferentes, utilizar imagens, ou até criar ilustrações para ajudar a mapear-se de forma gráfica.

Quando alguém abre a porta para você. Apanha alguma coisa que você deixou cair. E, de maneira geral, quando os seres cuidam uns dos outros. Você abrange tudo isso. Homem ou mulher, seu gênero não importa. É o feminino aflorando em todos nós. Atos de Deusa são atos de amor e compaixão, empáticos e universais. Seu toque espalha ondulações de maneira profunda. Sua energia não tem limites. Seu empoderamento, uma vez invocado, não pode ser retirado. Os seres conscientes têm isso – eles nunca podem andar para trás. Eles só conseguem ir para a frente. Sempre evoluindo com ação desperta amorosa, que é demonstrada a todos os seres, dia após dia. Não é uma crença, mas uma maneira de ser, e você sabe disso. Se você cuidar daqueles que estão à sua volta, e eles cuidarem dos que estão à volta deles, imagine quanta mudança pode acontecer, cada um de nós sendo responsável simplesmente por servir nossa fatia da torta da mudança. Menos opressivo para cada um de nós. Mais praticável.

TERCEIRA MUDANÇA: E ENTÃO SUA TRIBO TAMBÉM

MAIS IMPORTANTE, VOCÊ SABERÁ QUE ESTÁ NA COMPANHIA CERTA QUANDO ELAS A FIZEREM SE SENTIR MELHOR. ELAS AJUDARÃO SUA TRANSFORMAÇÃO.

A seguir, vem a tribo: sua sociedade espiritual, seu conselho de Deusas, suas irmãs de alma começarão a aparecer a seu redor. Você vai reconhecê-las nas conversas, por semelhança de ideias. Vocês compartilharão paixões, interesses, e estarão caminhando cheias de curiosidade na mesma direção. Elas vão lhe parecer familiares. Estar em companhia delas será fácil. E, o mais importante, você saberá que está na companhia certa quando elas a fizerem se sentir melhor. Elas ajudarão sua transformação. Você se despedirá delas sentindo-se inspirada, motivada e energizada, em vez de exaurida.

Sua tribo Deusa crescerá e se expandirá de acordo com seu próprio crescimento e expansão pessoais. Como acontece nos ciclos de todas as coisas, velhas amigas podem naturalmente se afastar, abrindo espaço para o surgimento de novas amizades e relacionamentos. Tudo isso faz parte de sua mudança evolutiva. Saiba que pode se surpreender com quem parte e quem chega. A chave é não se apegar. Permita que as pessoas fluam e refluam ao longo de sua vida. Reconheça cada Deusa com afinidades de ideias que surgir, e as lições que cada uma traz para você – algumas lições são difíceis, outras são divertidas. Você vibrará com certos movimentos, e nem tanto com outros. Isso não torna uns melhores que os outros. Saiba que cada movimento tem seu lugar.

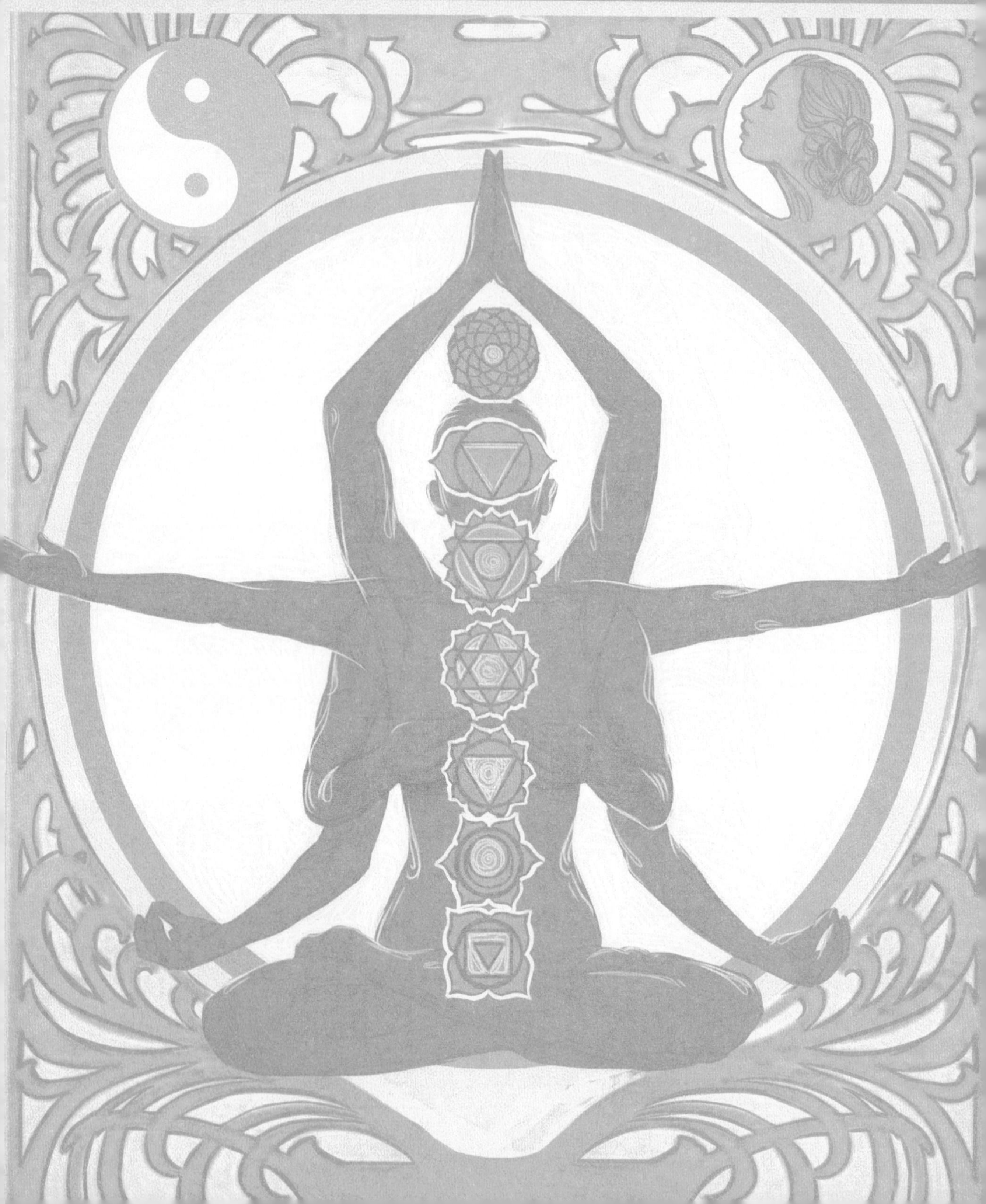

SAIBA ISTO: MANIFESTO DA DEUSA

"AS PESSOAS QUE RESPEITAM A SI MESMAS EXIBEM UMA CERTA FIBRA, UMA ESPÉCIE DE CORAGEM MORAL; ELAS EXIBEM O QUE NO PASSADO FOI CHAMADO DE CARÁTER."
– JOAN DIDION

Saiba isto. Você foi colocada nesta Terra com um propósito. É fato.

Seu espírito, sua alma, sua luz, seu legado estão chamando. Escute.

Você é a mudança que salvará o mundo. Sim, salvará.

O poder de seu amor tem mais impacto que qualquer coisa que possa imaginar. O amor vence.

Suas feridas são sabedoria.

Esse amor vai romper barreiras e criar mudanças que o mundo nunca viu. Asseguro-lhe.

Saiba isto. Sua alma é tão antiga quanto esta Terra.

O legado desta sabedoria e deste poder são direitos inatos seus. Propriedades e dinheiro, não. Sabedoria, sim. E sabedoria é poder.

Você não é uma espectadora da vida, você acredita, você sonha e, acima de tudo, você faz acontecer.

Saiba isto. Evoluir é aceitar a mudança em todas as suas formas e experiências. Como as mulheres mudam em curvas, emoção e conhecimento. Também mudamos.

Nós nos movemos. Tecemos. Costuramos. Buscamos. Entendemos. Nós nos enfurecemos. Perdoamos. Crescemos.

Saiba isto. Você é a evolução de um ser espiritual. Sempre mudando.

Sua linhagem de sabedoria e amor pulsa através de cada uma de suas ações.

Você abrange tudo: o antigo, o que rejuvenesce, o novo. Cada qual com suas lições.

Seu destino sempre esteve escrito nas estrelas. Com deus. Esse é seu momento. É você.

Esse amor está em ascensão. Você é o alvorecer de uma nova época. Você.

Que o sol beije seu rosto. Que os ventos de mudança a levem. Que a lua a atraia. Que a terra lhe dê apoio. E que seu fogo arda vigoroso, ó evoluída.

Isto, saiba isto.

HÁ QUATRO PILARES FUNDAMENTAIS QUE A SUSTENTAM E QUE VOCÊ PODE USAR PARA REENCONTRAR SEU CHÃO: SUA RESPONSABILIDADE, SUA COMPAIXÃO, SEU SENTIDO DE UNIDADE E SEU PODER. ESTE É SEU ALICERCE.

Quando você tem dúvidas. Quando cria uma mentalidade de é muito difícil, não estou a fim, e quando você se sente à deriva. Quando começa a pensar que está perdida de novo, há quatro pilares fundamentais que a sustentam e que você pode usar para reencontrar seu chão: *sua responsabilidade, sua compaixão, seu sentido de unidade e seu poder*. Este é seu alicerce. Forte. Enraizado em suas ancestrais, em todas as mães e avós. Dentro desse espaço, você carrega não só sua sabedoria, mas também a sabedoria delas. Você pode deitar sua cabeça preocupada no colo das Deusas que a precederam e respirar com facilidade. Elas falam através de você, para você. Elas têm você. Com a presença delas, você está sempre em casa. Segura. Protegida. Acolhida.

Portanto, lembre-se, e saiba, que essa sensação de um significado que aflora, essa sensação de lar, é sua por direito, para que você mergulhe nela, tome posse e acalente. Com ela vem a paz. Com ela vem o poder. Ninguém pode tirar de você essa sensação de pertencimento. O amor dela envolve você diariamente.

Saiba isto, você pode começar de novo, a cada manhã.
Saiba que a cada dia você tem uma oportunidade de responder.
Seja educada, em vez de raivosa.
Seja sábia no seu caminhar, em vez de magoada ou perversa.
Seu intelecto é a ferramenta mais afiada no seu kit de Deusa. Use-o com sabedoria.
Conheça sua importância. Conheça seu valor. Conheça sua contribuição. Saiba isto.

Pilar 1: Sua Responsabilidade

TOMAMOS O VOTO DE FAZER-NOS PRESENTES – EM TERMOS DE ENERGIA E EMOÇÃO, DE FORMA PLENA.

Sendo dona de seu espaço, sendo dona de sua contribuição. Compreendendo que nenhuma de nós está acima da outra. Esta é a ilusão que nos mantém divididas. Assumimos a reponsabilidade por toda a nossa energia, a boa e a má. Cientes de nossa energia interna equilibrada e de nossa contribuição para a energia externa. Cuidamos de nós mesmas. Cuidamos umas das outras, e cuidamos da Terra. Esses são nossos rituais diários de responsabilidade; tomamos os votos de fazer-nos presentes – em termos de energia e emoção, de forma plena.

Pilar 2: Sua Compaixão

TOMAMOS O VOTO DE NOS IMPORTARMOS – COM PERDÃO, EMPATIA, COMPAIXÃO.

Que fique bem claro que não se trata de uma luta. Não há inimigos entre nós. Sempre há uma oportunidade para aprender. O conflito é um chamado para a compaixão, não para o ataque. O objetivo da Deusa é nunca dar as costas para algo que precisa de amor e de acolhimento (por mais tentador que isso às vezes possa ser). Seja abandono físico ou rejeição energética, optamos por usar nosso poder, nosso espaço sagrado, não importa o tamanho da tempestade, sabendo que a cura exige energia, reconhecendo que nem sempre será fácil. Tomamos o voto de nos importarmos – com perdão, empatia, compaixão.

Pilar 3: Sua Unidade

TOMAMOS O VOTO DE NOS JUNTARMOS – ACOLHEDORAS, RECEPTIVAS, INCLUSIVAS.

O papel de uma Deusa é aproximar as pessoas. Círculos. Covens. Comunidades. Nós espalhamos a consciência, e semeamos novas percepções. Pode ser algo pequeno, como convidar uma mulher para tomar um chá, ou algo em grande escala, como reunir centenas de pessoas. Cada chamado conta. Cada chamado nos une em nossa realidade, nossa responsabilidade, nosso poder e nossos conflitos. Podemos confiar nas outras e aprender com elas, e juntas criar mais impulso, como um coletivo consciente. Quando nos unimos como uma família coletiva, nossa energia se torna uma força. Saudamos umas às outras com essa energia e com o respeito que cada uma de nós merece. Não há rainhas. Não há criadas. Todas nós servimos ao mundo. Todas somos uma. Tomamos o voto de nos juntarmos – acolhedoras, receptivas, inclusivas.

Pilar 4: Seu Poder

COM NOSSA PERCEPÇÃO E NOSSA CONSCIÊNCIA, FAZEMOS OS VOTOS DE RESPONSABILIDADE, COMPAIXÃO E UNIDADE – É DAÍ QUE VEM O PODER.

Não há vencedoras nem perdedoras. Queremos uma situação na qual todas saiam ganhando. Vendo oportunidades nas crises. Acredite em si mesma, e nas pessoas ao redor. Comemore os pontos fortes das outras; não comemoramos quando alguém fracassa. É uma mudança. Com nossa percepção e nossa consciência, fazemos os votos de responsabilidade, compaixão e unidade – é daí que vem o poder. A escolha de fazer o certo. A escolha de incluir. A escolha de perdoar. A escolha de amar sob qualquer condição. Esse é seu poder. Não importa o que tenha sido tirado de você, o que a sociedade lhe permitiu ou não, que rótulos ou crenças a limitam; suas escolhas, suas respostas e sua ação são seu poder.

O FEMININO: ARQUÉTIPOS + NARRATIVAS

"VOCÊ É UM SER HUMANO INFINITAMENTE COMPLEXO, COM HISTÓRIAS, CRENÇAS E SONHOS – E AMBIÇÕES DE PROPORÇÕES CÓSMICAS. NÃO PERCA TEMPO SUBESTIMANDO A SI MESMO."
– CAROLINE MYSS

Era uma vez uma garotinha. Uma Deusa. Com ela, veio o nascimento de tudo. Ela criou a vida a partir do nada no útero fértil de sua energia curativa. Seu único dever, seu único propósito, era obter e manter a harmonia. Ela, assim como você, buscava o equilíbrio. Crescimento. Expansão. Ela era a Deusa da Terra. De todas as coisas vivas.

Com o passar do tempo, a garota evoluiu e se transformou numa mulher. Uma mãe. A Deusa não foi valorizada, foi usada, abusada e seguidamente violada, seu corpo e seus bens foram saqueados. Ferida, a mulher tinha ataques de fúria. Enviava castigos para todos aqueles que lhe causavam mal. Mandava seus mares enfurecidos sobre as terras que eram usadas. Enviava períodos de secas sobre aqueles que, desesperados, arrependiam-se de sugarem-lhe as tetas até esgotá-las. Com o tempo, suas reações furiosas de raiva e ódio começaram a parecer-lhe vazias. Seu propósito de equilíbrio havia se perdido em meio à luta para a retomada do poder. E então ela chorou. Ela também havia esquecido seu empoderamento, sua natureza curativa e seu propósito de criar harmonia. Havia sido engolida pela guerra por seus recursos.

Sentindo-se derrotada, a Deusa Terra olhou para o alto, para o céu, para os deuses. Secando as lágrimas, percebeu que o céu sorria para ela. Não estava sozinha. As nuvens do céu choravam com ela. De dia, o sol ficava a seu lado. Em momentos de escuridão, a lua intuitiva a guiava. Suas irmãs, as estrelas, velavam por ela. Amparavam-na com *tsunamis*, secas, incêndios e terremotos, tentando provocar uma mudança na mentalidade daqueles que a consumiam. Alertando-os.

A Deusa Gaia falava por meio da natureza. Oferecia-se diariamente em flores e alimento, sacrificando-se para servir àqueles que a usavam. Quem sabe em vez de entregar-se à fúria, de entrar em batalhas, ela poderia evoluir para ser mais inteligente que eles. Ela simplesmente iria se sacrificar, deixando que usassem todos os seus recursos até o fim. E assim Gaia, a Mãe Terra, a grande Deusa Terra, começou a oferecer aos usuários uma última escolha: viver ou morrer.

A beleza dessa história é que é você quem escreve o final. Você será a heroína que transforma esta fábula? Você, Deusa, é parte integral da história. Então, o que uma Deusa faria?

NESSAS HISTÓRIAS PARA NINAR, MITOS, LENDAS E CONTOS DE FADA ESTÃO CONTIDAS AS LIÇÕES E EXEMPLOS DO QUE UMA DEUSA FARIA.

Fato. Você na verdade conhece bem as histórias de Deusas, os arquétipos femininos despertos que contam sua evolução. E nas histórias para ninar, mitos, lendas e contos de fada estão contidas as lições e exemplos do que uma Deusa faria. Como acontece com qualquer história, são diferentes dependendo de quem conta. E a era em que são contados. Mas nosso aprendizado e a forma como nos parece que deveria ser o comportamento de uma Deusa estão, em grande parte, enraizados nessas narrativas antigas da jornada feminina. Essas histórias têm sido contadas a meninas no mundo todo, das histórias compartilhadas pelos xamãs africanos àquelas contadas em volta das fogueiras nas Américas, às camas-beliche do mundo ocidental.

Nossa evolução da história da Deusa não está narrada em textos religiosos, teorias, ou filosofias antigas. Não, os ensinamentos da Deusa nunca foram rotulados, categorizados ou guardados para uns poucos eleitos. Sempre estiveram acessíveis a todos. Lidos no mundo todo, em diferentes estilos, idiomas, culturas e crenças, mas sempre compartilhando a mesma história da garotinha perdida que encontrou o caminho e se transformou em uma heroína por seu próprio valor. Para estudar nossa história da Deusa em evolução, vamos rever as histórias de ninar que lhe cantavam baixinho, antes de você ir dormir e sonhar com o amanhã. Muito apropriado, não acha?

Da mitologia grega, temos histórias sobre Atena, que reunia sabedoria, engenho e guerra. Uma Deusa que nunca lutou sem um propósito. Uma de suas célebres histórias é sobre a maldição de Medusa, a quem ela transforma em um monstro horrível como

JOIA DA DEUSA

Há uma longa lista de estudiosos e pensadores evolucionistas a explorar: de Carl Jung a Joseph Campbell, Dara Marks, Maureen Murdock, Caroline Myss e a Dra. Clarissa Pinkola Estés. Por exemplo, *O Poder do Mito*, de Joseph Campbell, estuda e explora a mitologia, o universo e a vida; ele explica como os temas e símbolos das narrativas antigas continuam a dar sentido a nossas experiências de todas as coisas – nascimento, morte, amor e guerra. Campbell disse: "Sempre fico desconfortável quando as pessoas falam sobre mortais comuns, porque nunca conheci um homem, mulher ou criança comum".[1]

Ele tem razão, temos mais em comum com os deuses, Deusas, heróis e vilões do que nos damos conta. Todos vencemos a escuridão, fomos enganados, fomos os enganadores, fomos a vítima e o herói. Fomos todos eles. Tudo isso está em nós. Em você. Assim como os elementos são parte da Terra. Os mitos não falam de você, de seu ego. Eles falam sobre sua identificação com seu poder superior, seu verdadeiro eu, e com o mundo. Eles ajudam você a se enxergar como outro elemento terreno e então identificar onde se encaixar.

O que eu mais adoro em Campbell é a maneira como ele, diz, sem culpa, que a forma como vemos os outros é na verdade um espelho de nossa própria consciência, de nossa própria evolução. Se você vê um monstro em lugar de um herói, isso mostra seu estado de consciência. Campbell expressa isso muito bem: "Leia os mitos. Eles ensinam que você pode se voltar para dentro, e começar a captar a mensagem dos símbolos. Leia os mitos de outros povos, não os da sua própria religião, porque você tenderá a interpretar sua própria religião em termos de fatos, mas lendo os mitos alheios você começa a captar a mensagem. Os mitos ajudam a colocar sua mente em contato com essa experiência de estar vivo. Eles lhe dizem o que é a experiência".[2]

Assim, aproprie-se da experiência. A jornada. Seu progresso. A evolução de sua vida.

castigo por sua vaidade e seu ego não evoluídos. E também há a Deusa celta Morrigan, que representa guerra, destino, morte e magia. Ela ofereceu seu amor a um herói de guerra, que rejeitou tanto o amor quanto a soberania feminina, e com isso selou seu próprio destino. Ele morreu sem nunca ter entendido as consequências de suas ações não evoluídas.

À Deusa nórdica Freya, cuja abordagem equilibrada de trabalho e diversão – como se nota em sua conexão simbólica a tudo, do amor, beleza e sexo à guerra e à morte – revela uma guerreira e Deusa alinhada. A história de seu amor e paixão pelo marido mostra como o poder do amor e da devoção, quando combinados com obsessão e fixação, impedem a evolução de alguém.

À Deusa babilônica Ishtar, que regia o amor, a fertilidade, a guerra e o sexo. Assim como muitas divindades, ela tem diferentes nomes, e conecta-se através de várias culturas e religiões; era extremamente apaixonada, e conhecida por ser tão acolhedora quanto vingativa.

> ### DEUSA (R)EVOLUCIONÁRIA: CLARISSA PINKOLA ESTÉS
>
> Minha primeira ligação com as histórias de Deusas e arquétipos espirituais aconteceu quando li *Mulheres que Correm com os Lobos*,³ de Clarissa Pinkola Estés, um clássico sobre a psique feminina. Pude entender a evolução de nosso arquétipo de Deusa a partir do que Estés chama de a Mulher Lobo, a Mulher Selvagem, a Deusa Suja, O Patinho Feio.⁴
>
> Estés, que é psicóloga junguiana, influenciou muito minhas pesquisas para este livro e minha escrita em geral. *Libertem a Mulher Forte*, assim como *Mulheres que Correm com os Lobos*, mudou minha visão sobre cultura e consciência. Sua obra enviou uma mensagem ao mundo sobre o poder dos arquétipos femininos, ajudando o mundo a entender melhor a plenitude, integridade e fonte. Suas histórias e ensinamentos ajudaram a explicar e transformar nossa visão do masculino e do feminino por meio de atributos de gênero e natureza, seja a Deusa ou a Guerreira, a Aia ou a Caçadora, que levou a consciência coletiva a nos reunificar tanto com nosso lado masculino quanto com o feminino. Uma Deusa fazendo uma reverência à sua guerreira interior. A caçadora aprendendo a aproveitar sua donzela interior. Removendo as divisões na sociedade, e em nós mesmos.

Com a ascensão da Igreja Católica, muitas divindades míticas foram transformadas em demônios, como aconteceu com Ishtar, que foi associada a regras, luxúria, serpentes e magia negra. Embora, na realidade, Ishtar não fosse nem puro Bem, nem puro Mal, ela simboliza a paixão emocional em toda a sua magia e tragédia.

À Deusa védica Maya, que também estava associada à magia e à ilusão. Maya representa o estado de ilusão, algo que pode ser transformado por meio do conhecimento transcendente. Ela nos pergunta: O que é verdadeiro? O que é real?

O Nascimento de Shakti

A história da Deusa hindu Durga é uma com a qual sinto que todas podemos nos identificar – é a história do nascimento de shakti, do feminino. Era uma época em que o mundo estava dividido pelo conflito, os deuses haviam caído dos céus, os demônios haviam saído do submundo, e todos caminhavam pela Terra. Os demônios, representando o sofrimento, o conflito, a cobiça e a corrupção, estavam a ponto de conquistar o mundo.

Sentindo-se confusos, ansiosos, esgotados, os deuses se uniram. Cada um com a esperança de que os outros teriam as respostas e a energia para resolver o problema. De repente, eles perceberam: *o feminino*. Estamos lutando usando apenas o masculino, e assim eles pediram que a forma Deusa fosse criada. Shakti, a energia enrodilhada da criação, exclusiva do feminino, nasceu com a Deusa Durga, que surgiu montada em um tigre.

FORTE, GRANDE, CORAJOSA, PELUDA NO MEIO DAS PERNAS E IRRADIANDO UMA NOVA LUZ AMOROSA QUE O MUNDO NUNCA HAVIA VISTO… DURGA ENTRA NA BATALHA PARA ANIQUILAR OS DEMÔNIOS.

Forte, grande, corajosa, peluda no meio das pernas e irradiando uma nova luz amorosa que o mundo nunca havia visto. Montada em seu tigre, armada de uma luz branca brilhante, receptiva ao chamado, Durga entra na batalha para aniquilar os demônios. Com graça, ela aniquila. Confrontando demônios e indo fundo em sua verdade empoderadora – voltando a enraizar-se ao amor e a conectar-se com seu propósito – ela não tem paciência para o tormento que são os joguinhos cansativos e incessantes dos demônios.

Ela destrói a separação que eles criam entre ganhadores e perdedores, a segregação, o sofrimento, o conflito e a cobiça. Seu poder reside em sua verdade amorosa, seu fluir e refluir de energia, entre a ação e a reflexão. Ela usa sua energia shakti, do amor feminino infinito, e alimenta sua cruzada para livrar o mundo dos conflitos que nos dividem, polarizam e enfraquecem. "Shakti" é um termo do leste da Índia que literalmente significa energia criadora e divina ligada a tudo que tem a ver com a vida e a criação, seja a Mãe Terra, o universo ou a sua própria sabedoria feminina.

Gosto de chamar shakti de nossa Deusa Guerreira interior; imagino minha energia shakti como o ego alternativo desperto de uma supermulher: ela espalha luz branca pura purificadora como o Homem-Aranha espalha teias, e arrebenta o chão que pisa, eliminando graciosamente as más vibrações, como o Hulk. Ela tem até uma pitada perfeitamente equilibrada da insolência de um vilão, uma energia interior que pulsa em cada uma de suas ações, desejos, respostas espirituosas ou palpitações do coração. Ela está em cada uma de nós. Durga/shakti, como você, encarou uma história muito parecida à que você e eu compartilhamos atualmente. Por isso, sinto uma afinidade com a Deusa Durga, e quero que você invoque a energia dela, e essa história, ao deparar-se, ao longo de seu dia, com pessoas que a confrontam com conflitos, de modo que você se lembre de como são poderosos o amor feminino e seu poder de relaxar no âmago de sua verdade. Afinal de contas, isso já salvou o mundo uma vez!

A HISTÓRIA DE CADA DEUSA CONTA UMA LIÇÃO MUITO REAL: QUE AS MULHERES SÃO MÁGICAS. QUE AS MULHERES TÊM O PODER DE REMOVER A ILUSÃO DE QUE TODOS ESTAMOS SEPARADOS UNS DOS OUTROS.

> **JOIA DA DEUSA**
>
> Se você curte os arquétipos, recomendo enfaticamente que explore o livro *Sacred Contracts and Archetypes*, de Caroline Myss, que dá ênfase a arquétipos mais convencionais, como A Intelectual, A Artista/Criativa, A Atleta, A Rainha/Executiva, A Cuidadora e até A Fashionista![5] Ainda melhor para a Deusa moderna, confira a obra de Cristina Carlino, que oferece um teste *on-line* e você pode realizá-lo agora mesmo, em archetypese.com. Também há testes de arquétipos junguianos *on-line* que você pode fazer, obrigatórios para qualquer Deusa maluca por testes ou qualquer viciada em arquétipos!

No conjunto, a história de cada Deusa nos comunica uma lição muito real: que as mulheres são mágicas. Que as mulheres têm o poder de remover a ilusão de que estamos todos separados uns dos outros. Que as mulheres podem enfrentar o submundo, derrotar os demônios, os quais representam conflito e sofrimento. As mulheres podem ser a voz da justiça.

Não importa o país, a cultura, a história ou o roteiro, existem muitas semelhanças entre as histórias das Deusas ao longo do tempo. Do folclore antigo e da mitologia às histórias dos arquétipos femininos do pioneiro da psicanálise Carl Jung. *Personas* e atributos que são vistos nas personagens através dos tempos e das histórias. Do herói, cuidador, soberano, amante, explorador ao rebelde, começamos a nos familiarizar e ficar à vontade com os "tipos" de seres humanos, e naturalmente passamos a assimilar o tipo evolutivo de pessoa que desejamos ser. A história do vencedor, do perdedor, do bom, do mau, do trapaceiro, do santo se torna parte de nossos passos subconscientes no rumo de nossa evolução. E quando você encontra um arquétipo que reconhece, pode cair vítima de classificá-lo (perigosamente próximo de rotular) de acordo com seus códigos subconscientes. Tachando a pessoa que tira uma *selfie* atrás da outra como a Feiticeira Fútil do Espelho, quando na verdade ela pode ser um amor de pessoa!

De forma global nossas fábulas, mitologia, arquétipos, personagens, até as histórias infantis para dormir começam a criar um inconsciente coletivo – em um nível subconsciente todas já conhecemos, desde crianças, esses contos de fundo moral; eles já existem em nossa evolução, seja seu conto de fadas ou filme da Disney favorito. Todas essas narrativas compartilham histórias de resiliência, reflexão, rejuvenescimento e recompensa.

Em essência, todas essas histórias e nossa infância moderna contêm elementos de cada arquétipo de Deusa, algumas mais que outras. Empresas como a Pixar e a Disney são excelentes em levar as histórias das Deusas para gerações futuras: Ariel, a Deusa da Água rebelde que teve coragem suficiente de perguntar por quê; Pocahontas, a Deusa da Terra que usou o amor para unificar mundos divididos; Rapunzel, também rebelde; Moana, outra rebelde... No mundo atual, podemos usar suas histórias como modelos inspiradores, que mostram que você não precisa viver pelas regras convencionais. Se você crê que existe um caminho melhor, provavelmente isso é verdade.

Tome nota de personagens da sua infância ou atuais que fazem soar em você um acorde espiritual, as quais podem ter tido influência em seu DNA de Deusa. Pessoalmente, acho que Carl Jung estava no rumo certo ao apontar o impacto que as histórias têm sobre as bases da construção de uma Deusa.

Todas as histórias – sejam mitos, lendas ou fatos documentados – podem parecer batalhas sobrenaturais dramáticas entre gigantes, deuses ou Deusas. Mas, na verdade, tais histórias não são diferentes das atribulações reais enfrentadas ao longo da nossa época e de nossa vida. Essas histórias refletem nossa evolução espiritual. Nossa mitologia espelha nosso movimento. Esses contos falam de nossa transformação como espécie, e como seres.

Qual é a chave para a jornada feminina? O que podemos descobrir ao estudar todas as histórias de Deusas, do início dos tempos ao momento de agora? Assim como nossa jornada, a narrativa da Deusa também compartilha um processo de transformação. E, assim como algumas de nós podem vivenciar em sua vida, recebendo a mesma lição de novo e de novo, essas histórias que lemos repetidas vezes espelham nossa busca para expandir, aprender e crescer como seres espirituais.

Muitas antes de nós viram essa conexão nas histórias. As narrativas são simples, todas refletem a jornada de uma mulher na vida. Uma busca psicoespiritual que todas, como mulheres, vivenciamos, não importa em que era ocorram nossa jornada e evolução. Ainda assim, os elementos da história estão relacionados com o momento, sejam os temas régios gregos e romanos da mitologia antiga, as donzelas domesticadas das histórias de um século atrás, ou as personagens femininas empoderadas da Disney e da Pixar de hoje, que não necessariamente dependem de um príncipe encantado para salvá-las do perigo.

> **EM VEZ DE FICARMOS IRRITADAS COM O FATO DE BRANCA DE NEVE SER UMA DEUSA DOMESTICADA, PODERÍAMOS RECONHECER A LIÇÃO PRESENTE NA BUSCA INCESSANTE DELA POR OFERECER A TODOS AMOR E BONDADE.**

Caso remova quaisquer julgamentos que possa ter quanto à época e ao lugar das mulheres nesses contos, você poderá perceber o significado e a mensagem subjacentes. Em vez de ficarmos irritadas com o fato de Branca de Neve ser uma Deusa domesticada, poderíamos reconhecer a lição presente na busca incessante dela por oferecer a todos amor e bondade, ainda que as pessoas a quem ela faça tal oferecimento não acreditem ser elas próprias capazes disso. Ela crê na bondade de uma rainha malévola e de um caçador de coração partido. As ações dela de cuidar ou nutrir, ainda que sejam domesticadas, são atos de amor e compaixão. A narrativa de Branca de Neve corporifica o caráter da Deusa de viver para o amor, a luz e o legado.

Os arquétipos da Deusa poderiam ser mal interpretados como sendo estereótipos – a temida categoria da qual estamos tentando sair, e não nos encaixar! Mas não são isso. Como todas as coisas, nós, Deusas, vamos evoluir de criança a mulher, a mãe e a avó. De Donzela a Mãe e a Anciã. Arquétipos podem ser definidos como um "exemplo de uma pessoa" e, sob uma luz mais positiva, um "bom exemplo de uma pessoa" – em nosso caso, ficaremos com os arquétipos de Deusa com os quais podemos nos identificar e que ajudem nossa evolução espiritual. Um tipo de mulher muito admirado. Uma Deusa.

DEUSA (R)EVOLUCIONÁRIA: MALALA YOUSAFZAI

Vale a pena explorar esse processo transformativo ou arquétipo por meio de um conto atual, que tenho certeza de que um dia será uma lenda. Trata-se da história de Malala Yousafzai.

A jovem estudante do Paquistão sentia que a maneira como a sociedade suprimia os direitos das mulheres nesse Estado islâmico era injusta, e decidiu manifestar-se. Criou um *blog* e, sob pseudônimo, Malala escrevia sobre o direito à educação e à expressão para todos. Um dia, voltando para casa de ônibus com colegas de escola, a menina foi confrontada com a realidade de sua sociedade. Um homem armado chamou-a pelo nome e encostou-lhe uma arma na cabeça. Uma tentativa definitiva de suprimir e silenciar. Ele atirou. Malala começou uma dolorosa jornada de cura. Não apenas fisicamente difícil, com a cirurgia de reconstrução, mas também uma peregrinação. Ela viajou a Londres para ser tratada e desencadeou um chamado por mudança no Paquistão. O chamado foi ouvido em escala global.

Malala permaneceu gentil, compreensiva, em paz e dona de seu poder feminino, durante todo o processo de cura, e em vez de incitar a guerra, jurou honrar o ímpeto da mudança, e nunca deixar de defender aquilo a que todos no mundo deveriam ter direito. Hoje, Malala é uma renomada ativista pelos direitos femininos, criando oportunidades de educação para mulheres menos afortunadas, falando sobre as mudanças ainda necessárias no mundo e representando uma inspiração corajosa para tantas mulheres assustadas demais para lutar por seus direitos. Hoje ela é uma Deusa dos direitos humanos universais. Ela lidera de maneira pacífica, e ama a todos. Uma menina que teve uma arma apontada para a cabeça e muitos motivos justos para sentir raiva, mas ela superou o ódio. Isso é coragem, sabedoria, compaixão e existência evoluída, em sua forma mais plena.

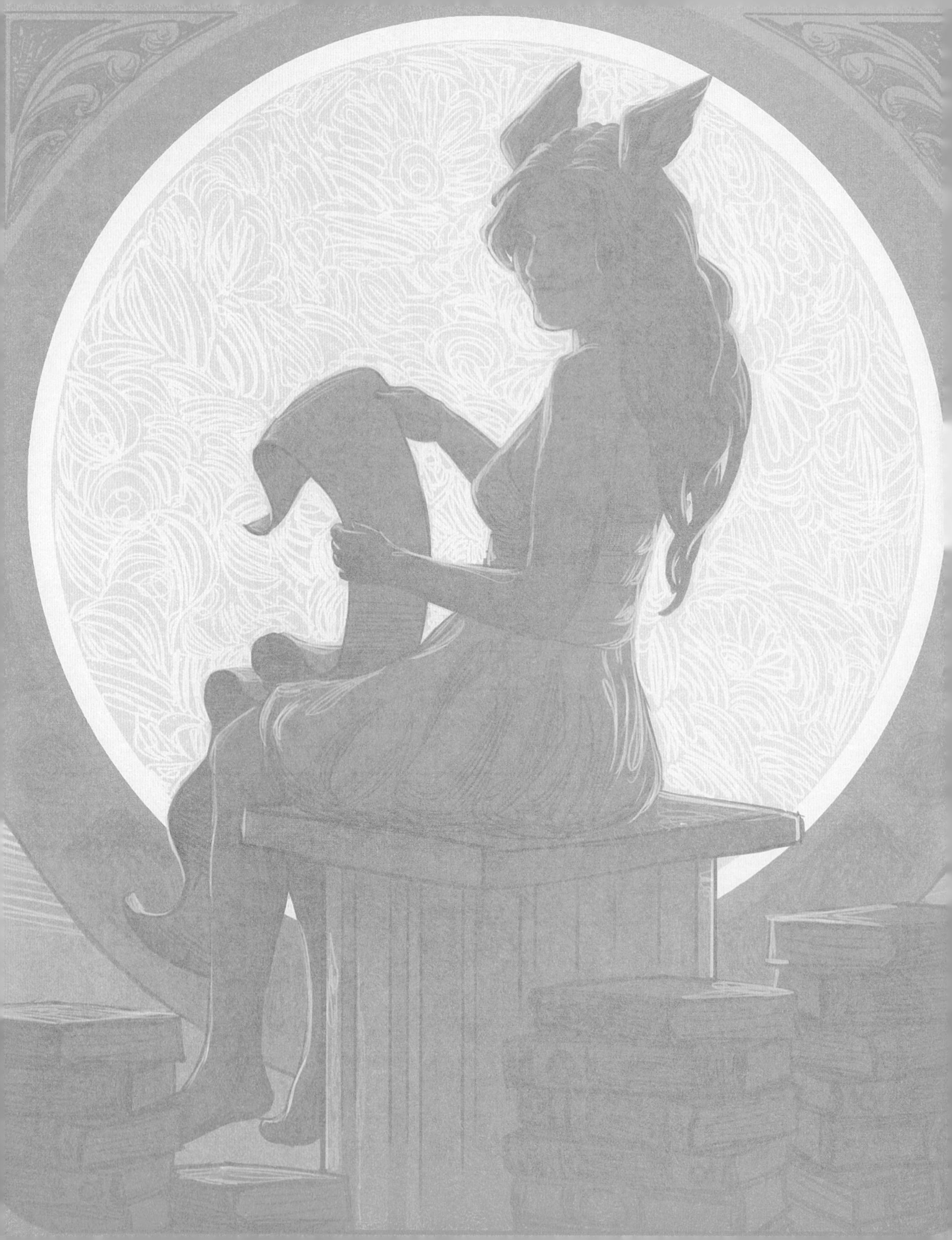

A LINHA DO TEMPO SEGUNDO AS ESTRELAS

"QUANDO TEMOS MEDO, QUANDO DÓI DEMAIS, GOSTAMOS DE CONTAR A NÓS MESMAS HISTÓRIAS DE PODER."
— STARHAWK

Não, nem sempre foi assim. Como seria de se esperar, com a evolução, as coisas mudaram. Houve uma época em que o Matriarcado foi real. E enquanto o conflito e o confronto do patriarcado de hoje podem fazer com que algumas de nós sintam que uma sociedade liderada por mulheres seria melhor, é importante ressaltar que, como com todas as coisas – escuridão e luz, bom e mau – a combinação vencedora é o equilíbrio, não uma coisa ou outra. Não há vencedores ou perdedores; em palavras simples, todos perdemos se não despertarmos e nos unirmos. Então vamos abandonar a mentalidade de nós-contra-eles e ficar todos do mesmo lado.

Para desvendar nossa história e compreender a fonte de nossa energia feminina – onde estava, para onde foi e onde estamos agora –, primeiro é preciso compreender como foi a nossa jornada evolutiva até chegarmos aonde estamos. A vida e a nossa história têm muitos ciclos e fases. Você mesma vai mudar e ficar diferente de acordo com sua idade e experiências. Ver mudanças que vão do biológico e do espiritual ao ambiental afetarão sua visão de mundo e sua contribuição para ele.

VOCÊ VAI VIVENCIAR A DEUSA TRÍPLICE – DONZELA, MÃE E ANCIÃ. ESSAS FASES SÃO SIMBÓLICAS EM RELAÇÃO NÃO SÓ À SUA PRÓPRIA VIDA, MAS À VIDA COMO UM TODO. NASCIMENTO, VIDA E MORTE. COMO MULHERES, É IMPORTANTE ENTENDER QUE VOCÊ É O CICLO.

Em sua própria vida de Deusa, você vai vivenciar a Deusa Tríplice – Donzela, Mãe e Anciã. Essas fases são simbólicas em relação não só à sua própria vida, mas à vida como um todo. Nascimento, vida e morte. Como mulheres, é importante entender que *você é o ciclo*. Seja o ciclo ao dar a vida. Seja o ciclo ao rejuvenescer a vida. Seja o padrão emocional de seu ciclo menstrual! E, como com todas as coisas, nossa evolução ao longo do tempo viu ciclos de mudança e transformação.

Como um coletivo global, poderíamos dizer que nossa energia tem sido desviada para o masculino nos últimos dois milênios. Quando olhamos os líderes, inventores, gestores do mundo e dos negócios, até deuses, especialmente no mundo ocidental, a maioria das posições influentes tem sido de homens. Embora nosso mundo, da forma que o conhecemos, seja patriarcal, saiba que nem sempre foi assim. E, mais importante, saiba que não precisa ser assim.

Ao longo de centenas de anos, a veneração mundial mudou de divindades masculinas e femininas para apenas divindades masculinas e, em muitos casos, simplesmente um único deus masculino. O processo evolutivo que passou da adoração de uma mulher grávida do mundo para a adoração de um homem torturado e crucificado parece uma realidade fatídica quando vemos como a Mãe Terra está sendo torturada. Um dogma judaico-cristão era imposto quando novas terras eram conquistadas – por meio de uma combinação de guerra, migração e colonização – nesse reinado masculino, das ilhas do Pacífico à América do Sul. As culturas orientais, como a Ásia e a Índia, continuaram a manter uma energia masculina e feminina mais equilibrada, a julgar pela maneira como Deusas importantes continuaram a ser populares na sociedade ao longo da história e ainda são hoje em dia.

O mundo ocidental, porém, seguindo a ideologia judaico-cristã, adotou uma divindade paternalista única, e assim nasceu o patriarcado. A face feminina de deus, nossas Deusas, foram reprimidas e negadas, e as mulheres foram oprimidas, perdendo nossos direitos, nossa voz, nossa liderança e poderes.

Então, como perdemos a matriarca, a Deusa? Bem, para além da imposição por meio da conquista e do poder patriarcais, quando estudamos o verdadeiro sentido por trás de nossos deuses, podemos ouvir muitas histórias não contadas ou perdidas, que uma vez escutadas podem mudar o modo como vemos tudo.

JOIA DA DEUSA

A Deusa Serpente da Grécia e da Índia antigas era o símbolo da vida, da energia, da cura e do movimento entre os mundos espirituais, com sua habilidade de transformar ou mudar de pele. A Deusa Ave do Antigo Egito à Europa representava a água, o movimento, a emoção e a cura. A Deusa Abelha da mitologia grega à hindu simbolizava as sacerdotisas e as trabalhadoras, curandeiras, usando o mel como remédio, e a responsabilidade de polinizar, espalhando a sabedoria e a percepção.

A Deusa Vaca dos minoicos às tribos de Uganda representa tudo o que é ligado à vida, da produção do leite a seus chifres, que representavam a forma dos órgãos reprodutivos femininos, e à lua crescente. Vacas raramente eram sacrificadas por sua carne ou couro.

E mudará a maneira como seguimos em frente. Muitas histórias que, quando traduzidas, mostram que tradução e interpretação podem ter tido grande influência sobre o momento em que a Deusa foi abandonada. Tome a primeira frase de um livro que gera debates há séculos, a Bíblia Hebraica, cuja tradução normalmente é "No início, Deus criou...". No entanto, quando vemos a mesma frase em hebraico no Zohar, o texto espiritual da Cabala Judaica, ela diz "Na sabedoria, *Elohim* cria...".[1] *Elohim* é uma palavra hebraica composta do masculino e do feminino, formando uma unidade. *El* é hebraico para Deus e é masculino. *Eloah* é hebraico para Deusa e é feminino.[2] Então, em essência, também poderíamos interpretar a primeira frase como "Na sabedoria, Deuses e Deusas criam...".[3]

A história de deuses antagônicos, como os deuses e as Deusas do Olimpo grego, que estavam o tempo todo brigando e competindo por atenção (com um equilíbrio entre características masculinas e femininas), evoluiu com várias interpretações e debates ao longo do tempo para nos deixar com o deus único com o qual muitas de nós estão familiarizadas hoje. De fato, muitos deuses/Deusas compartilhavam características tanto masculinas quanto femininas, de Shiva, na Índia, às divindades astecas, e até os anjos. Então, no início não apenas fomos criados em igualdade, éramos todos um só, unificados e em equilíbrio perfeito. Ao menos é o que as escrituras nos contam. (Ou não nos contam.)

Ao escrever este livro, envolvi-me com os estudos de Marijas Gimbutas, arqueóloga lituano-americana que devotou sua vida e amor ao estudo das Deusas através de culturas e do tempo, explicando suas descobertas nos livros *The Goddesses and Gods of Old Europe* e *The Language of the Goddesses*. Ela descobriu a conexão entre uma guerra espiritual de 5 mil anos de idade contra o divino feminino e a ascensão do reinado masculino. Seus estudos e descobertas sobre o Neolítico e a Idade do Bronze pré-cristãos reescreveram as partes que faltavam da história, que o patriarcado tinha omitido ou descartado. Em seus estudos dos colonizadores originais da Europa antiga, durante os quais escavou cemitérios e antigos totens de culto, ela descobriu que de fato começamos com uma sociedade ideal, em que homens e mulheres atuavam em equilíbrio, compartilhando o poder na sociedade. Havia uma ampla adoração a divindades femininas – promovendo a não violência, a igualdade e a natureza. Os estudos dela revelam que a mudança do matriarcado para o patriarcado está ligada ao nosso período ocidental de guerra, guerra, guerra; as sociedades afastaram-se do feminino com os indo-europeus, e o equilíbrio se desfez em uma espiral descendente de tudo que tivesse relação com a Deusa.[4]

O trabalho de Gimbutas nos recorda que foi das mulheres que o mundo recebeu a medicina, a agricultura, a arte, a matemática e que, em muitas culturas, elas eram até mesmo consideradas as guardiãs ancestrais do tempo. Marcando os meses pela lua e seus ciclos menstruais. Sua voz tinha tanto valor quanto a dos homens.

AO TRAZER DE VOLTA AS HISTÓRIAS DOS ENSINAMENTOS DAS DEUSAS, DESVELAMOS A FACE FEMININA DE DEUS.

Desencavar a verdade enterrada nas profundezas da história, e de nossas histórias, dos arquétipos à arqueologia, nos ajuda a lembrar e tomar ciência do que foi apagado ou esquecido. Faz com que voltemos a nos familiarizar com a verdade de que a criação não é exclusividade dos homens, estando a mulher sempre presente, e sendo sempre necessária. Com deus vem a Deusa. Ao trazer de volta as histórias dos ensinamentos das Deusas, desvelamos a face feminina de deus. Desenterramos um mundo que venerava as mulheres de todas as formas, e em todos os níveis da sociedade.

É interessante notar que em muitas tribos amazônicas as mulheres, ao mesmo tempo que são quem educa, cozinha e gera as crianças, também são tidas como detentoras do trabalho mais importante da tribo. Sua voz é igual, ouvida e muito necessária. Os homens caçarão, proclamarão a vitória sobre a Terra conquistada e colherão, até não haver mais nada para caçar, matar ou capturar. O papel das mulheres é dizer aos homens quando já chega, para ajudar a manter o equilíbrio do renascimento, o ciclo da vida, das estações e do crescimento. Vindo das vozes femininas da tribo, o chamado para parar e levar em conta as próprias ações é importante para garantir que os animais e a Terra possam ser repovoados. As anciãs ancestrais mantinham a Terra em ordem.

Com nossos antigos ancestrais veio também o nascimento da espiritualidade natural que reconhecia e honrava a lua, as estrelas, os elementos do Fogo, da Terra, do Ar e da Água. Esse sistema de crenças pagão, baseado na natureza, unia o feminino com todas as coisas relacionadas à vida, ao universo, à criação e à Terra. Com ele vieram o nascimento, a vida, o tirar a vida e o rejuvenescimento, uma espiral que abarcava tudo – da vida e morte ao renascimento – da criação eterna. Isso era refletido em todos os aspectos ligados às estações, à colheita, ao ciclo de vida e morte. Como no âmbito da natureza, as criaturas da Terra eram também símbolos do divino feminino. Na época das Deusas antigas, talismãs animais eram um símbolo unificado do papel da Deusa.

Então como foi que os chifres das vacas e a lua nova, antes tão sagrados, passaram a ser desprezados como chifres do diabo ou como feitiçaria?

No século XV, as caças e queimas de bruxas perseguiram mulheres como você e eu, por elas desejarem ser consideradas espirituais, em vez de aceitarem uma única religião. Pior ainda se fossem sexualizadas, usando a energia sexual para qualquer outra coisa que não procriar. Se usassem essa energia para empoderar outras mulheres, era feitiçaria. Eu, por exemplo, teria sido acusada e queimada na fogueira, e este livro seria considerado bruxaria! Sexual e espiritual, as acusações contra mim procedem. Mas o único feitiço que usarei em você é fazê-la acreditar em si mesma e mostrar-lhe que você pode realizar qualquer coisa.

Os rótulos de gênero, sejam de bruxa ou puta, bonitinha ou mandona, ainda hoje são nocivos. E embora as caças às bruxas constituam uma boa parte de nossa história, é importante saber que mulheres conscientes, espirituais, sexuais e intuitivas originalmente não eram vistas como más, malévolas ou estranhas, e certamente não como bruxas, nas épocas anteriores a nosso reinado judaico-cristão. Na verdade, em algumas eras de nossos antigos antepassados, a sacerdotisa tinha tanto um aspecto sexual quanto espiritual, e nos templos era igualmente respeitada por sua espiritualidade e sua sensualidade. Ambos aspectos eram vistos como formas poderosas de conexão com aqueles que necessitavam de seu amor, compaixão e orientação. Não havia nada de sujo ou sinistro nisso. A energia sexual de uma mulher era unificadora e um bálsamo. Não era vista como um poder exercido sobre os homens, e não era necessariamente apenas para eles, mas considerada amor incondicional. Amor sem rótulos.

> **CONTEMPLAÇÕES DA DEUSA...**
>
> A narrativa da Deusa está sempre entremeada à natureza, e nas escrituras e histórias não é raro uma Deusa compartilhar uma conexão com um animal específico. Dos contos de fadas aos pagãos às culturas indígenas, totens animais há muito têm sido relacionados com sinais de experiências, emoções e um emblema da personalidade ou dos atributos da pessoa – de maneira muito parecida a um arquétipo. Se desejar, pule para os capítulos da Parte IV, "Deusa da Terra", para ver os diversos significados por trás dos vários totens animais.

Energia, consciência, sabedoria e curiosidade – sobretudo no que dissesse respeito a coisas espirituais, sexuais e evolutivas – eram uma ameaça ao *status quo*. Afinal, a sabedoria é poderosa. Ao longo dos últimos milênios, houve definitivamente uma liderança da energia masculina, e hoje vemos o que muitos da Nova Era chamam de "ascensão do feminino", que me parece importante considerar mais como uma ascensão rumo ao equilíbrio do que uma derrubada da masculinidade.

Em termos de energia, não se trata de "ponha um saco na cabeça da energia masculina, amarre as mãos dela e jogue-a no porta-malas de nosso carro evolutivo". É mais tipo "Ei, energia masculina, vamos dar uma voltinha juntos e tocar uma *playlist* que todos curtam". Tem menos a ver com dualidade espiritual e de energia e mais a ver com unidade.

A mudança em nossa evolução espiritual foi prevista para começar em 2012 e foi mencionada por astecas, hindus, Yogi Bhajan e até por Nostradamus, que disse: "Uma nova lei emergirá no mundo novo da América. Em uma época em que a Síria, a Judeia e a Palestina são significativas: o grande império bárbaro do patriarcado que os homens criaram decairá durante o período em que o espírito feminino completa seu ciclo".[5] Acredita-se que "a nova lei" é a mudança de energia, e o "novo mundo" seja a América. Chame de "Era de Aquário", "a mudança" ou "o novo alvorecer", uma coisa é consistente: a espiritualidade está mudando.

Quando se trata de astrologia, sobretudo a natureza em mutação de todas as coisas da Terra e das estrelas, foi previsto que uma mudança muito interessante começaria em 2012. Calculado pelos maias há mais de 2 mil anos, 21 de dezembro de 2012 foi citado como a data do início do Grande Ciclo, algo que também foi percebido no Antigo Egito, e o que os astrólogos chamam de Era de Aquário. Você pode ver isso na Linha de Tempo da Deusa da página 66. Depois de 2012, uma mudança gradativa, com as dores de crescimento evolutivas, começou a ganhar força, frustrar e alterar-se, à medida que saíamos do reino de Peixes masculino, que nos regeu por 2 mil anos – com a energia masculina de religião controlada, as ações de ditadores, e o crescimento da autopromoção e das motivações egoístas.

Hoje, na Era de Aquário, temos visto a colaboração dos mundos oriental e ocidental através do comércio e dos negócios, a evolução da tecnologia diante de nossos olhos, e uma ascensão da espiritualidade com *ashrams*, templos, mosteiros e até festivais de yoga, mesclando pensamentos da Nova Era e espiritualidade com a sociedade convencional. Você só precisa andar por uma rua de Nova York para ver um estúdio de yoga, uma loja de comida orgânica, videntes, lanchonete de hambúrgueres veganos e um bar agitado, tudo no mesmo quarteirão!

Nossa evolução foi uma jornada emocional. Enquanto pesquisava para escrever este livro, encontrei muitos escritos, movimentos e marcos para nós, seres humanos, ao longo da história e da mitologia, e percebi muitos temas em países, culturas e comunidades em que havia uma conexão para um despertar, o nascimento da consciência, da igualdade e do equilíbrio – onde ainda havia uma devoção à Deusa ou seu reconhecimento. Eu quis fazer uma síntese e mostrar-lhe o que eu havia descoberto, de uma maneira fácil de digerir, para ajudá-la a transcender e se conectar com toda a nossa jornada como mulheres que evoluem, com todas as revelações empoderadoras e emocionais desse processo. Assim, pareceu correto que uma espiral sagrada, simbolizando tudo o que está relacionado com a Deusa, fosse usada para destacar alguns momentos-chave que me chamaram a atenção. Veja o que atrai você, com o que você se conecta. Você consegue visualizar a jornada, e seu papel nela? Que histórias mais chamam sua atenção?

Reuni o tempo em eras zodiacais, cada uma equivalente a 2.160 anos zodiacais. Hoje celebramos o Ano-Novo no dia 1º de janeiro. Em tempos antigos, ele era celebrado no momento em que dia e noite estavam equilibrados, o que normalmente acontecia em 21 de março. É o primeiro dia da primavera no Hemisfério Norte e traz vida nova. Essas datas variam, com vários astrólogos apresentando diferentes pontos de vista sobre quando exatamente caem essas eras astrológicas; tais variações se devem a diferentes maneiras de fazer os cálculos (existem muitas variações dependendo de qual astrologia você utiliza; assim, incentivo você a explorar os métodos astrológicos com que você mais se identifica), mas, independentemente disso, eles dão uma ideia de quais energias estelares poderiam estar nos guiando por ocasião desses grandes momentos evolutivos. E não importa qual astrologia você explore, há janelas de tempo semelhantes mostrando que, seja qual for a data que você aceite, estamos no meio de grandes mudanças. Todo mundo será afetado por essa grande mudança de energia, esteja ou não consciente disso.

Toda essa informação sobre história está apresentada em uma linguagem bem informal e você pode concentrar-se mais em acessar a informação e acolher as descobertas evolutivas, em vez de gastar energia tentando decodificar complicados termos históricos cheios de sílabas. Você e eu concordamos que ninguém tem tempo para ficar procurando palavras complicadas na internet sem necessidade. Estamos todas aqui porque precisamos de mudança, já! E não aulas de história para satisfazer nossos egos. Assim, faremos uma viagem sem escalas pela história do tempo, como nunca foi feito antes. Um relato rápido e sem frescuras de nossa evolução espiritual, baseado nas estrelas.

A Linha do Tempo Evolutiva

Esta linha do tempo é diferente de outras que você já deve ter visto. Ela reconhece a sua evolução espiritual e sua mudança consciente, usando-as como referência, e documenta a energia e o movimento por trás dos grandes feitos no decorrer do tempo, em um panorama consciente de cada ação marcante desde a aurora do tempo, até o momento em que você está agora. Essa cronologia consciente da energia e do movimento não é linear, como tampouco é o tempo, quando medido pelas estrelas. Assim como nós, as estações e os ciclos de vida, a energia move-se em espirais, redemoinhos, ciclos e círculos – com frequência sobrepondo-se e cruzando-se enquanto flui e reflui.

Este é seu vórtice, sua janela para o lugar de onde veio, de acordo com as estrelas e nossa evolução como seres espirituais. O símbolo da Deusa é a espiral, representando

ERA DE AQUÁRIO
Calendário Maia / O Ciclo da Fênix egípcio começa em 2012 d.C. (também acredita-se que seja a partir de 11 de novembro de 2011)

ERA DE PEIXES
cerca de 6 a.C. até 2000 d.C. (alguns acreditam que tenha terminado em 2012)

ERA DE LEÃO
cerca de 10006 a.C. até 8006 a.C.

ERA DE ÁRIES
cerca de 2006 a.C. até 6 a.C. (alguns acreditam ser a era de Cristo)

ERA DE CÂNCER
cerca de 8006 a.C. até 6006 a.C.

CRIAÇÃO
Nascimento

ERA DE GÊMEOS
cerca de 6006 a.C. até 4006 a.C.

ERA DE TOURO
cerca de 4006 a.C. até 2006 a.C.

a vida, a criação e a fertilidade, mas pode-se argumentar que a espiral mais simbólica é a do tipo descendente. É por isso que essa linha do tempo é feita em círculos celestiais de tempo, representando o feminino, e não em um registro linear de batalhas e impérios. Foram-se os dias de uma história da revolução, e agora é o tempo da história de nossa evolução. Dos fatos que deixaram de ser registrados nos arquivos de nossa história feminina.

CRIAÇÃO: NASCIMENTO

Seja no que for que você acredite – Big Bang = Terra; deus; Adão e Eva = humanidade; macaco; ou mesmo a colaboração do deus Prometeu, que criou o homem a partir do barro, com a Deusa Atena conferindo uma alma a essa criação –, de algum modo tudo teve um princípio. Afinal de contas, aqui estamos nós! Muitas culturas acreditam que o mundo começou a partir da escuridão, do caos que rodopiava e espiralava (eis de novo a espiral que simboliza a Deusa). Os egípcios acreditavam que o deus Atum, também conhecido como Ptá, acasalou-se com a escuridão de sua própria sombra para criar a vida.

Para muitos, Eva nasceu da costela de Adão. Judeus, cristãos e muçulmanos creem em Adão e Eva como o começo. Poderíamos ficar aqui o dia inteiro se quiséssemos discutir todas as ideias diferentes sobre o início do mundo, mas, seja no que for que você acredite, uma coisa em que podemos concordar é que foi algo caótico (na mitologia grega, a Deusa da Criação até se chama Caos, e teria sido o primeiro ser nascido da escuridão e da noite. Nome bem apropriado, não acha?).

A despeito do que exatamente rolou, e por mais caótico que tenha sido, podemos todos concordar, em termos científicos ou espirituais, que a semente evolutiva foi plantada, uma vez que, afinal de contas, todos nós existimos. E assim tudo começou... da Idade da Pedra, ao *Homo sapiens* e à Era do Silício. Que explosão poderosa!

Começando com a Idade da Pedra e as primeiras histórias de nossa evolução em um período de sobrevivência, durante o qual todos os esforços visavam a caça, a coleta ou a fuga para salvar a própria pele, há também histórias de entidades que começam a evoluir conosco. Espíritos, fadas e até demônios – e nas histórias tais entidades parecem fracas. Simbolicamente, o folclore conta que as fadas são mortas pelo ferro, símbolo do comando e da conquista. A arma do homem. À medida que fomos aprendendo a cultivar alimentos, ainda que em um nível básico, nossos deuses e Deusas cresceram conosco. Com templos e trabalhos artísticos passando a registrar os deuses cujo poder parece aumentar, o mesmo aconteceu com nossa fé neles. Com o nascimento dos deuses, começaram a ser contadas as histórias orais espirituais. Escrituras e narrativas, das inscrições em paredes ao mais sagrado dos livros impressos, tudo começou com a

EXERCÍCIO DE EVOLUÇÃO: SUA LINHA DO TEMPO DE DEUSA

Vamos traçar sua linha temporal de Deusa, desde o mundo antes de você, a seu nascimento e todos os picos de crescimento espiritual – mágicos, desastrosos e divinamente abençoados – pelos quais você passou nesta vida.

- Comece com sua concepção (se tem alguma dúvida, subtraia nove meses do dia em que nasceu). Quem são seus pais, por que acha que você os escolheu, quais as coisas mais importantes que lhe ensinaram, e qual é a dinâmica de sua família?
- Qual é uma de suas primeiras recordações, que idade você tinha, por que acha que se lembra dela, por que é significativa?
- Grandes eventos da vida – isto é bem específico seu, pode ser qualquer coisa, seu primeiro namorado, uma mudança de casa, a formatura, a perda da virgindade ou tornar-se mãe. Almas com as quais seu caminho cruzou e que a influenciaram, pais e sua opinião sincera sobre amigos, professores e amores. Coloque tudo sobre a mesa da Deusa. Olhe para os eventos, como e quando aconteceram, por que teriam acontecido, e perceba o significado que você associou a cada uma dessas lições. Tal significado cria uma crença limitante ou ajudou você a evoluir? Deve ser um ou outro. Dedique algum tempo para analisar e digerir sua vida.
- Existe alguma lição de vida recorrente? Há algum tema regular, que reaparece a cada poucos anos, a cada cinco anos?
- Tire um momento para olhar, de uma certa distância, sua vida, suas lições, as montanhas que conquistou, as ladeiras onde pode ter tropeçado e rolado encosta abaixo.
- Avalie como todos esses estranhos e maravilhosos marcos em sua linha do tempo foram construindo sua evolução. Mais importante, no caso de tudo que está evoluindo, se você vir um padrão, mude-o. Se vir um bloqueio, remova-o. Use seu mapa da vida como uma oportunidade para redirecionar-se através da confusão mágica que é a sua vida.

compreensão de que, com a história, vem a crença. Compreensão. Transformação. Do mais sagrado até a propaganda, as narrativas moldaram grande parte da realidade de nossa história. Sejam ficcionais ou sejam fatos, essas histórias ainda são amplamente discutidas hoje. Adão e Eva, macaco, macaco aquático, Big Bang, os céus...

ERA DE LEÃO: CERCA DE 10006 A.C. ATÉ 8006 A.C.

Conhecida como a Era Dourada – nome que vem da mitologia grega – um período muito citado e documentado por sua capacidade de inspirar a arte e escritos que, por meio de seus relatos, estabelecem a época em que ocorreu. O astral era pacífico, focado na harmonia, e as pessoas não precisavam se acabar de tanto trabalhar, porque a terra provia. Havia uma ordem natural, um fluxo orgânico das coisas da vida. Nesse período, era praticada uma religião natural, que honrava a terra e trabalhava com seus ciclos.

Povoados surgiram da Dinamarca à Jordânia, e foi uma era de caça e de coleta. As roupas eram feitas com a pele dos animais, as cabanas criadas a partir das árvores e o alimento vinha da caça e dos primeiros plantios registrados. Pinturas murais da vida dos caçadores datadas desse período foram encontradas na África.

A Deusa, o mundo mãe e a fertilidade das terras eram amplamente associados com uma energia feminina. A Deusa Gato era amplamente vista como um talismã, existindo nesse período cultos ao leão, à esfinge e ao gato. Isso pode ser observado nas esfinges egípcias, ainda hoje em pé. A Deusa Gato e o signo zodiacal de Leão compartilhavam semelhanças; a primeira estava associada ao Sol, e o Leão zodiacal estava ligado ao Fogo. Os egípcios não foram os únicos a cultuar o gato; na mitologia nórdica, havia Freya, a Deusa da Terra, cuja carruagem era puxada por dois gatos gigantes. O aquecimento climático ao longo da era desse signo do Fogo levou ao derretimento de muitas geleiras.

ERA DE CÂNCER: CERCA DE 8006 A.C. ATÉ 6006 A.C.

Conhecida como a Era da Grande Mãe, ou o nascimento da humanidade. Ocorreu o nascimento das Deusas da Terra, e o vinho foi inventado – acho importante destacar isso. O matriarcado reinava. Com Câncer sendo regido pela Lua, vemos na mitologia várias Deusas do Sol fazendo a transição para Deusas da Lua. Na época, a religião dava destaque às divindades femininas, e muitas culturas veneravam figuras femininas grávidas. Vemos a domesticação dos animais e o surgimento da pecuária desde o Iraque à China. Muralhas eram construídas para proteger as casas, e as Muralhas de Jericó, a mais antiga barreira de proteção já descoberta, aparentemente foi construída para guardar a cidade contra enchentes.

Houve um aumento na percepção dos elementos da Mãe Natureza – o que ela podia dar em termos de terras férteis para o cultivo de alimentos, e as condições climáticas destruidoras – daí seu culto e a apreciação por ela. Pense no poder que sua mãe tinha sobre você na sua infância: ela alimentava, nutria e até punia quando você se comportava mal. A civilização respeitava a Mãe Terra, e com razão!

ERA DE GÊMEOS: CERCA DE 6006 A.C. ATÉ 4006 A.C.

O surgimento da Era do Bronze marcou o início de uma era de dualidade, representada pelos Gêmeos. Isso refletiu-se na literatura, nas histórias orais, nos múltiplos deuses e nas narrativas da época, que compartilham relatos tanto dos perdedores quanto dos vitoriosos. Foi um período de expressão, comunicação, comércio e de registro da mitologia. As primeiras escrituras minoicas foram criadas, assim como os hieróglifos egípcios. Houve também uma construção global de templos. Foi a era da criação do calendário tanto pelos maias quanto pelos egípcios.

Gêmeos simboliza o equilíbrio, feminino e masculino, escuridão e luz. É também o motivo de muitas histórias e religiões começarem a discutir a dualidade do bem e do mal, e a polaridade do masculino e do feminino começou a criar uma oscilação entre os cultos da Deusa e do deus. Com a ascensão da literatura e das histórias orais, também veio a ascensão da ciência e da matemática. Foi um tempo de conhecimento, diferenças em pensamentos, linguagem e expressão.

ERA DE TOURO: CERCA DE 4006 A.C. ATÉ 2006 A.C.

Touro, outro signo feminino, significou uma era de agricultura e de estrutura, que trouxe consigo as energias da terra e do trabalho. Touros e vacas foram amplamente venerados em muitas culturas; a vaca foi vista em muitas Deusas e templos, do Egito à Índia. Stonehenge foi construído, assim como as pirâmides. Os egípcios criaram a primeira represa para ajudar a controlar melhor as grandes cheias. O nascimento da Idade do Ferro foi amplamente dominado pelo Egito e pela Babilônia, onde as mulheres possuíam terras e estavam em igualdade com os homens. Acredita-se também que foi nesse período que se deu a destruição da Atlântida. Foi também nessa era que teve início o uso de carros de guerra nos combates. Houve a movimentação de grandes populações migratórias para novas terras, por conta dos carros de tração animal.

Na África, foram encontradas Deusas com chifres datando dessa era, as quais representavam a autofertilização da Deusa e da Terra. Na mitologia grega, Selene e Ártemis, Deusas da Lua, foram representadas por uma coroa de lua crescente, e também por chifres de vaca. Reis e rainhas da época usavam chifres para amplificar seu poder como governantes. O fim da Era de Touro se deu com a fuga dos israelitas do Egito.

ERA DE ÁRIES: CERCA DE 2006 A.C. ATÉ 6 A.C. (PARA ALGUNS, ESTA É A ERA DE CRISTO)

Foi a era da guerra, da aventura e da expansão dos impérios – a era do guerreiro. Um período de comando e de conquista, de sacrifícios animais e de combate, de busca e de descoberta. Um incremento da iniciativa e um aumento nas artes, ciência e nova filosofia. O carneiro e a ovelha eram venerados por assírios, gregos e romanos, com representações artísticas em muitas religiões da época. Algumas das escrituras mais antigas foram produzidas: os vedas indianos, que se acredita terem sido concluídos em 1200 a.C.; o velho livro da *Alquimia*; e partes da Bíblia Hebraica. À medida que as dinastias se expandiam pela China, os caracteres chineses também variaram e evoluíram, e isso ficou registrado. Outras obras são mais difíceis de datar, como *O Livro Tibetano dos Mortos*, que se acredita remontar a 1240 a.C. A mais antiga referência ao

I Ching (O Livro das Mutações) é de aproximadamente 700 a.C.

Alguns dos maiores pensadores de todos os tempos também agraciaram essa era, como Platão, Sócrates e Aristóteles. Através das antigas civilizações, símbolos de um deus/Deusa unificado reuniram o masculino e o feminino. Essas figuras de gênero dual têm sido encontradas por toda parte, dos astecas às culturas indianas. Até os anjos tinham um equilíbrio entre os dois gêneros e considerava-se que apenas "eram", e que não tinham um gênero específico. Cristo – o cordeiro de deus – também é tido como tendo nascido perto do fim da Era de Áries, trazendo o surgimento do Cristianismo, que era acompanhado pelo símbolo do peixe; este representa a era inaugurada por Cristo, Peixes, a era zodiacal seguinte.

ERA DE PEIXES: CERCA DE 6 A.C. ATÉ 2000 D.C. (PARA ALGUNS, TERIA TERMINADO EM 2012)

> ### DEUSA (R)EVOLUCIONÁRIA: JOAN DIDION
>
> Joan Didion é o epítome da Deusa, e é alguém que deve ser admirada do ponto de vista evolutivo. Ela disse, em uma frase famosa: "A vida muda em um instante".[6] Essa autora premiada e jornalista escreveu sobre aspectos morais em meio ao caos do movimento pelos direitos civis e na história dos Estados Unidos. Ela fez o relato dos tempos de mudança – na sociedade, na idade e na morte. Seus ensaios e observações eram perfeitos, indiretos e complicados. Eles instavam o mundo a entender o que "unidos" realmente significava.
>
> O que tocou o mundo de forma mais profunda não foi a política, não foi a questão racial, mas a história pessoal dela. O livro *The Year of Magical Thinking*, sua história sobre a morte do marido e da filha, mostra como as palavras e as feridas podem transformar-se em sabedoria. Suas histórias moldaram e mudaram visões e opiniões da sociedade, bem como dela própria.

Vemos as maiores mudanças na civilização ocidental, em um período dos deuses, ou do deus, que rompeu de fato o *status quo* e criou uma nova ordem mundial. Vemos a divisão nas crenças, da religião à ética e à raça. E ações de comando e conquista para controlar e dividir.

Para colocar em perspectiva, esta era começou com a queda de Roma. Foi um período de desenvolvimento, inovação, invenção e progresso. Foi também um período de fé, caridade e sacrifício. O lado sombrio de Peixes, visto nos dois peixes que nadam em direções opostas, representa a mentira e o sofrimento silencioso que também foi enfrentado durante essa era. Foi também então que surgiu a história da Virgem Maria, refletindo uma era de cuidados e de proteção, a força vital que caracteriza tudo que é maternal. Houve a criação de igrejas, que simbolizavam o ventre da Mãe Virgem. Tais igrejas lembravam um santuário semelhante, sagrado, seguro, tranquilo, isolado do mundo, protegido pela energia materna, como o que o bebê vivenciaria no interior da mãe. Nesse período, vimos uma busca pela igualdade e uma luta pelo equilíbrio, globalmente, por um universo unificado. Houve caças às bruxas; escravidão; movimentos

> **JOIA DA DEUSA**
>
> A Era de Aquário está associada com o cristal ametista, uma pedra de paz e de equilíbrio. Diz-se que ela possui energias vibracionais sutis, que promovem a espiritualidade, dão esperança, elevam o espírito e conferem paz, estabilidade e força a quem a usa. Eu pessoalmente curto as ametistas, e acho que é uma pedra essencial para usar ou ter comigo quando minhas energias feminina e masculina estão em conflito.

de direitos das mulheres, direitos civis e direitos dos homossexuais; e uma luta constante de libertação para todos.

As mulheres ganharam direito ao voto, foram eleitas várias primeiras-ministras (principalmente em culturas onde há culto à Deusa, como Sri Lanka, Índia e Israel). Nesta era, houve até mesmo o chamado movimento da Deusa. O Conselho Internacional das Treze Avós Indígenas foi criado nesse período, unindo os quatro cantos do mundo, reunindo anciãs sábias e mulheres da medicina, e formando uma aliança global de prece, educação e cura para a Terra. Uma unidade entre os elementos divididos e segmentados da sociedade começou a formar-se, com as minorias e aqueles tratados de forma injusta pela sociedade congregando-se. Houve também uma ascensão do terrorismo, a luta por recursos naturais e as ameaças da mudança climática. A humanidade foi forçada a confrontar sua abordagem da vida e de como viver bem, de maneira pacífica, uns com os outros e com a natureza.

ERA DE AQUÁRIO: CALENDÁRIO MAIA/O CICLO DA FÊNIX EGÍPCIO COMEÇA EM 2012 D.C. (TAMBÉM ACREDITA-SE QUE SEJA A PARTIR DE 11 DE NOVEMBRO DE 2011)

Tida como a era do surgimento da consciência coletiva. Aquário está conectado com tudo o que tem a ver com energia, tecnologia, viagens, democracia, liberdade, libertação, humanitarismo, idealismo, filantropia, distúrbios nervosos, perseverança, humanidade e não conformismo. Os próximos 2 mil anos deverão ser iluminadores, criativos e inovadores. É um momento para pedir um mundo melhor, com uma moral mais elevada em cada pessoa, que precisa que a energia acolhedora e amorosa da feminilidade se alinhe com a Mãe Terra.

Como acontece em muitas culturas, os homens podem ser os "líderes", mas eles procuram as mulheres para aconselhá-los: quando devem parar de caçar ou de esgotar os recursos naturais da Terra. Os líderes serão instados a governar de forma equilibrada e gentil, buscando novas tecnologias e novas fontes de energia – a guerra pelos recursos terminará. Esta era procurará estar em equilíbrio. E agora, o chamado tanto pelo equilíbrio da humanidade quanto pelo retorno ao equilíbrio na natureza será uma questão vital. Todos serão chamados a contribuir para uma sociedade melhor. Também é um período em que a verdade aparecerá. O nevoeiro se dissipará. É a era da igualdade. E aqui estamos nós, prontas para a mudança consciente.

Assim, o que a Era de Aquário da Deusa reserva para nós? Assinatura da Netflix e iPhones 22 para todo mundo! Piadas à parte, vamos usar a tecnologia de maneira consciente, para ajudar nossos esforços pela cura da Terra, sua energia e seus recursos. Vamos mudar nossa visão, deixando de ser vítimas das decisões uns dos outros para sermos as criadoras de um futuro consciente, tomando decisões coletivas que beneficiem a todos e não apenas a alguns. Características femininas tanto nos homens quanto nas mulheres serão bem-vindas, e veremos um retorno aos ensinamentos sagrados femininos continuando a emergir. A crescente curiosidade sobre todas as coisas, da Lua à atenção plena.

Você, alma desperta, é a prova de tudo o que foi dito acima. O aumento de leituras sobre a Deusa, livros de Elizabeth Gilbert clamando às escritoras que peguem suas canetas, ergam-se, manifestem-se e compartilhem sua mensagem com o mundo. Livros de autoras como Gabrielle Bernstein, Rebecca Campbell (que escreveu *Rise Sister Rise*[7] enquanto eu produzia este livro, veja só como são os alinhamentos da Deusa!), Shonda Rhimes e até mesmo este que aqui está em suas mãozinhas de Deusa, todos tiveram uma curadoria divina e foram entregues a você propositadamente, para ajudá-la a fazer sua parte neste despertar consciente e criar mudanças reais quando o mundo as necessita.

O fato é que, quer você se identifique com a visão maia, hindu, astrológica ou descarte tudo com um simples erguer de sobrancelha, ponto de interrogação e um dar de ombros como sendo um monte de bobagem, você precisa admitir que, em termos de empoderamento da Deusa, a ascensão da heroína na cultura pop, as mulheres poderosas em cargos de diretoria, e até concorrendo à Presidência dos Estados Unidos, tornando-se primeira-ministra da Grã-Bretanha, são todas pistas de que existe um movimento rumo ao equilíbrio de energia em uma escala global. Bom, pelo menos um começo disso! Você só precisa dar uma olhada no *feed* de seu Instagram para ver o movimento #girlboss #squadgoals. Ironicamente, enquanto eu escrevia este parágrafo, esta citação apareceu em meu *feed*, divinamente orquestrada para você: "Precisamos de mulheres que sejam tão fortes que possam ser suaves, tão informadas que possam ser humildes, tão ferozes que possam ser compassivas, tão apaixonadas que possam ser racionais, e tão disciplinadas que possam ser livres", de Kavita Ramdas.[8] De fato, é verdade – a tecnologia pode ajudar a espalhar a consciência.

EXERCÍCIO DE EVOLUÇÃO: MAPEAMENTO DA DEUSA

PRIMEIRA CAMADA – MAPA DE INTUIÇÃO
Pegue um mapa e marque os países com os quais sente uma afinidade inexplicável. Talvez as pessoas costumem lhe dizer que você parece alguém desse país; você pode ter um fascínio inexplicável pelo idioma e pela cultura de lá. Você talvez adore sua comida. Sempre quis conhecê-lo. Adora os mitos e as lendas de sua cultura. Ou simplesmente sempre teve uma conexão com o povo, suas tradições, religiões ou rituais.

SEGUNDA CAMADA – MAPA DE DNA
A seguir, com uma caneta de outra cor, marque no mesmo mapa os países com os quais sabe que tem uma conexão biológica. Se tiver avós, pais ou outros parentes, pergunte sobre as origens deles e marque-as também. Caso deseje saber mais, ou seja como eu e precise de ajuda quanto ao DNA, encomende um *kit* de DNA de ancestralidade e marque os países com os quais possua laços sanguíneos. Alguma observação ou conexão interessante? Não tenha um chilique de Deusa se nesse estágio não der para ligar os pontos – ainda temos mais uma carta na manga, as regressões de vidas passadas, que serão a terceira camada na elaboração de seu mapa da jornada da Deusa...

TERCEIRA CAMADA – MAPA DE VIDAS PASSADAS
Agora, com outra cor, quero que você marque os países onde teve vidas passadas. Pode ser algo bem difícil para algumas pessoas; assim, se não estiver a fim, sinta-se à vontade para pular esta camada. Você pode consultar um hipnotizador ou um terapeuta de vidas passadas, ou tentar realizar uma meditação de vidas passadas *on-line* e ver se é transportada de volta para uma vida esquecida. Outra coisa que pode ser uma pista para desencadear uma experiência de regressão é tomar nota de todas as marcas de nascença ou cicatrizes que você tem. Com frequência estão conectadas a ferimentos ou traumas que você teve em vidas passadas. Faça uma busca na internet por "meditação de regressão a vidas passadas" e tente encontrar uma com uma voz que a atraia. Coloque os fones de ouvido e permita-se visualizar em que lugar do mundo e em qual período você apareceu. Se tiver alguma experiência, adicione-a a seu mapa.

O DITADO POPULAR "O FUTURO É A MULHER" ESTÁ ERRADO... O CORRETO É: "O FUTURO É FEMININO". HÁ UMA DIFERENÇA.

Eis algo novo para você pensar. O ditado popular "O futuro é a mulher" está errado. Preste atenção, irmã. Isso, como tudo que estava fora de equilíbrio com o patriarcado, está errado, na mesma oscilação de desequilíbrio de mulher para homem, de homem para mulher. O correto é: "O futuro é feminino". Há uma diferença.

De que modo o feminino é diferente? Porque, como acontece com todos os rótulos, as categorizações nos dividem. Evoluir significa ser totalmente inclusivo, e não excludente. Os homens são tão capazes de ser femininos quanto as mulheres. Assim, essa mudança não deve ser conduzida apenas pelas mulheres, mas por aqueles que estão em sintonia com tudo o que é feminino, acolhendo-o. Uma abordagem equilibrada de ambas as energias, masculina e feminina, e não uma ou outra. Lembre-se do Manifesto da Deusa: *A unidade é uma fonte de nosso poder.*

Assim, aqui estamos nós. Na era do retorno da Deusa. Deixando a Era de Peixes (a Nova Era), durante a qual, como mundo, estivemos focados na hierarquia e no patriarcado, e em quem detém as chaves para o poder. O feminino está rápida e amplamente tornando-se aceito e sendo saudado. Nossa questão para esta era não é: *Ser ou não ser?* A questão é: *Fazer com amor ou sem amor?* Como sociedade, estamos focados em ser bem-sucedidos, ser aceitos, estarmos felizes com a energia motriz da Era de Peixes, e assim acabamos nos voltando para a busca de algo em que acreditar, um modo de vida e uma maneira de ser.

Agora, com a Era de Aquário (a Era do Servir) já sabemos e compreendemos a importância de ser, e queremos evoluir e entrar em uma nova era de igualdade no fazer. A era do equilíbrio. É um tempo de abrir, libertar, ceder, reiniciar e acolher o seu feminino – belo, forte, suave, amoroso e potente. O futuro feminino, com seu belo equilíbrio. Vocês, com seus grandes questionamentos, suas almas inquisitivas e a necessidade persistente de ajudar e de curar todos e tudo, são as Deusas pelas quais nosso mundo vem pacientemente aguardando. Sua chegada ao despertar, à evolução, não podia ser mais oportuna.

A REALIZAÇÃO DESPERTA É UMA REALIDADE MUITO CONCRETA, GRAÇAS A VOCÊ! O FUTURO É VOCÊ, É FEMININO E É INCRIVELMENTE LUMINOSO.

Como mulheres, vocês são aquelas que têm a sabedoria. Depende de vocês ajudar a criar a igualdade e o equilíbrio em uma escala global. Somos nós que temos esse privilégio. Agora, o que você vai fazer com ele? Você foi conduzida através de milhares de anos para compreender seu pleno potencial e seu alinhamento com as estrelas, então, o que você pode fazer hoje? A realização desperta é uma realidade muito concreta, graças a você! O futuro é você, é feminino e é incrivelmente luminoso.

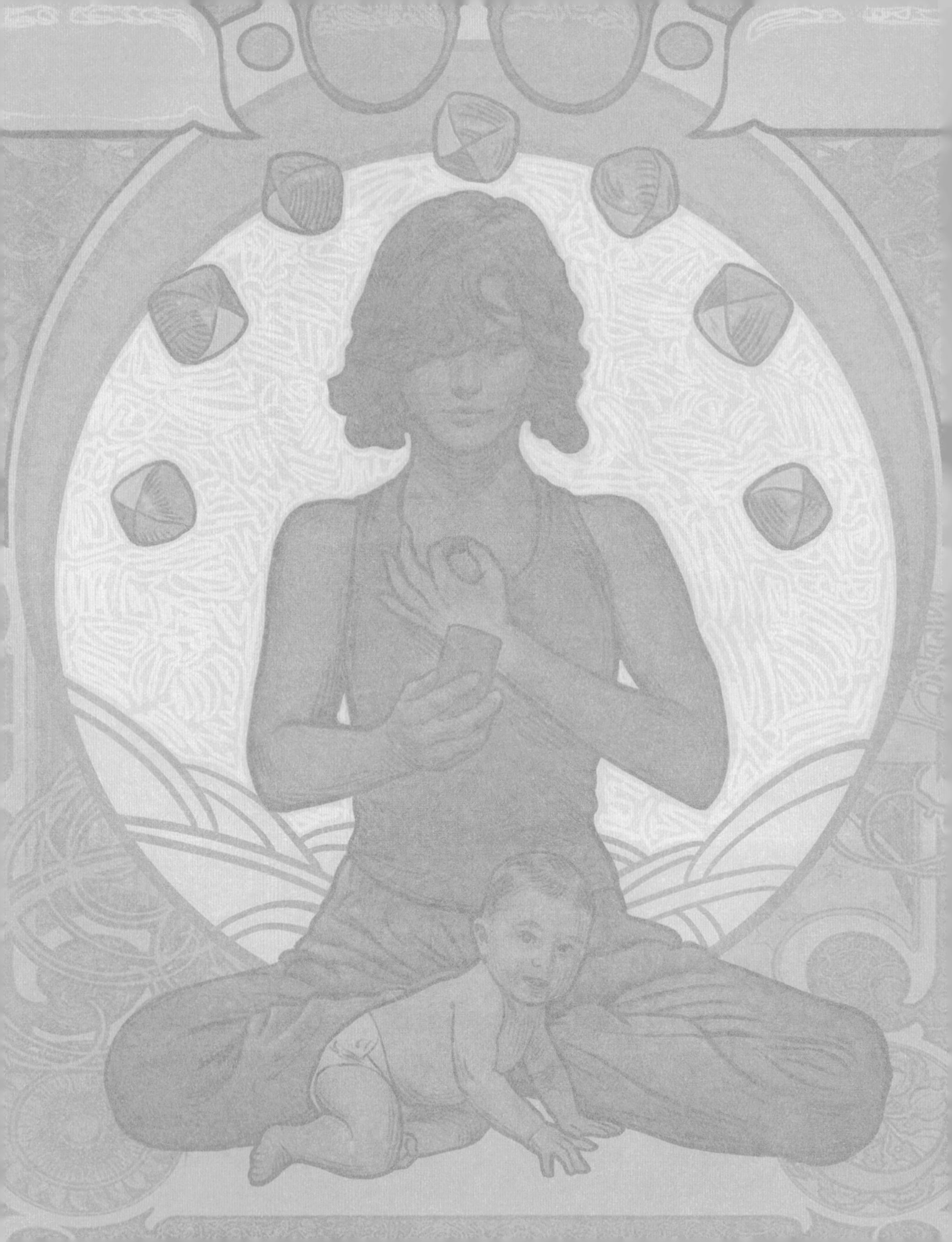

QUAL ARQUÉTIPO DA DEUSA VOCÊ É?

"A PSIQUE E A ALMA DAS MULHERES TAMBÉM TÊM SEUS PRÓPRIOS CICLOS E ESTAÇÕES DE ATIVIDADE E DE SOLIDÃO, DE CORRER E DE FICAR, DE SE ENVOLVER E DE SE MANTER DISTANTE."
– CLARISSA PINKOLA ESTÉS

Reconhecer com mais clareza em qual arquétipo da Deusa você se encontra no momento pode ser transformador devido à compreensão de seus muitos aspectos de Deusa, tomando ciência tanto de sua jornada evolutiva quanto do que pode estar por vir.

A Deusa Tríplice e as Fases

Tradicionalmente, muitas mulheres pagãs identificam-se com as três fases da condição feminina, ou a Deusa Tríplice: a Donzela (pré-sexo), a Mãe (da gravidez à menopausa) e a Anciã (a partir da menopausa). Do útero ao túmulo.

FASE DA DONZELA

Esta fase não significa necessariamente que você deve ser virgem no sentido físico; é mais um momento de seu ciclo vital em que você está cercada por sentimentos de expectativa, autoconfiança, curiosidade e independência, e no qual você está inspirada para criar arte, ter experiências e novos começos. Essa combinação de energia e de ação significa que a Donzela não tem receio de se expressar. Cheia de energia juvenil, ela é inteligente e cautelosa, como uma caçadora. Ela sabe por instinto quando deve atacar e quando deve deixar a natureza seguir seu curso. Essa fase tem tudo a ver com aprimoramento, expansão e o princípio feminino. A Donzela representa os novos começos, a estação da primavera, a caça, a natureza, o movimento e a mudança. Ela é responsável apenas por si mesma e suas próprias ações, e se concentra na descoberta e em uma vida alegre.

Exemplos de Deusas Virgens: Ártemis, Brígida, Chalchiuhtlicue, Diana, Freya, Hebe, Perséfone, Parvati, Rhiannon... para citar apenas algumas.

FASE DA MÃE

Esta fase corresponde à consagração da Donzela como Mãe, uma adulta desperta; a mudança no sentido de tornar-se a nutriz, a cuidadora, a protetora. Ela aceita suas responsabilidades na vida, é disciplinada e seu propósito é simples: amor e harmonia. Você não precisa ser necessariamente Mãe para entrar nessa fase de equilíbrio, autoentendimento, responsabilidade e autodisciplina. A Mãe tem o importante propósito de querer o melhor para todas as suas criações, sejam elas filhos, negócios ou atividades artísticas, ou as pessoas que a cercam. A Mãe representa a completude, a estação do verão, maturidade, conhecimento e autopercepção. Ela é responsável por aqueles ao seu redor, e está voltada para o cuidado e o amparo.

Exemplos de Deusas Mãe: Afrodite, Bast (também chamada de Bastet), Ceres, Frigg, Gaia, Hera, Ísis, Juno, Maria, Vênus, Iemanjá... para citar apenas algumas.

FASE DA ANCIÃ

Aqui temos a plenitude da Mãe, que se transforma em Anciã – uma matriarca e professora – a transição para a Mulher Sábia, o auge do poder espiritual. Ela é o fim do ciclo da vida, aquilo que muita gente teme: a morte. Ela guia os demais no entendimento de que, sem a morte, não existe transformação e renascimento. Ela é tanto o passado quanto o presente, e mostra a você a jornada de sua evolução, do nascimento ao aprendizado e à conclusão. A Anciã representa justiça, a estação do inverno, equilíbrio, sabedoria e profunda compreensão. É responsável pela magia, orientação e conclusão. Ela cuida de todas as coisas vivas, as que vêm e as que vão.

Exemplos de Deusas Anciãs: Black Annis, Hécate, Avó Aranha, Kali, Morrigan, Sedna, Xochiquetzal... para mencionar apenas algumas.

> **JOIA DA DEUSA**
>
> Em qualquer fase – Donzela, Mãe, Anciã –, existem energias dos elementos que influenciarão sua experiência e a maneira como você lida consigo mesma nessas fases da vida. Tais elementos ajudarão a definir sua personalidade de Deusa, ou arquétipo – dando orientação sobre como você reage, se comporta, processa e passa pelas diferentes fases. As páginas que se seguem vão conduzir você a seu arquétipo de Deusa, e veremos como cada um vivencia as fases, permitindo a você mergulhar fundo em suas raízes de Deusa, e ajudando-a a compreender de fato não apenas as experiências, mas as emoções empoderadoras que as acompanham.

Hoje em dia, com as Deusas modernas esperando mais tempo para terem filhos, e as mulheres vivendo mais do que viveram nossas ancestrais, foi sugerida uma quarta fase da vida – a Rainha. Como acontece com qualquer categorização, os arquétipos antigos têm limitado as mulheres em certos aspectos, dependendo do rótulo do arquétipo. Feministas espirituais veem tais categorias como exemplos de como uma sociedade patriarcal trata as mulheres. Uma Anciã é descartada – uma bruxa, velha e despida de qualquer possibilidade de ter algum valor. Hoje em dia, vemos mulheres que se aproximam da menopausa, vibrantes com sua energia remanescente, encarnando seu poder feminino, e totalmente de bem com a vida. Vemos a Deusa moderna reivindicar o poder de todas as fases de sua vida, incluindo a Anciã e o fim. E apostando em sua energia de Deusa Tríplice.

> ENTRE A LIÇÃO LUMINOSA E A LIÇÃO SOMBRIA, NENHUMA É MAIS JUSTIFICÁVEL QUE A OUTRA, NEM MAIS PODEROSA; AMBAS OFERECEM IGUAL OPORTUNIDADE DE BRINDAR-LHE COM NOVA COMPREENSÃO, NOVOS NÍVEIS DE COMPAIXÃO E UM NOVO SIGNIFICADO PARA O AMOR.

Enquanto percorre essas espirais e fases da vida, você necessitará de orientações e intuições diferentes em cada uma. O crescimento ocorre não só a partir de experiências profundas, corajosas e novas, da aquisição de uma nova sabedoria ou de assumir a sua verdade, mas também a partir do lado sombrio de cada fase, incluindo sofrimento, perda, angústia, traição, ganância e as dificuldades da vida. Entre a lição luminosa e a lição sombria, nenhuma é mais justificável que a outra, nem mais poderosa; ambas oferecem igual oportunidade de brindar-lhe com nova compreensão, novos níveis de compaixão, e um novo significado para o amor. Tudo isso empodera sua Deusa.

Como no processo transformativo, a jornada da heroína e Deusa, sabemos que a Deusa pode decidir ser uma vítima ferida, lançando culpas, furiosa, amarga. Ou pode escolher a compreensão, o crescimento, a expansão e o autodesenvolvimento. É difícil? Demais. Ela vai precisar de ajuda. Todas nós precisamos, vai por mim. Mas pode ter certeza de que não vou abandonar você em uma encruzilhada evolutiva sem as ferramentas necessárias, Deusa.

Essa fase da expansão de seu conhecimento evolutivo tem a ver com descobrir em que ponto você está em termos energéticos, e oferecer-lhe as ferramentas (e não regras) para ajudá-la a seguir em frente com elegância. É esse tipo de coisa que as escolas deveriam estar ensinando às nossas irmãs. São elementos essenciais para viver sem querer esganar qualquer um que a magoe enquanto você percorre seu caminho. Na verdade, você deve recorrer a este livro quando estiver passando por transições, mudanças, dores do crescimento espiritual, e sentir na alma as marcas e estrias deixadas pela evolução.

Assim, a fim de ajudar na criação de um roteiro para sua estrada evolutiva de Deusa moderna, escolhi um olhar diferente sobre os arquétipos, evoluindo-os, por assim dizer (e uma vez mais usando uma abordagem nova, diferente do convencionalismo consciente). Com isso, honro as avós do movimento da Deusa, que antes de nós estudaram os arquétipos da Deusa de sua época: historiadoras famosas, arqueólogas, autoras, acadêmicas e espiritualistas, muito parecidas com você. Escolho lançar luz sobre novas escolhas conscientes para as mulheres em nossa era, sem fazer julgamentos quanto aos velhos arquétipos e elementos, para aprender com eles e seguir adiante com o novo.

Levei dois anos no processo de criar um sistema de referência com arquétipos elementares modernos da Deusa, integrando atributos tradicionais, ensinamentos antigos dos movimentos da Deusa – da wicca aos vedas, Tao Te Ching e Shu Ching, aos elementos periódicos – e a filosofia elementar encontrada na astrologia, na numerologia, em rituais e na medicina, traduzindo e elaborando roteiros e sintetizando toda essa sabedoria. A tarefa não foi fácil, mas valeu todo o esforço, pois ao fazer isso descobri novos elementos sobre mim mesma que eu jamais havia explorado. Quanto a você, convido-a para este novo olhar sobre a influência dos arquétipos e elementos.

Olharemos para essa questão através da lente moderna da nova era, levando conosco a sabedoria de nossas avós e ancestrais em nossa jornada de transformação. Energeticamente conectadas. Unificadas. Quando uma de nós é ferida, todas somos feridas. Quando uma de nós ama, todas amamos. Daqui em diante, senhoras, caminhamos todas juntas.

Da mesma forma como abordamos a história da Deusa, em que dividimos o tempo de acordo com as eras do zodíaco, vamos dividir nossos arquétipos de Deusa por suas energias orgânicas. Energias naturais, os elementos. Mãe Natureza, a Deusa de tudo, em todos os seus aspectos.

USANDO A INFLUÊNCIA NATURAL DA LUA, DA ÁGUA, DA TERRA, DO AR E DO SOL PARA GUIAR VOCÊ, COMBINAMOS OS ENSINAMENTOS DE DEUSAS DE TODAS AS RELIGIÕES E CULTURAS PARA PROPORCIONAR UMA PERSPECTIVA EVOLUTIVA MAIS AMPLA.

Usando a influência natural da lua, da água, da terra, do ar e do sol para guiar você, combinamos os ensinamentos de Deusas de todas as religiões e culturas para proporcionar uma perspectiva evolutiva mais ampla. Tradicionalmente, os quatro elementos são sempre empregados e usados como referência; no entanto, no que diz respeito à Deusa, minha intuição, e as guias que trabalham comigo na escrita deste livro – e os estudos com os quais me identifico, incluindo paganismo, budismo e filosofia indiana – me dão a apaixonada convicção de que o quinto elemento é a Lua. Afinal de contas, a Lua é um elemento poderoso da Deusa, e há uma razão para que tantas mulheres que hoje estão despertando busquem a lua como conselheira. Novo tempo, nova energia, novo elemento.

Encontrando seu Elemento + Arquétipo da Deusa

Lua
Água
Terra
Ar
Sol

Encontrar seu elemento arquetípico evolutivo dominante é uma ferramenta, não uma regra. Peço-lhe que siga sua intuição de Deusa. Vá por onde lhe parece certo. Compreenda que isso também vai evoluir, como você. Respeite seu direito de fluir e refluir entre todos os elementos, à medida que você entra e sai de novas e velhas fases da vida. Como acontece com o ciclo menstrual e com os altos e baixos pelos quais passamos todos os meses, tais elementos podem mudar a cada dia, a cada mês, a cada ano.

O importante é que você pode usar tais forças naturais como combustível em sua nova visão de uma liderança amorosa no mundo moderno. Você pode usar os elementos da Mãe Natureza para ajudar a nortear o rumo de sua alma, e para reconfortá-la em momentos de desafio ou diante da mudança. Então vamos lá, façamos com que você se conecte com o elemento de seu arquétipo evolutivo da Deusa.

Você tem duas opções. Pode ir direto ao elemento com o qual sente mais afinidade. Você é atraída pela terra e por estar na natureza? A ideia de estar na água ou perto dela acalma e tranquiliza você? Você anseia pelo sol?

Ou, por outro lado, explore seu estado atual, mergulhando fundo em seu estado de espírito neste momento, seus sentimentos, desejos e anseios, com o teste rápido e fácil que desenvolvi depois de pesquisar e estudar os traços e atributos comuns dos elementos e suas influências sobre nós.

Esse teste é uma fusão de tais estudos e tem como alvo proporcionar uma compreensão de suas forças elementares fundamentais. Ao fazer o teste, siga a intuição e ouça seu corpo, coração, mente e Deusa Interior – tudo. Em cada uma das áreas da vida, escolha a resposta que mais corresponde à sua natureza neste exato momento. Queremos descobrir seu elemento de Deusa em tempo real; por isso, tente ficar presente e siga sua alma.

CONEXÃO

Você adora estar na companhia dos outros; você é muito sociável, e conecta-se quando está cercada por pessoas e da energia delas. Você adora estar com as pessoas; como a Deusa Ilmatar, você se sente sozinha quando tem apenas nuvens para contar, em vez de um bom papo. (Ar)

Você se conecta por meio de emoção, histórias, experiências, abrindo-se para os outros quando eles se abrem para você. Isso ajuda seu fluxo de cura, como a água corrente também apreciada por sua colega Deusa Anuket. (Água)

Você está em seu elemento quando consegue conectar-se à sua intuição, explorando seus sonhos, a espiritualidade, os planos superiores e um significado mais profundo da vida. Você compartilha com a Deusa Selene o amor pela espiritualidade, e é atraída pela lua e pelos céus. (Lua)

Você encontra propósito e conexão por meio da contribuição. Você dá o melhor de si quando está ocupada ou promovendo uma causa; nesses momentos você encontra equilíbrio, como a Deusa Sekhmet. Quando lhe falta um propósito na vida, você pode entrar em padrões destrutivos de comportamento. (Sol)

Você ama criar e se expressar, seja por meio das mãos, da voz ou das emoções. Você se conecta quando cria. Todo um lance de Gaia, Mãe, Deusa da Criação, tem a ver com você. (Terra)

SENTIMENTOS

Você é incrivelmente solidária com os demais, tem um profundo contato com suas emoções e com a energia ao seu redor. Com frequência pode parecer calma na superfície, mas por dentro está furiosa e mal-humorada, caso as condições sejam ruins. Como a Deusa Iemanjá, tem o talento de reconfortar quem fica nervoso ao percorrer águas desconhecidas. (Água)

Como a Deusa Durga, você não teme cortar de sua vida tudo aquilo em que não vê mais utilidade. Você é realista com suas emoções, e não receia desfazer-se de pessoas e coisas que não mais lhe servem organicamente na vida, libertando-se de velhos hábitos e experiências. (Terra)

Há beleza em seu caos, como acontece com a Deusa Caos. Você é inovadora, criativa, intuitiva, curiosa e o tempo todo faz perguntas sobre o amor e a vida. Sua inteligência é parte de sua profunda capacidade de sentir e compreender as experiências mais pelo lado lógico do que pelo lado emocional. (Ar)

Você pode ficar facilmente frustrada e irritada com seres mais lentos ou, em seu entender, menos "evoluídos". Como uma Medusa, que transformava em pedra quem era lerdo! Você é, porém, apaixonada e plena em sua abordagem da vida. (Sol)

Você é incrivelmente sensível e instintiva ao extremo em sua emoção e energia. Com frequência consegue pressentir como estão as pessoas, os ambientes, e ver a verdade por trás de todas as experiências. Como a Deusa Mawu, você busca a sabedoria em tudo. (Lua)

CANALIZAÇÃO

Deusa Amaterasu. Você é receptiva e naturalmente gentil com os outros. Você gosta de prontificar-se, de ajudar e com frequência escolhe encarar os desafios. (Sol)

Deusa Sheela-na-Gigs. Você é alegre e de bem com a vida. Tem a tendência de deixar-se guiar por seus instintos. Às vezes é ousada e rebelde. (Ar)

Deusa Oxum. Você é uma cuidadora inata, uma nutriz, e com frequência fica magoada e aborrecida quando amor e compaixão não são retribuídos no mesmo nível nos momentos em que necessita disso. (Água)

Deusa Kali. Você não tem tolerância com os egos, e com frequência é bem impiedosa ao cortar de sua vida pessoas que não se alinham com seus valores. (Terra)

Deusa Hera. Você pode ser vista como mal-humorada; na verdade, você apenas observa tudo com desconfiança (o que às vezes é intuitivamente justificado). Você não é enganada ou iludida com facilidade. Você cuida de si, primeiro e acima de tudo. (Lua)

RECONHECIMENTO

A Deusa Rhiannon compartilha seu amor por tudo que é tranquilo, como ficar em casa em vez de sair para a noite. Você passa por fases quanto à aceitação dos altos e baixos da vida. Com frequência precisa recuar, reorganizar-se, rejuvenescer antes de retornar ao mundo com a lição do momento. (Lua)

Você tem toda uma *vibe* de mãe dos deuses rolando, como a Deusa Aditi; você está no comando. Você pode ser audaciosa, instintiva, corajosa e generosa em suas lições na vida, e com frequência gosta de liderar pelo exemplo. (Sol)

Você usa sua inteligência e seu desejo para constantemente explorar e viajar, e encara a vida com um senso de liberdade e uma alegria livre de convenções. Você adora estender as asas como a Deusa Eos. (Ar)

Você gosta de uma vida faça-você-mesma; como a Deusa Nu Gua, você não tem medo de sujar as mãos e trabalhar com suas experiências. Você tem uma perspectiva prática e responsável do processo de aprendizado e de como vivenciar a vida. (Terra)

Você é boa para compreender uma situação tal como ela é, vendo cada emoção surgir e desaparecer, e encarando as experiências, deixando que se consumam e fluam através de você. Você pode conquistar seus sentimentos quando doma os pensamentos; como a Deusa Benten, você tem um jeito especial para domar o comportamento indisciplinado. (Água)

CURA

Você tem uma qualidade quase de serpente, trocando a pele e rejuvenescendo-se como a Deusa Renenutet. Tem a tendência a recuperar-se rápido e perceber como as dificuldades nutrem e nos apresentam lições. Você aceita a vida como ela se apresenta. (Terra)

Você se cura por meio da depuração, seja ela na forma de uma onda de emoção, desintoxicante, purificadora, ou simplesmente um mergulho bem no âmago da questão. Como a Deusa Gaṅgā, sua maior felicidade é quando você toca a água e liberta-se de qualquer medo ou pecado. (Água)

Para curar-se por completo, você precisa sentir que pode se expressar de maneira plena. Você não gosta de deixar as coisas por dizer, sempre com a intenção positiva de restaurar a felicidade, como a Deusa Hathor. (Ar)

Você se cura em ciclos. Você não tem medo de ficar no escuro em uma dada situação até o momento certo de abrir mão e deixar tudo ir por completo. Como a Deusa Juno, que vela pela lua cheia e pela luz celestial, você dá esperança para novos começos e novos ciclos. (Lua)

Como a Deusa Astraea, você é uma estrela. Você sabe que curte estar ocupada, mas está igualmente ciente de que corre o risco de se esgotar. Você teme o tédio, que tanto pode levar à evolução quanto ser destrutivo. (Sol)

SER

Você é mais feliz com a estabilidade, centrada, profundamente enraizada em seu próprio espaço ou santuário. Como a Deusa Selu, você sabe quando é o tempo de germinar, o tempo de ficar imóvel e o tempo de fazer a colheita. (Terra)

Você é espontânea, imaginativa, cheia de energia e, dia a dia, muito otimista quanto à vida e a sua abordagem dela. Mas tenha cautela, por baixo do fogo pode estar ardendo, como a Deusa Pele, dos vulcões. (Sol)

Você está no seu melhor quando é livre para ser, fazer, ir aonde bem entender. Você tem um lance de Deusa Saranya, que busca na vida a liberdade e o poder de fugir de tudo. Sem restrições, obrigações, responsabilidades. (Ar)

A Deusa Hina está sempre imersa em suas paixões, e você também. Você está em seu elemento quando mergulha totalmente em algo, seja uma experiência, um projeto ou um trabalho. (Água)

Parece que tanto você quanto a Deusa Luna adoram uma boa reunião de Deusas em espaços sagrados. Sua maior felicidade é estar em um ritual, cerimônia ou em seu espaço sagrado. Você gosta de almas com pensamento semelhante, e com frequência aprende muito com aquelas que são como você. (Lua)

AÇÃO

Você se guia por seus instintos. Como a Deusa Febe, você tem um sexto sentido quanto a suas experiências, que faz com que você observe os outros de um modo diferente. Você tem uma perspectiva primal da vida, que muitas vezes faz você parecer peculiar, desajeitada ou excêntrica. Perspicaz e profética em suas palavras, há clareza em suas ações. (Lua)

Você com frequência solta fagulhas quando está entusiasmada com alguma coisa. Como a Deusa Brígida, você é a alma da festa ou da empresa. Você não tem medo de assumir o controle e liderar. Sua calidez atrai os outros para sua causa. (Sol)

Você tem uma sólida estrutura ética, e é firme em suas crenças. Tem profunda convicção naquilo que acredita ser certo ou errado. Você sabe exatamente o que defende. Você é naturalmente vista como uma figura materna, uma mãe para todos, como a Deusa Fjorgyn. (Terra)

Você tem uma tendência para agir por emoção, por vezes de maneira precipitada. Governada pelo coração, você é semelhante à Deusa Ran, que tinha a obsessão de capturar homens e o amor. Com isso, você às vezes pode entrar de cabeça nas experiências, ou as evitar totalmente. Você pode ir de um extremo a outro. (Água)

Você é uma mensageira como a Deusa Arce. Você aprende, conecta e cresce por meio de conversas profundas. Você adora a linguagem e as palavras, e usa sabiamente suas palavras. (Ar)

MUDANÇA

Você é influenciada com facilidade pelos outros, e importa-se profundamente com eles e com suas jornadas. Você pode ser desajeitada e no começo resistir à mudança, mas aceita as lições e permite que elas a mudem mais do que a maioria. Como a Deusa Mazu, sua maior felicidade acontece quando você consegue prever de antemão a mudança. (Água)

Como a Deusa Ceres, você adora seus próprios rituais pessoais de amor por si mesma. Você consegue lidar bem com o estresse, e aproveita melhor as experiências produtivas que desafiam você a crescer e expandir-se. No entanto, você gosta de ter seu próprio espaço em tempos de mudança. (Terra)

A mudança é, para você, um ciclo eterno, uma etapa interminável de transição. Você acolhe todas as fases da jornada, sombrias, luminosas e plenas. Como a Deusa Kuan Yin, você é sempre grata pelas lições e oportunidades de crescimento, e é compassiva com todos os seus professores ao longo da vida. (Lua)

Você adora a mudança. Como a Deusa Bast, você é uma leoa e assume o controle e adapta-se quando invocada. Na verdade, você prospera quando há mudança. Você aceita tudo numa boa, e costuma buscar a lição positiva em cada experiência. (Sol)

Como a estação da primavera e a Deusa Brígida, você floresce e cresce naturalmente, sem importar qual é o seu ambiente. Você é ágil e faz as transições com facilidade, quase sem esforço. Sua natureza é seguir com o fluxo, e ela faz com que você levante voo e fuja enquanto outros prefeririam lutar. (Ar)

Perguntas Mais Frequentes

Pergunta: Legal, já fiz o teste, e agora?
Resposta: Some a contagem de cada elemento. Aquele que tiver mais pontos é seu arquétipo dominante. Explore primeiro os capítulos que focam esse elemento.

P: E se eu tiver mais de um elemento dominante?
R: Não é incomum ter dois ou até três elementos com pontuação alta, pois um elemento em geral complementa o outro. Como a lua e a água. E o sol e a lua. Explore todos os seus elementos dominantes e vá para o elemento-chave, com o qual você sente mais afinidade no presente momento.

P: E o elemento que somou menos pontos? Devo me preocupar?
R: De modo algum. Acolha aqueles com pontuação alta, em vez de se preocupar com os elementos com poucos pontos. Saiba que, à medida que você evolui, vai fazer uso dos diversos elementos em diferentes experiências e fases da vida. Seus elementos vão mudar. O fato é que não existem respostas corretas ou melhores neste caso.

É importante saber que todos os elementos são iguais, mas diferentes. Assim como os homens e as mulheres são iguais, mas diferentes. Temos superpoderes e fraquezas que são únicos.

Veja a seguir uma breve descrição de cada elemento. Você pode explorar mais seu(s) arquétipo(s) elementar(es) nos capítulos correspondentes.

Arquétipo da Lua

Lua = Intuição empoderada

Você tem uma energia intuitiva feminina, que muitas vezes faz com que você saia de momentos sombrios de recolhimento para fases luminosas de celebração. Você é um ser emotivo, profundo e sensível, que busca intuição e intenção em suas experiências. Você, Deusa, é altamente espiritual e está em um espaço de expansão evolutiva de seu eu superior.

Arquétipo da Água

Água = Emoção empoderada

Você está em um momento de expansão evolutiva emocional. As experiências e suas lições emocionais estão inundando você, carregando para longe velhas crenças e limpando sua alma. Este pode ser um espaço de transformação, mas também pode parecer um turbilhão, com as marés empurrando e puxando você para uma nova fase de sua vida. Você é uma força, agora. Poderosa. Curativa para você e para quem a cerca.

Arquétipo da Terra

Terra = Criatividade empoderada

Você tem um senso sólido de quem é agora, e se sente segura com aquilo em que acredita e que defende. Está em modo de crescimento, expressiva e criativa. Esse é um espaço onde novas ideias brotam e florescem. As sementes das emoções estão crescendo; sua intuição e suas paixões amadurecem. Você está colhendo sua emoção e sabedoria.

Arquétipo do Ar

Ar = Comunidade empoderada

Você está altamente conectada neste momento. Você anseia por companhia, experiências coletivas e atua como uma mensageira para os demais, de modo que, nesta fase, encontrar pessoas que pensam como você e companhia consciente será útil para si e para o mundo à sua volta. Você está criando uma comunidade, criando pertencimento, e disseminando seus pensamentos e emoções agora. No ar à sua volta, você carrega as sementes da mudança.

Arquétipo do Sol

Sol = Ação empoderada

Você é movida pelo yang do homem e pela emoção feminina da cura – isso traz grandes realizações e sucesso. Você está energizada, motivada e abastecida para liderar a mudança. Ser capaz de trabalhar em um projeto, executar suas paixões e compartilhar suas emoções são aspectos importantes nesse período de brilho e crescimento.

Lembre-se, você está sempre mudando, transformando-se, movendo-se, e o mesmo acontecerá com seu arquétipo de elemento. É sempre interessante refazer o teste à medida que você aprende e cresce, para assim ter as ferramentas de que necessitará diante de cada uma dessas dores do crescimento espiritual ou emocional, e das grandes mudanças na vida. Você também vai perceber que alguns elementos complementam outros, ou trabalham em conjunto, então explore-os também, à medida que surgirem ao longo da leitura deste livro. Aprender sobre todos os arquétipos dará a você uma compreensão mais ampla de sua jornada evolutiva, fornecendo todos os conjuntos de capacidades elementares, e não apenas aqueles de que necessita no momento.

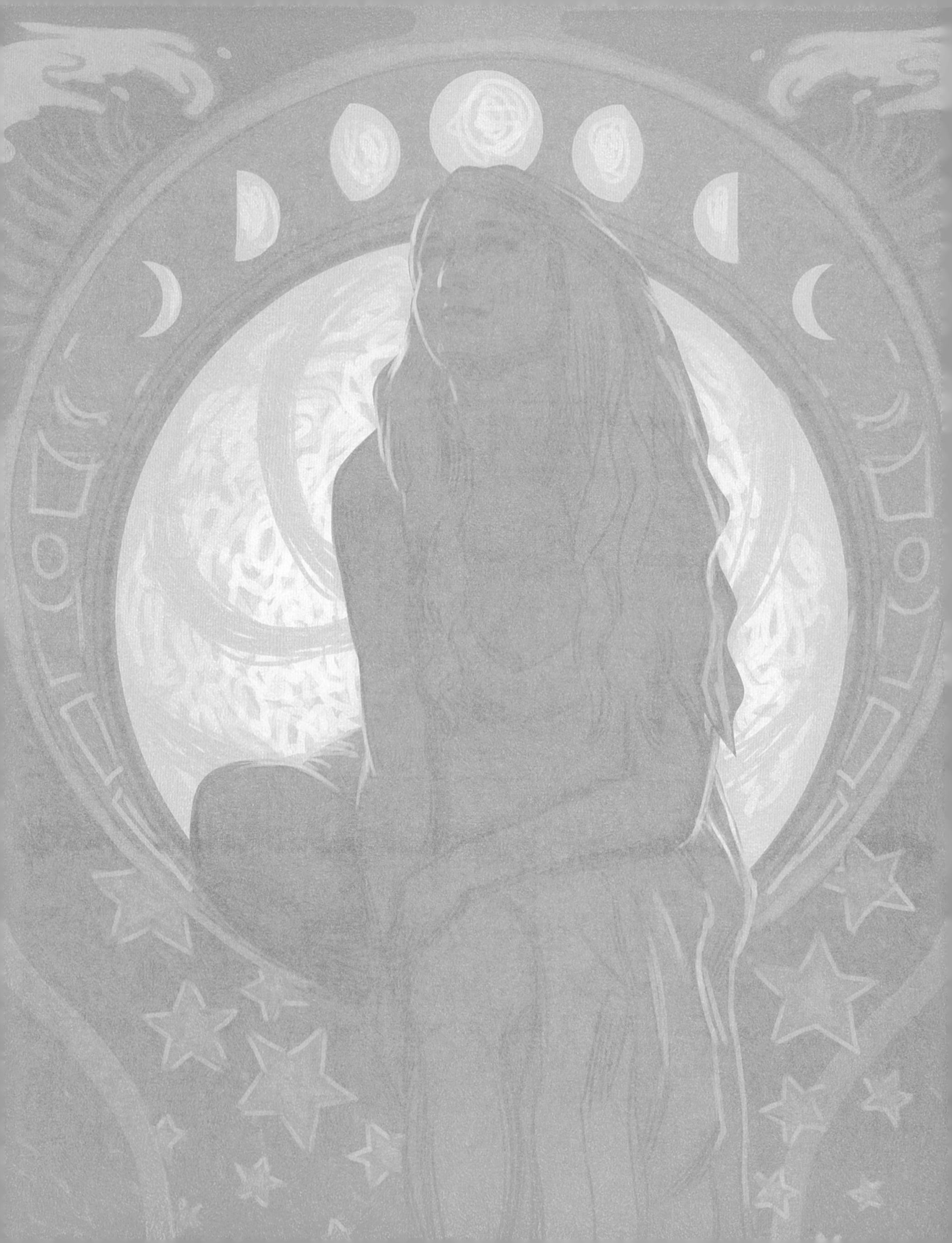

PARTE II
DEUSA DA LUA

LUA: MITOLOGIA + PODERES

"A LUA NÃO BRIGA. ELA NÃO ATACA NINGUÉM. ELA NÃO SE PREOCUPA. NÃO TENTA DERROTAR OS OUTROS [...] A LUA É FIEL À SUA NATUREZA E SEU PODER NUNCA DIMINUI."
– DENG MING-DAO

Como muitas mulheres, você vem de uma longa linhagem de contempladoras da lua. A lua inspira emoção e intuição. É um elemento de energia feminina, enquanto o sol é masculino. O equilíbrio entre o sol e a lua, e as fases de lua cheia a lua nova trazem consigo energias profundas, relacionadas com a expansão do desenvolvimento, espiritualidade, intuição e profunda percepção e aprendizado. O poder da lua pode ser emocional, sensível, sombrio e rejuvenescedor, ao mesmo tempo que ela lhe confere a energia para traduzir e transformar lições em joias de sabedoria. O que há de mais poderoso na lua é que sua essência e sua energia estão presentes tanto em sua luz quanto em sua escuridão, ajudando a Deusa a tornar-se plena, em compreensão e em existência, durante todas as fases de seu ciclo evolutivo.

A energia da lua pode ser explorada a qualquer hora da noite, sendo mais bem canalizada em sonhos, meditação, cerimônias e rituais. Alinhando-se com as fases da lua, você permite que a energia lunar reinvente, recarregue, realinhe e renove você a cada ciclo de expansão. A Deusa irmã da energia da lua é a água, que sofre todo o impacto da lua no fluxo e refluxo das marés. Esses dois elementos também constituem poderosas energias transformadoras. Pense na água como a alma gêmea da lua.

A ENERGIA DA LUA É ANTIGA, TRAZ CONSIGO TODA A CAPACIDADE PERCEPTIVA DE NOSSAS ANCIÃS. O LADO POSITIVO DE CADA LIÇÃO É UMA CLAREZA DE CONSCIÊNCIA QUE PODE SER UMA DÁDIVA NOS MOMENTOS DE TRANSIÇÃO MAIS SOMBRIOS.

A energia da lua é antiga, e traz consigo toda a capacidade perceptiva de nossas anciãs. O lado positivo de cada lição é uma clareza de consciência que pode ser uma dádiva nos momentos de transição mais sombrios. Sua energia move-se através de você a partir de ideias, emoções, energia, para a evolução. Como as fases de uma Deusa Tríplice ao longo da vida, a lua passa por fases em um ciclo, e percorrer tais fases com atenção desperta pode resultar em um progresso positivo e profundo. Essa energia vem do oeste, como um pôr do sol no oceano. Ela significa o término de um ciclo, uma lição assimilada que não mais se repetirá em sua vida.

A energia da Deusa Lua pode ser vista como a celebração da mudança. Uma cerimônia de transformação. A constatação desperta de que um novo ciclo surge no horizonte. Você está no processo de purificar-se de tudo que é antigo, uma preparação para que uma nova sabedoria chegue. Você é altamente intuitiva, quase mágica, ao utilizar o poder da lua.

Assim como os inovadores e os inventores do mundo, você consegue ver com muita clareza e vislumbrar criações que outras pessoas jamais imaginariam ser possíveis. Você tem visão de futuro, e possui mais capacidade de lançar luz sobre reinos inexplorados do que a maioria das pessoas. Você dá à luz novas ideias e criações com facilidade, sem esforço, quando assume esse poder. Sua criatividade é fértil.

Você é guiada por sua espiritualidade sem esforço, e as ideias e sua expressão parecem fluir através de você. Esse poder pode quase parecer "se desligar" à medida que você percorre seus ciclos de crescimento evolutivo. Seu poder vem de sua certeza de que essa expressão jamais vai abandoná-la, e que sua conexão criativa sempre retornará. O medo de ter um bloqueio criativo e a frustração que surge quando você luta contra os ciclos é o que desempodera você. É bom estar consciente disso.

Mitologia da Lua

HISTÓRIAS LENDÁRIAS SOBRE MULHERES E A LUA APARECEM EM QUASE TODAS AS ESCRITURAS RELIGIOSAS E MITOLÓGICAS, DA GRÉCIA ANTIGA, DA ÁSIA, ATÉ AS PROFUNDEZAS DO PACÍFICO.

A lua é a luz que nos guia até mesmo na noite mais escura. Nossa intuição, que tudo sabe e tudo vê. Nem dá para imaginar tudo o que a lua testemunhou através do tempo. A lua é o símbolo máximo do tempo, da mudança e da evolução. Histórias lendárias sobre mulheres e a lua aparecem em quase todas as escrituras religiosas e mitológicas, da Grécia Antiga, da Ásia, até as profundezas do Pacífico. Histórias de mulheres que não se contentavam com o céu, e em vez disso queriam a lua, Deusas que eram atraídas por tudo que fosse místico e misterioso. Atraídas, assim como você e como eu.

Não é surpreendente que todas as histórias da lua compartilhem a característica de usar a percepção, a intuição e o feminino para tecer narrativas (às vezes bizarras) de crescimento transformativo. Assim como você, essas Deusas não são sempre perfeitas; elas enfrentaram desafios, têm pontos fortes e fraquezas, mas todas compartilham conclusões evolutivas empoderadas com as quais nós, Deusas modernas, podemos aprender. Cada Deusa Lua evoluindo em seu próprio ritmo, fase e período.

AEGA (DEUSA GREGA)

Essa Deusa Lua era filha de Gaia, a Mãe Terra, e de Hélio, o Sol. Existem muitas histórias sobre ela, que era conhecida por sua beleza e como símbolo do poder divino, representado no peitoral das sacerdotisas da Deusa Atena. Diz-se que repousa no céu como a constelação Capella.

AINE (DEUSA CELTA)

Tida como aquela que ilumina a escuridão, Aine significa "luz". Ela é a Deusa do Amor, do Crescimento, do Gado (totem da Deusa) e da luz na vida, e é celebrada por trazer o verão, a riqueza e a soberania. A história mais interessante sobre ela é que derrotou o rei de Munster, que tentou estuprá-la e cuja orelha ela arrancou com dentadas! Viva! Naquela época, na Irlanda, uma pessoa nobre que estivesse "maculada" poderia perder a coroa, e Aine fez questão de que fosse esse o castigo dele.

ANAÍTA (DEUSA PERSA)

Com seu nome significando "pura", Anaíta era a Deusa de Vênus, dos Rios e da Lua. Sua energia fluía como um rio, repleta de intuição e de amor, e ela trazia um fluxo de limpeza e de fertilidade a todos à sua volta.

ANUNIT (DEUSA BABILÔNICA), VEJA TAMBÉM ISHTAR

Anunit, que mais tarde evoluiria para tornar-se a Deusa Ishtar, era a Deusa da Lua e das Batalhas. Ela representa os términos poderosos e o renascimento. Hoje ela é reconhecida na estrela vespertina. Ishtar é uma de minhas Deusas favoritas, porque não tem medo de defender aquilo em que acredita; ela também assinala o renascimento, e penso nela como a Deusa da Evolução.

ÁRTEMIS (DEUSA GREGA), VEJA TAMBÉM SELENE E FEBE

Esta é a conhecida Deusa Lua, renomada como caçadora, Deusa de tudo que está relacionado à natureza e ao nascimento. A lua crescente é seu símbolo, refletido na coroa de Selene, em forma de crescente.

BENDIS (DEUSA TRÁCIA)

Também uma antiga caçadora lunar, muito parecida com Ártemis, era celebrada com corridas noturnas de tochas a cavalo, festivais e cerimônias de culto. Tinha um séquito de sátiros, homens parecidos com bodes, que dançavam em volta dela.

CHANDI (DEUSA INDIANA)

O oposto feminino de Chandra, o senhor hindu da lua. Acreditava-se que os dois amantes revezavam-se no trabalho de tornarem-se a lua, alternando-se mês a mês. Isso que é equilíbrio e parceria de verdade!

CERRIDWEN (DEUSA CELTA)

Esta Deusa Anciã era afamada por sua sabedoria, magia e por seu caldeirão. A lua minguante estava relacionada a ela e reflete seu poder de renascimento transformativo e de inspiração criativa. Ela é considerada a Deusa padroeira de feiticeiras e magos.

CH'ANG-O (DEUSA CHINESA)

Sem sombra de dúvida, este é o melhor nome para uma Deusa (por parecer tanto com a palavra *change*, que significa "mudança" em inglês). Ch'ang-O morava na Lua, e ainda é celebrada durante a lua cheia de agosto, o oitavo mês, simbolizando abundância, nascimento e fertilidade.

COYOLXAUHQUI (DEUSA ASTECA)

Esta Deusa da Lua e da Via Láctea foi morta por seu irmão, que era o deus da guerra. Existem várias versões dessa rivalidade fraterna, e os estudiosos não conseguem entrar em acordo quanto a quem de fato foi o vencedor – o sol, o filho, ou a lua e as irmãs estrelas.

DIANA (DEUSA ROMANA)

Deusa de tudo que diz respeito à lua, Diana também poderia ser considerada uma Deusa da Terra, e acreditava-se que podia falar com os animais e a natureza. Na religião romana, também tinha a reputação de ser virgem, tendo jurado nunca se casar. Era totalmente o tipo princesa Disney dos bosques, pura, e seu lance era cantar com os passarinhos. Mais tarde, Diana assumiu o papel de Deusa Lua, antes desempenhado pela Deusa romana Luna.

EOS (DEUSA GREGA/ROMANA), TAMBÉM CONHECIDA COMO AURORA

Uma de minhas favoritas, é a Deusa alada do alvorecer. Sendo também uma Titânide, esta irmã de alma erguia-se com os céus a cada manhã, quando a lua se punha. Sua irmã e seu irmão eram o deus e a Deusa do Sol e da Lua.

> **JOIA DA DEUSA**
>
> A Deusa Tríplice é um símbolo bem conhecido, representado pela lua tripla que simboliza a Donzela, a Mãe e a Anciã, respectivamente como a lua crescente, a lua cheia e a lua minguante. A lua crescente representa a criação, o nascimento e a inspiração, e os atributos da Donzela presente em cada Deusa – jovem, de energia vibrante. A lua cheia representa a realização e a colheita, e é o símbolo da Deusa Mãe. Ela representa as fases de nossa energia feminina, nossa mágica e nossas capacidades psíquicas. Por fim, a lua minguante representa a conclusão e os términos, a energia da Anciã sábia que há em todas nós.

EPONA (DEUSA ROMANA/CELTA)

Sua marca registrada era o som dos cascos de seus cavalos, enquanto ela viajava para o oeste, fugindo dos raios do sol nascente. Como Deusa, ela vigia a noite e é responsável por trazer os sonhos. É uma Deusa de grande poder mágico, fertilidade e divindade feminina.

HÉCATE (DEUSA GREGA)

Uma legítima Deusa Tríplice, com frequência é representada com tochas e em forma tripla. É a Deusa da Magia, dos Fantasmas e das Encruzilhadas para outros reinos. Tem conexão de longa data com a feitiçaria. Diz-se que talvez seja uma sacerdotisa, ou uma Deusa das Estrelas, enquanto sua tripla forma tem sido amplamente relacionada à lua nova, à lua cheia e à meia-lua.

HINA (DEUSA DA AUSTRONÉSIA)

Com seu nome significando matriarca, Hina é encontrada no Sudeste Asiático e por toda a Polinésia, nas formas Ina, Sina, Tina e Hina. Na Polinésia, Hina é a Mãe. Na mitologia havaiana, é uma mulher sensual, inteligente e experiente, desejada pelos homens e por todas as criaturas de deus. Como muitas de nós conseguem entender, Hina se cansa de viver em meio à multidão e retira-se para a Lua.

ISHTAR (DEUSA BABILÔNICA), VEJA TAMBÉM ANUNIT

Tida às vezes como a filha da Lua, às vezes como sua mãe, Ishtar também tem ligações com Anunit, que acredita-se ser a estrela vespertina e a Deusa das Batalhas, da Fertilidade e do Renascimento.

ÍSIS (DEUSA EGÍPCIA)

Uma Deusa com um superequilíbrio! Essa garota era não apenas uma divindade da lua, mas também do sol, e era amplamente cultuada como mãe e esposa ideal. Era também a padroeira de tudo que tivesse a ver com natureza, magia e criação. Ainda é muito cultuada dentro do movimento da Deusa.

IXCHEL (DEUSA MAIA)

Esta divindade lunar da América Central era a Deusa do Nascimento. Suas serpentes simbolizavam a vida, o renascimento e a saúde. Tinha uma queda pelo deus sol, que não lhe correspondia. Sempre atrás dele, passou a persegui-lo através do céu, e como resultado o clima da Terra ficou insuportável. Estava tão apaixonada que não percebeu a destruição que causava. No fim, ela conseguiu chamar a atenção dele, não por sua beleza, mas por sua habilidade ao tecer, e assim nasceu um caso de amor entre ambos.

IZANAMI (DEUSA JAPONESA)

Não sei vocês, mas logo de cara vejo uma semelhança com "tsunami". Esta divindade lunar podia controlar as massas de água, empurrando e puxando as marés, movendo os peixes e criando destruição com o oceano.

JUNO (DEUSA ROMANA)

Esta divindade lunar protegia a lua nova. Seu culto compreendia sobretudo mulheres que desejavam casar-se e conceber um filho. Ela é a Deusa da Fertilidade.

JOIA DA DEUSA

Há uma longa tradição de mitologia menstrual, de diferentes Deusas, ao longo das eras. Os hindus acreditavam que a Grande Mãe havia criado a vida e o cosmos a partir dos coágulos de seu sangue menstrual, e que algo parecido acontecia com a mulher, em escala reduzida (se bem que, no que diz respeito às cólicas, muitas mulheres poderiam garantir que há um universo pronto para explodir) em seus ciclos mensais. Na América do Sul, há a crença de que toda a vida vem do sangue lunar. Até mesmo alguns dos deuses mais famosos, dos nórdicos Odin e Thor e da asiática Kali-Maya aos reis celtas, alcançaram a vida eterna e a supremacia após banhar-se ou tomar o sangue menstrual de uma giganta ou de uma Deusa. Acredita-se que o sangue de uma mulher, à semelhança da lua, é o que dá vida a todas as coisas. E como a mitologia indicaria, às vezes a soberania rubra de uma Deusa equivale à vida eterna! Brindemos, senhoras!

KUAN YIN (DEUSA DO BUDISMO CHINÊS)

Ainda hoje cultuada por pagãs feministas, esta é uma Deusa lunar – compaixão, perdão, amor e cura. De todas as Deusas, é uma das mais conhecidas e celebradas. Sua energia de Deusa é ecoada em histórias como *Cinderela* e *Branca de Neve*.

LUNA (DEUSA ROMANA)

O nome desta Deusa é a palavra em latim para "lua", e também é a base para a palavra "lunático". Ela empodera os ciclos da vida e todas as emoções dentro de cada ciclo. Sua energia abrange magia, criatividade, feminilidade, a água e uma passagem segura. Seu templo estava envolto em branco e prata, e ela era cultuada no dia 31 de março, quando as Deusas traziam-lhe, como oferendas, aves brancas, leite, mel, frutas, vinho e perfumes. Isso é mais ou menos o que toda Deusa deveria ter em sua listinha de presentes de aniversário.

MAWU (DEUSA AFRICANA)

É a criadora da terra e da vida. Em parceria com seu irmão, que rege o sol, Mawu governava os céus noturnos e a lua. Sua energia lunar inclui sabedoria e conhecimento. Diz-se que ela dá o sopro da vida, que é a sabedoria.

NOTT (DEUSA NÓRDICA)

Conhecida como a Deusa da Noite, ela cavalgava um belo cavalo de crina enregelada, que trazia o ar frio e a geada à terra, a cada manhã. Nessas ocasiões, você sabe que ela passou cavalgando lá em cima durante a noite. Um gélido cartão de visitas!

FEBE (DEUSA GREGA), VEJA TAMBÉM ÁRTEMIS E SELENE

O nome Febe significa "reluzente e radiante", e ela também é chamada de Selene e de Ártemis. Há, porém, muita confusão em torno dessa Deusa, pois sua avó era Ártemis, que com frequência também era chamada de Febe. Acreditava-se que ela era vidente, podendo prever resultados futuros, obedecendo às energias da lua, e seus poderes proféticos são muito lembrados.

RHIANNON (DEUSA CELTA)

A música "Rhiannon", do Fleetwood Mac, é a primeira coisa que nos vem à mente. Esta Deusa da Fertilidade também pode trazer consigo a morte. Ela é o poder de tudo que se refere à lua e à noite – uma rainha da noite. Ela está ligada ao movimento, simbolizado por seus cavalos brancos. É uma líder, uma mensageira e Deusa da Fertilidade.

SELENE (DEUSA GREGA), VEJA TAMBÉM ÁRTEMIS E FEBE

Com uma coroa em forma de meia-lua, que poderia ser confundida com os chifres de uma vaca ou mesmo com chifres do diabo, Selene atravessava os céus em uma carruagem lunar – uma caçadora celestial. Também recebe o nome de Ártemis. Seu nome significa "luz". E ela entrou para a história principalmente pelo caso que teve com um mortal, ficando conhecida como uma mulher dominada pelas paixões. Respeito!

Chaves para Ativar o Poder do Arquétipo da Lua

Intuição, dar ouvidos a seus sentimentos
Tempo, espaço
Estar consciente de suas fases
Cerimônia e ritual
Crescimento em ciclos
Intenções conscientes
Digestão e reflexão
Contemplação e revelação
Expansão
Profunda percepção espiritual
Emoção
Cura e desenvolvimento
Em sincronicidade
Luminosidade
Equilíbrio
Clareza
Fertilidade

O Poder de nosso Ciclo

Todas nós ouvimos a historinha sobre as aves e as abelhas (esteja à vontade para dar uma olhada nos animais totens da Deusa, no capítulo sobre Modalidades da Terra), contada por sua mãe ou por seu pai, superpouco à vontade, ou por algum educador sexual que segurava uma banana nas mãos. Mas quantas de nós foram ensinadas sobre nosso ciclo menstrual, e em quais dias podemos engravidar, qual o motivo de tanta meleca (desculpe, mas você precisa saber de tudo isso)? O que eu quero dizer é o seguinte: somos educadas para acreditar que isso é um tabu, e para ficar fechadas quietinhas por trás da porta do banheiro. Bom, dane-se, estamos dando um gás no lance esotérico e falando sobre a meleca, ok?

Não me entenda mal, sou uma espiritualista, mas isso não significa que fico entoando cânticos ao redor de um totem com meu coletor menstrual quando chega aquela época do mês (tentei usá-los, e tenho o maior respeito pelas mulheres que conseguem fazer com que funcionem para elas). Pessoalmente, sou mais o tipo de garota que usa tampões orgânicos. Assim, esse cântico não vai ser nada absurdo, do tipo todas nuas como viemos ao mundo, senhoras. Vamos manter a coisa espiritualmente intuitiva, evolutivamente interessante e focar em nossa fertilidade e feminilidade, não em aspectos sangrentos.

Para nossas ancestrais, "aqueles dias" eram um período de transformação criativa, espiritual, sexual, emocional, mental e física. O ciclo mensal era visto como uma dádiva que empoderava as mulheres para renovarem-se a cada mês, pois era um símbolo de sua fertilidade. Olhando para trás, através dos milênios, vemos que em muitos mitos e religiões antigos o poder do renascimento e das bênçãos foi relacionado ao útero – e as histórias em que o sangue é tomado em cálices, por exemplo, rendem homenagem a isso.

Hoje em dia, a menstruação é vista sobretudo como um problema, algo que atrapalha nossa vida diária, o que é irônico, uma vez que trata-se de um ciclo tão poderoso, um símbolo da fertilidade, que cria a vida. Então, quando e como tudo mudou?

Você talvez não saiba disso, mas suas ancestrais costumavam recolher-se durante o período menstrual. É verdade! Elas eram afastadas pela sociedade, consideradas "sujas" e incapazes de preparar comida. Também é verdade que as mulheres que convivem sangram ao mesmo tempo (algo que tenho certeza que você já vivenciou), de modo que elas entravam em sincronia e retiravam-se por três dias para uma tenda vermelha, cabana lunar ou templo do sangue para descansar, banidas pela sociedade para um

---

EXERCÍCIO DE EVOLUÇÃO: SUA TENDA VERMELHA PESSOAL

Pode ficar tranquila que este ritual do ciclo lunar não inclui um pedido para que você tome seu próprio sangue a fim de atingir a imortalidade. Então, relaxe. Este exercício busca, na verdade, resgatar o poder feminino que está enrodilhado dentro de você, e honrar o período sagrado de sua menstruação. Assim, recolha-se como faziam nossas ancestrais, criando sua própria *vibe* de Tenda Vermelha. Siga sua intuição. Isso pode ser feito por meio da meditação, de uma cerimônia do chá ou de uma aromaterapia calmante e sais de banho. Acenda velas, ouça uma música tranquilizante e mime a si mesma.

As ferramentas da Deusa para o período da menstruação incluem cristais como malaquita, pedra da lua, quartzo-rosa e lápis-lazúli. Coloque-os nos bolsos ou à sua volta. Chás com canela, gengibre, hortelã-pimenta, camomila ou manjericão aliviam as cólicas e melhoram o inchaço. E, se estiver a fim, exercícios suaves – como yoga ou uma caminhada na natureza – podem ajudar a aumentar o fluxo sanguíneo para os órgãos reprodutivos e aliviar o estresse.

> **EXERCÍCIO DE EVOLUÇÃO: ESCREVENDO SEU PRÓPRIO MITO DA LUA**
>
> É o momento de escrever sua própria parte da história, e fazer o relato de sua transformação. Escreva o diário de alguma desilusão, alguma dificuldade, da superação de obstáculos, e tente determinar os momentos em que você entrou no modo Deusa Tríplice. O momento lua crescente em que você começou uma nova jornada ou teve um recomeço, o momento lua cheia quando tudo se concretizou, e o momento minguante quando você teve de lidar com uma lição evolutiva. Reconheça as fases da jornada, e sua sábia conclusão a partir de sua própria experiência pessoal de Deusa Lua. Considere este exercício como um lembrete evolutivo, que lhe permite reconhecer outros momentos similares ao longo da vida.

espaço onde podiam passar o tempo na companhia apenas de outras mulheres, cuidando-se e amparando umas às outras, e descansando das tarefas e das responsabilidades familiares (assim, banidas ou não, tinham suas regalias!). Durante esse tempo, muitas das mulheres tinham visões, a partir de sonhos e meditações, a maioria aparentemente ocorrendo no terceiro dia de sangramento. Elas compartilhavam tais visões com toda a comunidade feminina. Tais visões da tenda vermelha eram consideradas sagradas, de origem divina, e eram usadas para guiar a comunidade.

Hoje, a sociedade ocidental evoluiu em seu modo de pensar no que diz respeito aos períodos menstruais serem tabu, sujos, do mal, ruins ou vergonhosos. De fato, os efeitos da menstruação são quase ignorados. A sociedade e as propagandas agora nos dizem que podemos jogar tênis, nadar, ou ser a alegria da festa "com confiança", graças a produtos sanitários de embalagens reluzentes. Embora a tenda vermelha fosse um local de banimento, era também um lugar para a reflexão silenciosa e introspectiva – o conceito de um local sagrado –, onde podiam reconectar-se, descansar, recarregar e ter acesso a nossa intuição e a nossos sonhos. Embora talvez não seja uma boa ideia faltar ao trabalho por motivo de saúde cada vez que você receber sua visita mensal, vale a pena criar um espaço sagrado para si durante esse período. Seja gentil consigo mesma. Cerque-se de pessoas que a façam sentir-se melhor por estar na companhia delas. Honre sua necessidade de recolhimento.

O ESSENCIAL DA EVOLUÇÃO DA LUA

"A MUDANÇA É INEVITÁVEL, MAS A TRANSFORMAÇÃO SÓ OCORRE POR ESCOLHA CONSCIENTE."
– HEATHERASH AMARA

Hera, também conhecida como Juno – Deusa das mulheres, do casamento, da união e do nascimento –, na mitologia vigia o céu e a terra. É a que tudo vê. Gosto de pensar nela como sendo a lua, que observa todas as coisas, da terra às estrelas. Essa Deusa é do tipo que tem sobrancelhas e cílios impecáveis, até no terceiro olho. Como o olho que tudo vê da intuição feminina.

Até o homem dela, Zeus, receava os olhos de águia de Hera. Sua esposa era famosa por buscar, de forma intuitiva e calculada, a verdade sobre os casos dele, e pela fúria contra qualquer um que a contrariasse – deuses ou mortais. Com frequência ela confrontava Zeus por conta dos casos e aventuras sexuais deste, os quais resultavam em filhos ilegítimos, como Héracles, um dos maiores heróis da mitologia grega. A fúria e o ciúme a consumiam, e ela muitas vezes castigava as mulheres que se envolviam com o marido, e até os filhos delas.

Em um episódio famoso, Hera enviou duas serpentes (a serpente, um totem da Deusa, simboliza fertilidade, feminilidade e renovação) para matar Héracles quando este ainda era bebê, um símbolo das mentiras e da infidelidade do marido. O garoto matou as duas serpentes estranguladas, e o ataque foi o início de sua ascensão à fama. Esta é uma fábula poderosa sobre a fertilidade de Hera, e mostra o símbolo de renovação sendo estrangulado pelos demônios de seu casamento. Uma demonstração de como as emoções podem ser o cerne de nosso empoderamento ou a raiz de nossa destruição.

Tudo bem, concordo que é um exagero mandar serpentes para se livrar de um bebê, mas é simbólico de todas as nossas mágoas internas que afloram em tempos de desespero e desilusão. É evidente que Hera perdia todo o senso de justiça quando o coração falava mais alto. Ela era uma padroeira da proteção de mulheres casadas, e sem dúvida levava a sério essa tarefa. Apesar de ser muito bonita, momentos de ciúme doentio como esse fazem com que, nas histórias, muitas vezes ela pareça feia ou com uma cabeça de vaca. Feia, em sua obstinação e em sua mágoa.

Ainda assim, Hera sabia como cuidar de si, com um ritual anual de amor por si mesma que incluía banhar-se, relaxar e restaurar por mágica sua virgindade. Sim, rejuvenescimento do hímen. Fazendo-se renascer como casta a despeito dos incontáveis homens que levava para a cama (com um marido mulherengo como o dela, quem a culparia?). Esse ritual de renovação e renascimento era o modo como Hera utilizava seu poder feminino, assumindo o controle de sua condição de mulher. Embora Hera não seja propriamente uma Deusa lunar na mitologia, suas fases na vida, seu comportamento lunático e o renascimento constante fazem dela a perfeita personificação de uma Deusa influenciada pela lua, como acontece com todas nós. Sejamos honestas, todas nós nos identificamos com uma Hera movida a hormônios, não é mesmo, senhoras?

Hera é lembrada não só por seus descontroles monumentais. Os mortais ainda banham estátuas da Deusa para restaurar suas virtudes antes de grandes eventos ou celebrações, como sinal de respeito. Vejam, o amor por si própria equivale a respeito por si e a autoempoderamento. Assim, saudemos irmãmente essa Deusa suprema que não era perfeita (ninguém é, certo?) e que às vezes agia como uma heroína desorientada, sincera e emocionalmente ferida. Seus totens de Deusa – tiaras, as estações do ano, a Via Láctea, pérolas, prata, vacas, pavões e até mesmo cristais de lápis-lazúli em tons reais de azul e prata que promovem a comunicação, a honestidade, a verdade – são todos componentes vitais tanto em um casamento quanto para uma Deusa.

Os elementos essenciais da Deusa que existem em todas nós são atraídos para a superfície, com a lua, sempre em mutação, monitorando-nos em tudo o que diz respeito ao amor, à vida e à guerra. Hera nos recorda: nossa emoção, comportamento, experiências, fases e jornada como mulheres são todos parte de nossa evolução e empoderamento, quer nos machuquem, ajudem, curem ou simplesmente nos façam jogar serpentes nos outros.

Arquétipo de Personalidade da Lua

TENDO A LUA COMO SEU ARQUÉTIPO, VOCÊ É UMA TREMENDA VISIONÁRIA. UMA MENSAGEIRA DIVINA. UMA CRIATIVA CONSCIENTE.

Um arquétipo maravilhosamente poderoso, que coloca você mais conectada em termos espirituais do que a maioria das pessoas. É isso, garota! Seu espírito a guia. Você com certeza apresenta tendências altamente intuitivas, e com frequência é acusada de devanear demais quanto a seus ideais. Há um motivo pelo qual a lua vela por todos nós enquanto sonhamos: ela é uma poderosa ajuda visionária, e tendo a lua como seu arquétipo, você é uma tremenda visionária. Uma mensageira divina. Uma criativa consciente. A você são concedidos, a cada tanto, vislumbres sagrados, guiados, sobre seus passos seguintes na jornada evolutiva. Quando você tem clareza quanto ao rumo, seu caminho se abre diante de si de forma mágica. A evolução pode ser livre de esforço, ou, por outro lado, igualmente impossível.

Governado pelo poder da dualidade, o Arquétipo da Lua é um dos mais evoluídos, caso você consiga dominar o ponto exato de equilíbrio espiritual, aprendendo a conviver com a escuridão e com a luz, e a usar o poder de cada uma quando necessário. A esse arquétipo são concedidos o tempo todo grandes desafios e confrontos, e arroubos criativos gratificantes; isso faz dele um mestre na jornada evolutiva, desde que não seja consumido por seu brilho ou sua monotonia, disputando de maneira poderosa o cabo de guerra entre lições e maestria.

ELEMENTOS ASSOCIADOS

O elemento Lua está amplamente conectado a seus elementos irmãos – a Água e o Sol. Para a mulher do Arquétipo da Lua, vale a pena explorar os capítulos de ambos os elementos, porque na mitologia da Deusa, a Deusa Lua com frequência evolui a partir do domínio do sol, ou vice-versa. Mais comumente, a lua torna-se o refúgio e santuário do sol.

Os Arquétipos da Lua são criaturas incrivelmente cíclicas, que passam por muitas fases em sua jornada evolutiva. É por isso que a água e o sol são essenciais para ajudar o elemento Lua a mover-se através de suas fases, lançando luz quando o Arquétipo da Lua talvez esteja vivenciando o lado escuro de sua lua (sol) e também influenciando os altos e baixos de suas marés de emoções (água), característicos desse arquétipo.

PERSONA DA LUA

A dualidade é forte nesse arquétipo, sobretudo no que diz respeito à expressão inspirada em público *versus* a introspecção e a criação silenciosas. Você se move em fases; pode estar em lua cheia, pode viver entre os reinos da luz e da escuridão ou pode optar por uma abordagem totalmente nova e reinventar-se, escondendo-se na escuridão e em reflexões transformadoras. Você alterna entre desfrutar os holofotes e, em outros momentos, preferir guiar e transformar a partir dos bastidores da cena consciente, concentrando-se em sua criatividade inspirada.

Em alguns momentos, a ideia de recolher-se atrai você. A solidão sagrada. Você é uma espécie de eremita holística. Você fica feliz ao canalizar seu lado artístico, e de repente podem achar você meio excêntrica e esotérica (pessoalmente, é meu tipo favorito de pessoa). Em outros momentos, você gosta de se posicionar e bradar suas ideias. Você só escolhe exercer de forma plena sua influência e seu poder quando está em seu melhor, a todo vapor, e sente que é o momento certo. Você está constantemente em movimento, com novas ideias, ação criativa e reflexão.

Sempre aprimorando e refinando seu ciclo criativo evolutivo, sua energia exerce um efeito enorme nos demais, e você tem consciência disso, daí muitas vezes optar por sua própria companhia em vez de locais cheios de gente. E embora anseie sempre por esse lugar solitário e seguro, você nunca está sozinha de fato, pois tem um amplo alcance, irmãs-estrelas que a cercam regularmente, querendo estar em sua energia e em sua companhia. Esses lados seus de polaridades opostas estão em constante tensão em sua jornada evolutiva.

CHAKRAS DA LUA
Chakras da Garganta e do Terceiro Olho

O chakra da garganta está localizado no centro do pescoço, na garganta (imagine só...). Está relacionado com nosso senso de expressão, som, pulmões, voz e real propósito. O chakra do terceiro olho, situado entre as sobrancelhas, é o centro de energia de sua sabedoria, conectado à percepção, intuição e visão. Esses centros de energia são vitais para os visionários criativos. As mulheres do Arquétipo da Lua são criadoras artísticas, e muitas vezes encontram inspiração nas conexões com seu eu superior.

ANIMAL ESPIRITUAL DA LUA

O elefante branco é um símbolo da expressão pura, verdadeira e autêntica. Ele representa a harmonia e a maestria, a sabedoria comunicada em uma escala profunda. Seu andar é tranquilo, forte e focado; quando faz soar a tromba, comunica-se com significado e propósito.

EMOÇÕES DA LUA

A mulher do Arquétipo da Lua pode estar mal-humorada e sombria em um instante, e radiante, ousada e bela no minuto seguinte. As emoções mutáveis são parte de sua incrível conexão espiritual e de seu lado artístico, que lhe permitem aceitar a vulnerabilidade que acompanha a expressão criativa. Tais medos podem facilmente consumi-la, fazendo com que se retraia. É importante que o Arquétipo da Lua respeite essas fases de suas emoções e saiba que o lado escuro da lua sempre vai voltar a iluminar-se de novo. Você vai se sentir mais desafiada ao perder o senso de direção; vai sentir-se impotente, desconectada, travada. É ao conviver com tais guinadas emocionais que a mulher do Arquétipo da Lua vai aprender, com grandes percepção e crescimento. Pode ser desafiador, mas a cada experiência evolutiva, o ciclo se tornará mais fácil.

MANTRA DA LUA

Aceito os belos ciclos que constituem minhas lições evolutivas. Uso essas fases para voltar-me para o interior, e encontrar dentro de mim os sonhos, visões e desejos conscientes de mudança que com clareza expresso exteriormente. Permaneço fiel a meus propósitos e expresso minha verdade.

ZODÍACO DA LUA

O Arquétipo da Lua tem paralelos com os atributos observados nos signos de Câncer e Peixes. Ambos compreendem a emoção, são sensíveis, intuitivos e com frequência buscam uma fuga do mundo; têm tendência à timidez e à introversão, traços específicos do Arquétipo da Lua. O signo de Peixes, representado por dois peixes nadando em direções opostas, é um ótimo resumo para a *vibe* da lua. Essas dualidades polarizadas são o âmago do Arquétipo da Lua – o preto e o branco das fases do crescimento em sua jornada de autodesenvolvimento. O temperamento da lua pode ser completamente diferente dependendo do dia e da fase do ciclo evolutivo em que a mulher se encontra. Gosto de chamá-las de místicas mascaradas. No entanto, não se engane; elas são incrivelmente perceptivas, muitas vezes capazes de ver, de maneira instintiva, os dois lados de uma história.

ESTAÇÃO DA LUA

Inverno, reflexão, hibernação e renovação.

CRISTAIS DA LUA

A pedra da lua, também conhecida como pedra da Deusa, é um auxílio poderoso para aquelas que buscam aproveitar sua intuição e explorar sua verdadeira voz mais elevada. É essencial quando você se sente desconectada de sua intuição ou bloqueada. A ametista dá apoio à sua espiritualidade e ao terceiro olho, ajudando a aumentar e estimular a percepção espiritual e os sonhos, e pode ajudar você com o equilíbrio. Essa forte dualidade é essencial para a mulher do Arquétipo da Lua.

AROMATERAPIA DA LUA

Há séculos as Deusas têm uma atuação sagrada com ervas e óleos nos rituais da lua. Eles purificam, carregam preces e curam. Óleos essenciais que ajudam a abrir a imaginação, conferem clareza da mente e estimulam a expressão são hortelã-pimenta, olíbano, cedro, sândalo, alecrim, *patchouli* e manjericão. São mais efetivos se usados no decote e têmporas, para ajudar a manter seus chakras da garganta e do terceiro olho em seus elementos naturais e ajudar você a conectar-se com seu eu superior.

ALIMENTOS DA LUA

A regra prática geral para alimentar seu Arquétipo da Lua é o roxo. Por exemplo, uvas roxas e tintas, mirtilos e chocolate! Sim, o chocolate aumenta sua intuição e ajuda a focar e clarear a mente. Caso esteja se sentindo meio estranha, um pouco de chocolate amargo e uma meditação podem ajudar você a se sentir mais estabilizada e conectada. Os Arquétipos da Lua também precisam de sucos para manter fluindo sua criatividade: suco de uva, suco de frutas, chás e até café vão auxiliar sua expressão. A hidratação é a chave para a expressão clara e intuitiva do eu superior.

FLORES DA LUA

A angélica é uma flor comestível que auxilia na expressão intuitiva e imaginativa. Ela pode ser confeitada e colocada em cima de um bolo de chocolate! Ou acrescentada a um chocolate quente de cacau cru quando seus canais de comunicação criativa e espiritual precisarem de algum estímulo doce. Acredita-se, ainda, que a angélica ajuda a manter a comunicação com seus guias e anjos.

FASE DA LUA

Cada fase da lua é definitivamente importante para o Arquétipo da Lua, pois cada uma proporciona uma lição única. No entanto, a fase na qual esse arquétipo estará em seu momento mais poderoso e em seu maior potencial de Deusa é na verdade o período em que a lua está 50 por cento iluminada e 50 por cento na escuridão, no quarto crescente ou no quarto minguante. É quando você estará em maior equilíbrio, capaz de empregar uma ação expressiva consciente e inspirada.

EQUILÍBRIO MASCULINO DA LUA

A chave para equilibrar o Arquétipo da Lua quando você é masculina demais é a eliminação. Evoluir com a lua em equilíbrio e harmonia vai exigir que você troque de pele de tempos em tempos, à medida que cresce. Deixe ir. A necessidade de controlar é um bom indicativo de que você precisa equilibrar sua mentalidade afetiva masculina para receber o novo, que é a mentalidade afetiva feminina. Para fazer isso, abra mão de coisas que não lhe servem mais, como relacionamentos, pensamentos, maus hábitos, expectativas e padrões destrutivos. Isso quer dizer que você deve sair de seu lado lunático da lua (todas já estivemos lá), obsessivo pelo controle, e passar para um espírito de paz, entrega e aceitação.

Se você está fora de alinhamento, com excesso de feminino, então você está dando aos outros amor e tempo demais, e sente-se cansada, vazia de sentimentos e de energia. Este é um sinal para colocar em ordem suas questões de Deusa e focar o próximo ciclo da lua em você, primeiro e acima de tudo. Se o seu lado masculino está se expressando demais, vai sentir como se precisasse ganhar, como se estivesse em uma batalha, em guerra com os outros ou com você. Eclipse o que não está lhe servindo para crescer e expandir-se. Especialmente se está se sentindo mais do que demais!

LUA RETRÓGRADA

Quando a lua está fora de sincronia, ou fazendo você retroceder em termos evolutivos, você talvez note que está se sentindo ofuscada, confusa, intensamente apaixonada, e muitas vezes fora dos eixos, enquanto luta para se livrar do que é velho e mergulhar em novos inícios. Para os outros, você pode até parecer teimosa, limitada ou rígida demais. Como a Deusa romana Diana, você é pura e virginal; no entanto, tem uma faceta vingativa quando contrariada. Como acontece com todas as Deusas da Lua, você tem natureza inconstante e imprevisível. O segredo é não deixar que culpas passada ou lições não perdoadas consumam sua alma. Amores do passado, arrependimentos, erros... tudo isso aparece quando o elemento Lua está retornando em estado retrógrado. Embora seja importante digerir e dissolver tais pensamentos e decepções que surgem, é essencial pedir desculpas e deixar ir (isto é, não mande mensagens para seu ex!). Não comece uma guerra. Se Karen, da contabilidade, roubou sua caneca de café favorita, desapegue. Caso você fique como a grega Hécate, Deusa da escuridão, é um bom sinal de que está em estado retrógrado e precisa retornar ao alinhamento.

Em vez disso, perdoe a si mesma. Aceite as lições e deixe para trás a carga que a impede de seguir em frente. Essa pode ser uma forte atração negativa para muitas Deusas, criando retrocessos quando a atração da lua é reprimida. Lembre-se, seu poder está em suas fases; reconheça a fase de sua vida, aceite as lições, deixe ir e olhe para a frente, para a nova lua. Mesmo que isso signifique permanecer no vazio até ter digerido o que se agita dentro de si.

Pergunte-se o seguinte: "O que está me ancorando, impedindo-me de subir como um foguete até a Lua?". Pode ser o momento de abrir mão de qualquer coisa que esteja puxando sua energia para baixo ou lançando sombra sobre sua luz. Não tenha medo de confrontar sua escuridão – ela não vai infectar você, não vai destruí-la. E mais, se você não fizer isso, ela pode até consumi-la. Ou pior, fazer com que você fique presa no mesmo lugar, sem mudança alguma.

Uma coisa incrível surge a partir desses momentos. Você vai mudar de opinião sobre alguma coisa. E isso constitui um grande progresso evolutivo quando você perdoa, sente empatia, entende e segue em frente com uma nova compreensão. É aí que você sabe que conseguiu controlar de forma consciente seu momento retrógrado.

Fases da Vida da Lua

Tendo compreendido que seu arquétipo pode mudar e evoluir, assim como você, vejamos o que um arquétipo com predomínio da lua pode vivenciar em diferentes fases da vida. Uma Deusa da Lua experimentará uma intuição amplificada, um chamado para cuidar e curar, e a ela serão concedidas oportunidades para entregar-se, deixar ir e o tempo todo reinventar a si mesma. Através das fases de Donzela, Mãe e Anciã, a energia da lua pode ter um papel central na experiência evolutiva de uma Deusa.

DONZELA DA LUA

Como a Deusa Rhiannon, você é intensa, inspirada, livre! Puxando pelas rédeas seu cavalo branco, você começa uma fase de grandes mudanças, uma jornada de autodesenvolvimento, e entra na arena para encarar grandes guinadas e transições na vida.
Bem representada pela lua crescente, a Donzela da Lua é jovem, autoconsciente e focada no desenvolvimento de seus pontos fortes. Constantemente curiosa e otimista, sempre busca as lições espirituais na vida, e sente de maneira profunda, bem em seu âmago. Com cada experiência, turbulência, lição, bênção e desafio ganha forças em sua capacidade de ler de forma instintiva e intuitiva. Ele começa esperançosa, aprende a curar, e cresce para tornar-se plena. Movendo-se adiante, ela compreende as fases iluminadas e escuras da vida, e as lições evolutivas que ambas trazem.

DEUSA (R)EVOLUCIONÁRIA: TARYN BRUMFITT

Tanto como espécie quanto em nossa jornada pessoal, aprendemos com a evolução da vida que do caos nasce a liberação. O desafio é simplesmente sobreviver ao caos! Amém.

Hoje em dia, na agitação de uma sociedade sob demanda, ao vivo *on-line*, em período integral, muitas vezes buscamos formas de nos desligar. De entorpecer nossos sentidos. De aquietar nossa intuição. De preencher nosso vazio.

Essa é a história de uma transformação dos dias atuais. De uma Deusa que encarou seus demônios e libertou-se de crenças e de hábitos que não lhe serviam mais. O abismo que Taryn Brumfitt encarou, e com o qual muitas de nós conseguem se identificar, foi a imagem negativa e o estereótipo do corpo. Enfrentando de maneira destemida seu lado escuro da lua, ela fundou o Movimento da Imagem do Corpo e criou o documentário *Embrace*: "Temos a missão de colocar um fim na epidemia global de ódio ao corpo".[1]

Em certo momento, Taryn chegou a pensar em cirurgia plástica para "consertar-se", depois que os problemas de imagem corporal a deixaram muito mal. O ponto de virada foi quando ela escolheu mudar, não suas belas curvas de Deusa, mas sua atitude com relação ao corpo. Como admitiu a um *blog* do *HuffPost*: "Foi necessário muito esforço, tempo e energia, mas posso lhe afirmar que não há nada melhor do que a) amar seu corpo de forma plena, cada saliência e reentrância dele e b) dizer à sociedade onde pode enfiar seus ideais de beleza".[2] O resultado foi uma nova fase na vida, empoderada por amar o corpo no qual vive, bem como o ponto de partida para um chamamento global para que a mulher deixe de lado seus medos relativos ao corpo. Empoderar e libertar a mulher para amar seu corpo em todas as suas fases, formas e tamanhos. Saiba mais sobre a corajosa jornada da Deusa de Taryn Brumfitt, e o movimento criado por ela, em www.bodyimagemovement.com.

MÃE DA LUA

A energia do tipo Deusa Afrodite é muito maior quando a sua jornada de vida entra na fase da Mãe. O tema: amor, amor por si própria e sexualidade. O significado de ser uma mulher, uma mãe, uma amante.

Entrando na fase de Mãe da Lua, a Deusa vai se fazer presente para servir aos demais, imbuída de um senso de propósito e de ação. Ela vai oferecer seu tempo, seu amor, sua energia e seu amparo, e muitas vezes pode passar a doar-se tanto que esquecerá de receber. Não é incomum, para uma Mãe da Lua, lamentar a perda de seu santuário e reconforto nesse período em que é maternal com aqueles à sua volta. Mas ela evoluiu de modo a entender suas responsabilidades, e adora sentir-se necessária, requisitada, e está no auge de seu poder ao fazer uso de sua capacidade de manifestar as energias da lua para si e para aqueles que a cercam. Muitas vezes, é por isso que aqueles de quem ela cuida a veem como forte e repleta de magia. Libertando-se com facilidade de velhos hábitos, iniciando novos capítulos, vendo os resultados das lições evolutivas a cada lua que passa. Este é um período de grande expansão e desenvolvimento, algo em que as mulheres Arquétipos da Lua prosperam.

ANCIÃ DA LUA

Ao entrar em suas lições finais da vida, você vai acolher sua Deusa Morrigan. Você ganhou grande sabedoria, tornou-se intuitiva, quase uma vidente em sua capacidade de pressentir a vida e aqueles que a cercam. Você ilumina a verdade e as lições que tem diante de si, e ensina e guia quem a cerca, tendo como base suas histórias de transformação e de crescimento. Quando a lua é minguante, você está em seu auge em termos de profecias, exercendo uma influência tranquilizadora sobre as pessoas com quem convive, ensinando a magia moderna e a arte de ser ágil, transformando-se no decorrer de qualquer experiência evolutiva.

Já se foram os dias em que você se deixava abalar e perdia o equilíbrio. Você é uma com a Terra, o mundo e as experiências com que se depara, e nada a detém quando atinge sua completude; você compreende e aceita tudo aquilo pelo qual passou, perdoando, deixando ir e renascendo ao longo das muitas luas de experiências evolutivas.

MODALIDADES DA LUA

"O CORAÇÃO É CAPAZ DE SACRIFÍCIOS. A VAGINA TAMBÉM. O CORAÇÃO É CAPAZ DE PERDOAR E REPARAR. PODE MUDAR DE FORMA PARA NOS DEIXAR ENTRAR. PODE SE EXPANDIR PARA NOS DEIXAR SAIR. A VAGINA TAMBÉM. PODE SENTIR DOR POR NÓS, PODE SE ESTICAR POR NÓS, PODE MORRER POR NÓS, E SANGRANDO NOS COLOCAR DENTRO DESTE MUNDO DIFÍCIL E MARAVILHOSO. A VAGINA TAMBÉM. EU ESTAVA LÁ NAQUELE QUARTO. EU ME LEMBRO."
– EVE ENSLER

Ciclos da Lua

Monitore seu ciclo menstrual – existem muitos aplicativos ótimos para fazer isso. Pessoalmente, uso o Clue. Marque as datas de seu ciclo, e também as datas das luas nova e cheia. Ou simplesmente mantenha um diário, anote a data, a fase da lua e comentários sobre a saúde, como excesso de cólicas ou inchaço, seu humor e seus sonhos!

Miranda Gray, autora de *Red Moon*,* também acredita, assim como eu, que muitos ensinamentos ancestrais perduram na mitologia e nas canções de ninar. Se bem que existe uma cantiga que diz "Maria tinha um carneirinho", mas não me lembro de nenhuma dizendo "Maria tinha um periodozinho"![1]

Gray propõe a existência de dois padrões tradicionais de menstruação: o sangramento "Lua Branca",

---

* *Lua Vermelha – As Energias Criativas do Ciclo Menstrual Como Fonte de Empoderamento Sexual, Espiritual e Emocional*. São Paulo: Pensamento, 2017.

em que a menstruação ocorre durante a lua nova e a ovulação durante a lua cheia, e a menstruação "Lua Vermelha", em que o sangramento se dá com a lua cheia e o período fértil coincide com a lua nova.[2] Seus próprios períodos vão se ajustar aos dois ciclos ao longo da vida, mas é fascinante notar o que acontece com você, em termos energéticos, à medida que seu corpo passa por tais ciclos.

Pessoalmente, monitoro meu ciclo usando a tecnologia. Há ótimos aplicativos que ajudam a monitorar seu ciclo e a fase da lua com a qual você está sincronizada. Eu uso My Moontime. Então, o que será que seu corpo está tentando lhe dizer?

LUA BRANCA

Se o seu corpo segue um ciclo Lua Branca, a tendência é que você sangre durante a lua nova ou a lua minguante. Uma vez que a biodinâmica demonstrou que a terra é mais fértil durante as luas cheias (quando você ovula), este ciclo é ligado mais tradicionalmente à fertilidade e à maternidade. Se você é uma mulher "Lua Branca", é provável que sinta um aumento da intuição durante seu período e a necessidade de recolher-se para se nutrir e renovar-se. Em outras palavras, você está energeticamente exausta e deu tudo de si durante o mês – este é seu momento "você".

LUA VERMELHA

Este ciclo segue a lua cheia, o que significa que seu corpo sangra durante a lua crescente ou a lua cheia, e está mais fértil durante a lua nova ou a lua minguante. As fases de lua cheia e crescente têm uma energia expansiva, vibrante e criativa, e pode parecer que isso vai contra a intuição, e não combina com a menstruação. Mas não é bem assim. Em tempos antigos, o ciclo da Lua Vermelha era associado com o xamanismo, as suma sacerdotisas e as curadoras. Considera-se que as mulheres que tendem a menstruar com a lua cheia dirigem suas energias menstruais mais sombrias e mais criativas para o exterior, não para o interior. Elas nutrem e ensinam a outras ou a si mesmas, tendo por base sua própria experiência. Muitas vezes, as mulheres com esse tipo de ciclo estão mais focadas em seu crescimento pessoal, no desenvolvimento, na tutoria e na criatividade.

Diário dos Sonhos do Ciclo Lunar

Mantenha um diário dos sonhos ao lado da cama enquanto está em seu ciclo menstrual, e anote qualquer sonho visionário que venha a ter. Também vale a pena explorar os significados por trás de seus sonhos, invista em um dicionário de sonhos ou pesquise na internet o significado do que sonhou, assim que acordar. A ideia é pegar os elementos principais e anotá-los assim que abrir os olhos – cores que viu, como você se sentiu, pessoas relevantes, locais, ações e objetos.

Signo Lunar

Todas nós provavelmente estamos familiarizadas com nosso signo estelar, ou signo solar. Mas explorar nossos signos lunares pode trazer vislumbres importantes de nosso potencial. Pense no signo lunar como aquilo que se esconde por baixo de suas paixões e emoções, enquanto o signo estelar reflete seus princípios e personalidade. Alguns astrólogos definem o signo lunar como nosso inconsciente. Tais atributos podem constituir sua natureza primordial, sua forma inata de ser. Para descobrir seu signo lunar, você precisa saber o horário, a data e o local do seu nascimento, pois o signo lunar muda a cada dois dias ou dois dias e meio. Existem muitas calculadoras de signos lunares *on-line*, e vale a pena fazer uma busca na internet.

Fases da Lua e seus Significados

Se você é regida pelo elemento Lua, faz sentido que procure ser aconselhada por ela. Assim, pesquise, em que fase está a lua? Abaixo estão as fases lunares e sua energia evolutiva associada.

Descubra em que lua você nasceu. Você pode usar um site chamado Astrocal para verificar qual era a lua no dia de seu nascimento. Então acrescente as grandes mudanças de lua em seu calendário; observe também a energia zodiacal que a lua trará para sua vida, de modo que você se alinhe e compreenda por que pode estar se sentindo em estado retrógrado (isto é, indo para trás), no modo lunático da lua cheia, querendo retrair-se do mundo, criativa ou reflexiva! Sincronize-se com as fases e evolua sua compreensão sobre que tipo de energia a lua pode trazer para o seu dia.

LUA NOVA: FASE DA ANCIÃ, SABEDORIA

Tempo de intenção – este é um período para a lua nova, a nova você. Um período para pensar menos sobre as manifestações do eu, eu, eu. Pense, como podem sua intenção, seu hábito, seu objetivo transformar o mundo à sua volta, evoluir você como pessoa, e ajudá-la a contribuir para o mundo. Gosto de sempre perguntar isso a mim mesma – se meu maior desejo fosse concedido, iria beneficiar apenas à minha vida ou beneficiaria o mundo? Sinceramente. Faça essa pergunta a si mesma.

A lua nova é um novo começo. Com ela vem a energia dos recomeços, o início de um novo ciclo lunar. Se você nasceu sob a lua nova, será recarregada com esse novo sopro de energia, que sem dúvida marcará sua alma de Deusa com uma veia criativa. Por quê? Porque a lua nova traz novas paixões, as sementes do novo e seu cultivo. Isso também significa que este é um período excelente para livrar-se de tudo aquilo que não lhe serve mais, de abandonar maus hábitos, ou de refletir sobre seu comportamento. Este é, portanto, um momento poderoso de reflexão, evolução e compromisso com a nova fase, e de uma nova abordagem do bem viver, e de viver plenamente. A nova sabedoria é trazida a bordo, com novos discernimentos. Percepção. Transforme isso em um ritual, um momento para rotineiramente checar suas ações conscientes.

LUA CRESCENTE

A lua crescente traz consigo impulso e manifestação. As sementes que seus pensamentos criaram e plantaram em sua consciência estão começando a germinar. É um momento de ecoar tais desejos para o mundo. A chave é permanecer focada em suas intenções. De canalizar a energia para sua missão, suas paixões, seu coração. Se você nasceu sob a influência da lua crescente, será muitas vezes acusada de ser uma sonhadora. Na verdade, você é uma visionária. Você consegue ver um amanhã melhor, e usar sua energia para criar exatamente isso. As realizações estão no horizonte, e você é o tipo de garota que arregaça as mangas para garantir que tudo esteja em ordem, para ver as mudanças brotarem.

QUARTO CRESCENTE: FASE DA DONZELA, INSPIRAÇÃO

O quarto crescente assinala um período de esperança. É o momento ideal para ser otimista e positiva quanto a seus sonhos e paixões. É a hora em que você pode assumir seu lugar no mundo. Abra-se para seu lado lúdico e otimista.

CRESCENTE GIBOSA

Veja bem, esta é uma das fases mais poderosas para vivenciar uma evolução espiritual. Marque-a em seu calendário. Aquelas que nasceram sob a energia da lua crescente gibosa serão impelidas a questionar de maneira profunda o sentido da vida. A chave para seu sucesso é o crescimento contínuo e o desenvolvimento em todos os níveis, buscando o aprendizado eterno a partir do amor, das emoções, das experiências – da vida! É um período poderoso para o desenvolvimento, quando o botão da flor se prepara para desabrochar. Você está em equilíbrio, meio iluminada, meio na escuridão. Digerindo as lições e crescendo. Um tempo igualmente dedicado para a análise e para a expressão.

LUA CHEIA: FASE DA MÃE, NUTRIÇÃO

Lua cheia, gás total, floração plena – a lua cheia traz consigo a energia da fertilidade, da transformação, da completude e da abundância. Pense nesse período como a volta da vitória, em termos emocionais. Essa energia pode parecer avassaladora para muita gente, pois é um período exacerbado de magia, emoção, aconselhamento e cura. É um período para recarregar, reagrupar, realinhar e recompor-se. Muita gente sonha durante esse período, sentindo uma profunda conexão psíquica. Tudo isso pode tornar a pessoa muito sensível. Os nascidos sob a lua cheia são regidos por suas emoções, e com frequência são pessoas intensas, com profunda preocupação pelos demais e honestas. As Deusas da lua cheia são intuitivas, e confiam em seus instintos. Este é o momento ideal para que algumas se sintam caóticas e outras se sintam inspiradas. Descubra um ritual que seja adequado à sua verdade. Uma reunião, ou a solidão – alimente seu estado emocional e confie em sua orientação interior. Em algumas luas cheias você talvez sinta que necessita do bálsamo da companhia de suas irmãs; em outras, procurará o isolamento. Torne-se consciente de qual cerimônia atrai você. Siga aquela, qualquer que seja, que a faça se sentir plena e plenamente recarregada.

JOIA DA DEUSA

Kundalini é um termo sânscrito, da antiga Índia, que tem a ver com a energia feminina, criativa e evolutiva (sim!) da eterna sabedoria que vive dentro de cada ser humano – homens e mulheres. Essa energia costuma ser representada como uma serpente enrodilhada, dando três voltas e meia, situada na base de nossa coluna vertebral, e é o foco dos ensinamentos da prática da Kundalini yoga, a qual eleva a energia através dos chakras/centros de energia. Sua definição varia entre os muitos ensinamentos espirituais, mas em essência é bastante similar – uma energia adormecida que, ao ser despertada, elevada e utilizada, pode ser tremendamente criativa e esclarecedora.

MINGUANTE GIBOSA

A energia expansiva e emocional da lua cheia começa a retroceder, reduzindo-se, e vai instar você a abrir mão e deixar ir, a extirpar tudo aquilo a que você tem necessidade energética de renunciar. É um momento de refletir sobre o que serve aos seus propósitos elevados, o que alimenta sua alma, o que faz com que se sinta desperta e viva. É um chamamento para a limpeza e purificação pessoal, como preparativo para um novo ciclo.

Aquelas nascidas na energia da lua minguante gibosa – por exemplo, eu – são consideradas as cuidadoras do universo, em geral as humanitárias e aquelas que ajudam os outros. Podem ser calmas e dedicadas, e ao mesmo tempo compulsivas, de caráter enérgico, intuitivas e idealistas. Têm uma ânsia, e muitas vezes uma urgência para tornar o mundo um lugar melhor. Esse empenho pode ser usado na lua minguante gibosa para ajudar você a tornar seu mundo um lugar melhor, focando no positivo e removendo o negativo, em preparação para a próxima fase de crescimento evolutivo, que se aproxima com o ciclo seguinte.

QUARTO MINGUANTE: FEITICEIRA, SOBERANIA

Esta é a fase em que tomamos as lições, as percepções, as emoções e os aprendizados e os incorporamos às nossas ações e comportamentos. Nossos valores centrais passam a ser refletidos no modo como nos fazemos presentes. De certa forma, é uma fase em que nos tornamos um adulto desperto, com a criança aprendendo e vivenciando, ou "crescendo" a partir do ciclo da lua cheia.

LUA MINGUANTE

Este é literalmente o lado escuro da lua. A lua minguante é a energia da revelação, a partir da reflexão. Quando estamos na escuridão, nós refletimos, vamos rumo ao interior. Nessa fase, podemos ser agraciadas com aqueles momentos de descoberta que desencadeiam a transformação. Isso não apenas é curativo, mas também é algo profundo para seu desenvolvimento. Muitas vezes tentamos abrir caminho à força para sairmos dos momentos sombrios da vida. É uma fase poderosa, que tem um peso tão importante como quando estamos em pleno florescer. Ela representa a finalização, a formatura após as lições. É o momento para retirar-se do mundo, descansar, refletir. Pense nele como um útero, o espaço seguro e sagrado no qual a nova vida é concedida, onde você renasce. Um período poderoso para refletir, e completar seus processos de pensamento, sobre as lições aprendidas no ciclo que se encerra. A energia da lua diminui, e o mesmo acontece com a sua energia, de modo que é importante que você vá com calma consigo mesma.

Aquelas nascidas sob a lua minguante com frequência estão conectadas com outros mundos e podem ser acusadas de serem sonhadoras ou de estarem fora da realidade. Na verdade, elas são muito abençoadas em termos espirituais.

ECLIPSE SOLAR

É a situação em que o brilho do sol fica bloqueado para a humanidade, permitindo que a escuridão nos envolva – e com ela vêm as energias mais obscuras. A força desse evento é reconhecida em muitas culturas, religiões e locais especiais ao redor do mundo como um momento de proteção, meditação e cerimônia espiritual. Nesse período, o melhor é tentar estar bem enraizada e conectada à Terra. Por esse motivo, pessoas nascidas durante um eclipse solar são bem ancoradas e centradas, e vivem de maneira muito realista. São intensas, objetivas e independentes. Muitas vezes buscam respostas dentro de si, em vez de buscá-las no exterior.

ECLIPSE LUNAR

Com o eclipse energético, vemos um impulso para nos levar de volta ao caminho certo. Esse momento pode muitas vezes trazer mudanças abruptas e guinadas profundas. Com frequência os relacionamentos podem terminar de repente, ou somos forçadas a tomar decisões e seguir em uma nova direção. Embora tal processo possa parecer uma perturbação, constitui um momento poderoso de mudança. O truque? Seguir o fluxo e estar consciente durante as guinadas e mudanças. Mulheres nascidas durante um eclipse lunar têm uma carga excepcional de energia da Deusa, e são intuitivas, criativas, compassivas e empáticas. Têm um forte senso de propósito, são devotadas a servir e almejam o equilíbrio em todos os aspectos, da sociedade a seu próprio estilo de vida.

Luas dos Nativos Norte-americanos

Os nativos norte-americanos viviam instintivamente de acordo com as estações e a lua, que eram usadas por muitas tribos para marcar o tempo. Os nomes e registros da lua cheia variavam de uma tribo a outra. Hoje em dia, os registros de almanaques mencionam as luas a cada mês fazendo referência à percepção que os nativos norte-americanos nativos tinham dela. Acrescente tais informações a seu calendário, para ajudar seu Arquétipo da Lua a permanecer alinhado com a energia disponível.

Cada registro abaixo remete à observação de um animal ou de uma mudança na natureza que acontece tendo a lua por testemunha; podem ser animais uivando, as estações mudando, animais aparecendo ou a época da colheita. São informações importantes para as Deusas, pois mostram a você quando colher suas ideias, plantar, recolher-se e seguir em frente com a vida. Use essas diferentes energias da lua para alinhá-las com sua jornada evolutiva e para guiá-la. Explore o significado de cada lua e aprenda sobre a energia única que cada uma pode trazer à sua vida.

Janeiro: Hemisfério Norte: Lua do Lobo. Também conhecida como Lua Antiga.
Hemisfério Sul: Lua do Feno. Também conhecida como Lua do Trovão.

Fevereiro: Hemisfério Norte: Lua da Neve. Também conhecida como Lua da Fome.
Hemisfério Sul: Lua Vermelha. Também conhecida como Lua do Milho.

Março: Hemisfério Norte: Lua da Pega. Também conhecida como Lua da Minhoca.
Hemisfério Sul: Lua da Colheita. Também conhecida como Lua do Milho.

Abril: Hemisfério Norte: Lua do Ovo. Também conhecida como Lua Rosa.
Hemisfério Sul: Lua dos Caçadores. Também conhecida como Lua da Colheita.

Maio: Hemisfério Norte: Lua das Flores. Também conhecida como Lua do Milho.
Hemisfério Sul: Lua do Castor. Também conhecida como Lua da Geada.

Junho: Hemisfério Norte: Lua do Morango. Também conhecida como Lua do Mel.
Hemisfério Sul: Lua Fria. Também conhecida como Lua da Noite Longa.

Julho: Hemisfério Norte: Lua do Feno. Também conhecida como Lua do Trovão.
Hemisfério Sul: Lua do Lobo. Também conhecida como Lua Antiga.

Agosto: Hemisfério Norte: Lua Vermelha. Também conhecida como Lua do Milho.
Hemisfério Sul: Lua da Neve. Também conhecida como Lua da Fome.

Setembro: Hemisfério Norte: Lua da Colheita. Também conhecida como Lua do Milho.
Hemisfério Sul: Lua da Pega. Também conhecida como Lua da Minhoca.

Outubro: Hemisfério Norte: Lua dos Caçadores. Também conhecida como Lua da Colheita.
Hemisfério Sul: Lua do Ovo. Também conhecida como Lua Rosa.

Novembro: Hemisfério Norte: Lua do Castor. Também conhecida como Lua da Geada.
Hemisfério Sul: Lua das Flores. Também conhecida como Lua do Milho.

Dezembro: Hemisfério Norte: Lua Fria. Também conhecida como Lua da Noite Longa.
Hemisfério Sul: Lua do Morango. Também conhecida como Lua do Mel.

Centros Lunares

Na Kundalini, Yogi Bhajan ensina que cada mulher tem onze centros lunares. Estes são áreas físicas sensíveis que estão conectadas com as energias lunares e afetam o modo como lidamos com a vida. Segundo os ensinamentos de Yogi Bhajan, as mulheres são dezesseis vezes mais intuitivas do que os homens e são mais emotivas, pois são mais afetadas pela lua. Se as mulheres puderem compreender tanto a lua quanto nossas emoções, podemos ser dezesseis vezes mais líderes intuitivas do que o homem – impulsionadas pelo conhecimento e pela emoção. #Superpodereslunares

Cada um dos centros lunares guarda qualidades diferentes, e você vai passar em cada um cerca de dois dias e meio. Você pode começar a se conectar com o centro lunar do qual está precisando, para tanto, deve estar mais consciente dos sentimentos e comportamentos que vivencia; utilize para tanto a lista de centros abaixo, com os pontos de energia correspondentes e seus atributos. (Depois, segue-se a Meditação dos Centros Lunares.)

Linha do cabelo – clareza, estabilidade, foco, e conectada neste momento.

Bochechas – emotiva, sensível e um momento no qual você pode parecer, para as pessoas a seu redor, estar fora de controle ou alienada. Nesse momento, procure equilíbrio, yoga, meditação e use a respiração para romper através da ilusão da emoção.

Lábios – comunicação, expressão, e neste momento as palavras que verbalizamos podem revelar se estamos em equilíbrio ou não.

Lóbulo da orelha – inteligência, ética, íntegra e passível de participar de ativismo neste momento. Seja cuidadosa para não julgar os outros.

Nuca – romance, otimista e provocante. Não é um bom momento para tomar decisões importantes.

Seios – compaixão, doação, e em geral um período no qual temos dificuldade em dizer não. Esteja consciente de seus limites.

Umbigo – insegurança e vulnerabilidade. É um momento para empoderar-se e voltar-se para dentro, com meditação e reflexão. Evite chocolate.

Coxas – afirmativa, produtiva e estruturada, de modo que estará organizada. Este é, em geral, um momento para realizar as tarefas de sua lista de coisas a fazer.

Sobrancelhas – imaginativa, imprevisível, criativa e divertida. Não tome decisões importantes neste momento. É uma boa hora para imaginar novas possibilidades, criar ideias de negócios etc.

Clitóris – loquaz, sociável e charmosa. Você está vibrante, e é um bom momento para focar em novos relacionamentos em vez de insistir nos que já existem.

Vagina – profundidade, compartilha, muito sociável neste momento; no entanto, você quer reuniões íntimas, com pessoas que pensam como você, ou passar o tempo sozinha consigo mesma.

MEDITAÇÃO DOS CENTROS LUNARES

Alinhar seus centros lunares (e acredita-se que isso ajuda a equilibrar seu ciclo menstrual) com a meditação é tão simples quanto deitar de barriga para baixo! Acredita-se que, se uma mulher fizer esta meditação por quarenta dias ou mais, ela pode romper o ciclo de qualquer hábito.

Deite-se de barriga para baixo, com os braços nas laterais do corpo e as palmas das mãos voltadas para cima, o queixo apoiado no chão, a cabeça reta; foque os olhos no centro de sua testa. Fique nessa posição de 3 a 31 minutos e repita *sa ta na ma* repetidas vezes, recitando em silêncio como faria com um mantra...

CONTEMPLAÇÕES DA DEUSA

Ainda curiosa quanto a todas as belas fases de seu Arquétipo da Lua? Aprenda sobre os arquétipos irmãos. Você vai encontrar poderes e lições complementares nos capítulos sobre a água e o sol. Explore as páginas e fases desses elementos para ver quais intuições revolucionárias lhe parecem verdadeiras e sobre o que você pode lançar uma luz. Algo lindo a respeito da lua é que ela está sempre em movimento, e você também deve estar.

SA: infinito, cosmos, princípio

TA: vida, existência

NA: morte, totalidade

MA: renascimento, ressurreição[3]

Utilize as Energias da Deusa da Lua

Para canalizar sua energia de Deusa da Lua, crie um ritual para a hora de se deitar. Acenda velas brancas ou prateadas. Olhe as estrelas, o céu e a lua. Medite e imagine as cores branca ou prata; você pode se imaginar passando pelas fases da lua, ou cruzando os céus a cavalo ou em uma carruagem, como tantas de suas companheiras Deusas da Lua. Concentre-se no movimento para a frente, no aprendizado e no reconhecimento da vida e da morte a cada passo. Faça de seu santuário um lugar de recolhimento e de celebração, torne-o fértil com o uso de frutos, flores, perfumes, mel e cristais como ametista e pedra da lua. Ou, se você for como eu, apenas coloque "Rhiannon" para tocar e dance descalça na sala, queimando um incenso de olíbano ou sândalo. Quartel General (QG) da Deusa. As lições da energia da lua podem ser sombrias, mas também podem ser uma celebração divertida. Curta as fases, gata.

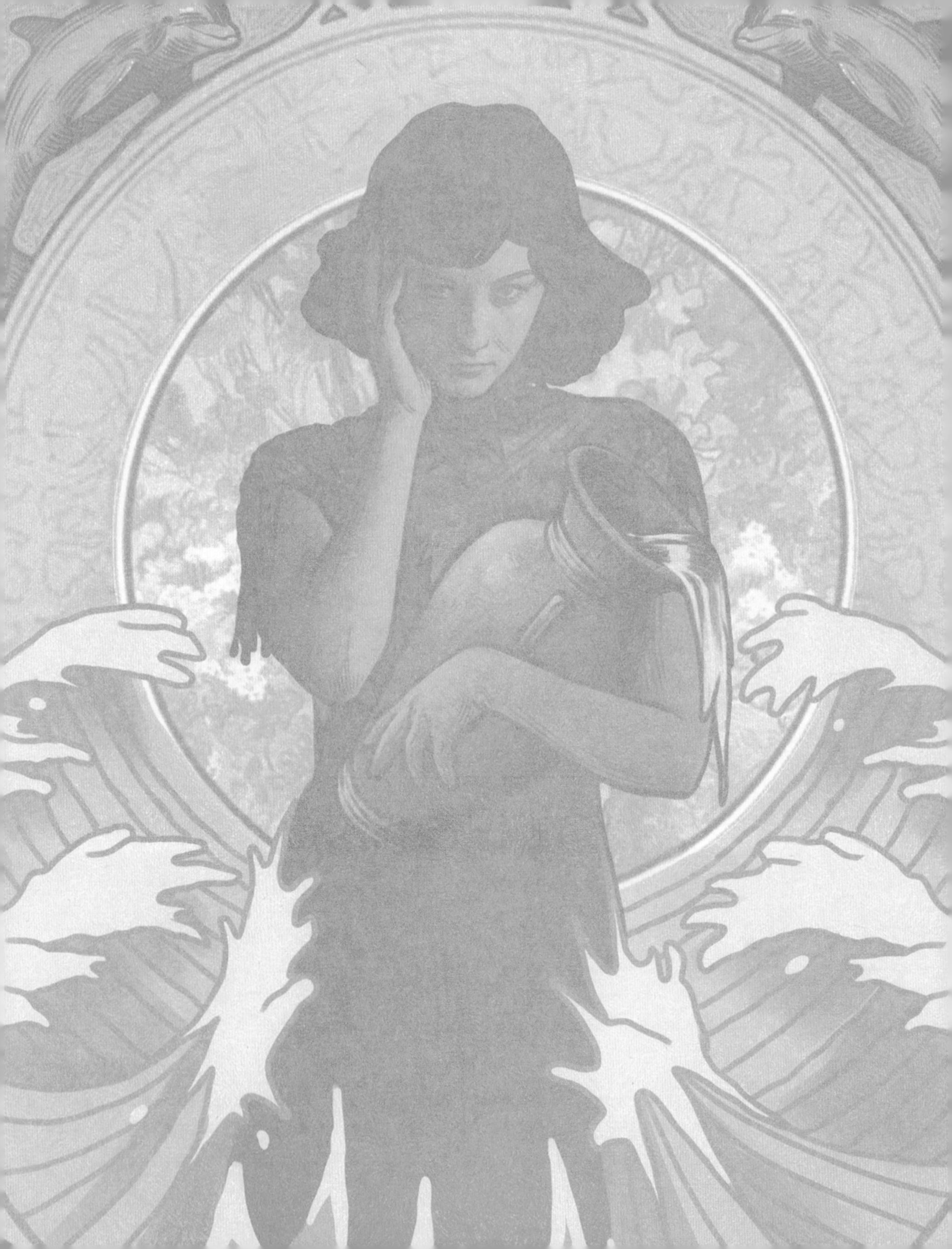

PARTE III
DEUSA DA ÁGUA

ÁGUA: MITOLOGIA + PODERES

"VOCÊ NÃO VAI APRENDER A NADAR SE FICAR SENTADO NA BORDA DA PISCINA, OBSERVANDO AS PESSOAS QUE ESTÃO NA ÁGUA; VOCÊ PRECISA SE JOGAR E APRENDER A FLUTUAR. PERSEVERANDO, VAI ADQUIRIR UMA HABILIDADE QUE A PRINCÍPIO PARECIA IMPOSSÍVEL."
— KAREN ARMSTRONG

A água tem a ver com sobrevivência, e é um elemento precioso, muitas vezes até mesmo sagrado. Em termos espirituais, ela desempenha um enorme papel em inúmeros rituais de cura, limpeza e purificação, do hinduísmo, budismo, judaísmo, islamismo, taoismo, xintoísmo e cristianismo até covens de Wicca. Também tem abrigado histórias do folclore, desde as sereias que atraem os pescadores para as rochas, até uma era em que existia uma sociedade submarina esclarecida, conhecida como Atlântida, de filósofos e de adeptos do Novo Pensamento (assim como seu eu evolutivo).

A água está relacionada com tudo que é psíquico, com a intuição, a paixão, a emoção e o ritual. Com isso, ela apresenta poderes altamente sensíveis, advindos de seus atributos medicinais, que proporcionam limpeza, cura e capacidades e força amorosas. Ao surgirem confrontos ou conflitos, seu mantra deve ser "Seja como a água" – que também é uma famosa citação de Bruce Lee! A ideia é que você mude de forma, que você seja fluida e amorfa.

A água em grande volume pode gerar imensa energia e movimento. Essa energia é explorada em nascentes, praias, rios, piscinas, chuveiros, fontes e banheiras; a proximidade da água corrente recarrega as pessoas. Deixe que a energia banhe você e flua através de você. De seus sonhos a seus pensamentos. De suas amizades a suas emoções. De sua autorreflexão a seu poder.

O ARQUÉTIPO DA ÁGUA TEM O PODER DA VISÃO EM RETROSPECTIVA. ELE LHE DÁ A OPÇÃO DE CONFRONTAR-SE E DE APRENDER A PARTIR DE EXPERIÊNCIAS EMOCIONAIS.

O Arquétipo da Água tem o poder da visão em retrospectiva. Ele lhe dá a opção de confrontar-se e de aprender a partir de experiências emocionais, mesmo que você já não esteja naquele momento. O poder da água não está apenas na maneira como você responde, mas também no modo como você reflete. Agindo quando esta é uma reação sábia. Quase sempre em paz no fluxo e refluxo das marés e das condições climáticas da Mãe Natureza.

A energia da água é parcialmente regida pela energia da lua – é seu poder que empurra e puxa as marés. Você fala ao ar e à lua, nutrindo e aplacando a sede da terra. Essa energia da água e do ar circunda você em seu dia a dia. Ela vem do oeste, como um pôr do sol no oceano; ela implica o fim de um ciclo, uma lição assimilada que não mais se repetirá em sua vida. Essa energia em uma Deusa pode ser vista como uma cerimônia de mudança. Uma constatação desperta de que um novo ciclo desponta no horizonte. Você está nos estágios de livrar-se do que é velho, uma limpeza preparatória para a nova sabedoria que está para chegar até você.

Você é altamente adaptativa. Você se molda às suas circunstâncias, o que lhe permite encarar e evoluir em quase qualquer situação. Graças a sua flexibilidade consciente, você também reage com rapidez, muitas vezes operando de maneira muito instintiva e intuitiva. Essa característica é comumente exibida por almas mais velhas, aquelas com a experiência de vida de muitas lições aprendidas. No seu caso, pode ser que você tenha tido que amadurecer muito cedo na vida em razão de circunstâncias familiares: a perda de um dos pais ou a separação de uma família ensinam você a permanecer ágil em seu ambiente doméstico, e emocionalmente resiliente.

A capacidade de acolher a mudança tão abertamente e de se adaptar com facilidade tornará sua jornada evolutiva mais fácil do que para a maioria das pessoas. Você é altamente receptiva. Sua intuição lhe permite estar um passo à frente de todos os demais em sua missão evolutiva.

Mitologia da Água

AO REDOR DO MUNDO, AS DEUSAS DA ÁGUA COMPARTILHAM UM ASPECTO COMUM: PAIXÃO. SÃO DEUSAS REGIDAS PELO CORAÇÃO.

Tenho certeza de que algumas das melhores histórias que você conta a suas amigas são relatos repletos de emoção sobre desilusões afetivas, perda, desastres e vitórias. A emoção é a chave para uma história, e é o que toca as demais pessoas. Assim, não causa surpresa ver que, ao redor do mundo, as Deusas da Água compartilham um aspecto comum: paixão. São Deusas regidas pelo coração. Esses padrões de amor, paixão, desejo, dor, angústia e ciúme são arquetípicos por serem tão universais para todas as Deusas.

Desde o tempo da Atlântida, até às regiões nórdicas e ao rio Ganges, podemos ver que a mitologia da Deusa da Água se conecta com limpeza, pureza e cura. Ela é expressiva. Pessoalmente, acho interessante que muitas das Deusas do Mar tiveram chiliques dignos de divas, no que poderia ser descrito como alterações de humor de proporções tsunâmicas! Acho que quando pensamos nos estados variados do oceano, das grandes ondas às superfícies estranhamente calmas e lisas, podemos ver que tais divindades não estavam livres de falhas, exatamente como nós. Ondas de emoção, ciclos de vida, evoluindo para a imortalidade. A água traz vida, mas pode ser igualmente destrutiva. Quando pensamos no equilíbrio de nossa guerreira interior e da energia da Deusa, a possibilidade de operar dessa ou daquela maneira pode também ser a diferença entre uma situação de calma e controle e outra de águas mortais!

Podemos observar esses relatos emocionais de amor, intriga e desilusões e relacioná-los com nossas histórias. Os temas na mitologia das Deusas da Água podem ser substituídos por pessoas e experiências em nossa própria história evolutiva pessoal. O amante persistente, a pessoa a quem amamos tanto que tememos perder, e até aquele único erro que cometemos que acabou criando monstros metafóricos! As mitologias da água são histórias verdadeiras que nos mostram a profundidade de nossa transformação emocional.

ANUKET (DEUSA EGÍPCIA)

Mais antiga Deusa egípcia do rio Nilo, está associada com coisas que se movem velozmente, como a água, flechas e gazelas. Desde os tempos das primeiras cheias do Nilo, tem sido comum que as pessoas lancem moedas, ouro e joias ao rio, em agradecimento a Anuket pelas águas que dão vida. Sobek, outra divindade do Nilo, era o deus do rio Nilo, do exército, dos militares, da fertilidade e do poder, e era representado pelo crocodilo do Nilo, simbolizando proteção.

ATABEY (DEUSA CARIBENHA)

Atabey era uma Deusa suprema da religião taino, praticada por tribos nativas espalhadas pelo Caribe, Porto Rico, Haiti e Cuba. Ela é cultuada por sua influência sobre a água doce e a fertilidade – sendo que a água é a vida de todas as coisas. Acredita-se que seja o espírito de lagos, rios e oceanos.

BENTEN (DEUSA JAPONESA)

Símbolo da beleza, do amor, da sabedoria, das artes, da boa sorte, da água e do mar, Benten domou seu marido, que era um dragão, e com frequência é representada montando dragões. Como Deusa, originou-se na Índia, sendo vista em mitos hindus e budistas, muitas vezes representada com oito braços que carregam uma espada, uma joia, um arco, uma flecha, uma roda e uma chave. As duas mãos restantes estão juntas em prece. Veja, até as Deusas conseguem desempenhar várias tarefas ao mesmo tempo!

BOANN (DEUSA CELTA/IRLANDESA)

Esta garota sedenta por conhecimento foi punida por ser rebelde. Diz a lenda que havia um poço sagrado que continha a fonte do conhecimento, de acesso proibido a todos exceto ao deus Nechtan (o marido dela) e aos criados dele. Boann ignorou os alertas e o poço foi violado, o que fez com que transbordasse e se tornasse um rio que arrastou Boann para longe. Com isso, ela se tornou Boann, a Deusa do Rio.

CALIPSO (DEUSA GREGA)

Calipso queria capturar um marido. A ninfa grega do mar atraiu Odisseu com seu canto e então o manteve prisioneiro por sete anos, na tentativa de torná-lo seu marido imortal. Bom, os caras tendem a ficar nervosos com a ideia de um casamento que dura uma única vida inteira; imagine um casamento imortal. Ele acabou partindo da ilha onde ela o manteve prisioneiro, a bordo de uma jangada, como Tom Hanks em *Náufrago*. As escrituras antigas não dizem se ele tinha a companhia de uma bola de vôlei.

CETO (DEUSA GREGA)

Ceto (ou Keto) é uma Deusa Monstro Marinho que é mãe de outros monstros marinhos. Ela é tipo a Deusa responsável por tudo o que é temível no mar: monstros, tubarões, seja lá o que for! Qualquer mãe pode dizer, brincando, que seus filhos são "criaturas terríveis", mas no caso de Ceto isso era realmente verdade – de um caranguejo gigante esmagador de navios até uma serpente com cem cabeças.

GAṄGĀ (DEUSA INDIANA)

Esta Deusa hindu é a personificação do rio Ganges. Os hindus acreditam que banhar-se no Ganges limpa os pecados e promove o *moksha* – a libertação do ciclo de vida e morte. O rio é o símbolo do ciclo da vida, e as famílias jogam as cinzas dos parentes em suas águas para fazer com que os espíritos deles se aproximem mais do *moksha*.

Milhões de hindus fazem a peregrinação para mergulhar no rio Ganges todos os anos. No hinduísmo, o toque na água é aceito como algo espiritual; acredita-se que a água tem vibrações positivas e a capacidade de transmitir energia.

HINA (DEUSA DO PACÍFICO)

Há versões contraditórias, por todo o Pacífico, sobre a Deusa conhecida como Hina, Sina ou Ina, mas uma coisa é consistente – sua popularidade. Ela representa a energia feminina e em muitas histórias está associada com a lua, o oceano e atividades femininas, como a elaboração de *tapa* (tecido feito com a casca de certas árvores), associa-se também com a cura. Em algumas culturas acredita-se que ela seja a face da lua, atraindo a água.

> ### JOIA DA DEUSA
>
> Muitas Deusas da Água de nossos tempos são autoras, cantoras, artistas plásticas e poetas – elas expressam suas emoções através da arte. Uma das maiores Deusas de nosso tempo que usa suas emoções como arma é Rupi Kaur. Ela escreve sobre o nosso mundo, a feminilidade, o amor e a vida em seus poderosos poemas, que trazem cura e purificação. Conecte-se com uma Deusa que acompanha o fluxo de sua expressão seguindo-a no Instagram, comprando seus livros ou assistindo a uma de suas leituras ao vivo. Sua história vai ressoar com a dela, enquanto as palavras e a emoção dela inundarão você com cura – eu garanto.

MAZU (DEUSA CHINESA)

Mazu, também chamada de Matsu, é uma popular Deusa chinesa e taoista. Padroeira do mar, vela por aqueles que navegam pelo oceano, protegendo viajantes, pescadores e marinheiros em suas jornadas. Mazu é amplamente cultuada na China e em Taiwan, sobretudo em regiões costeiras. Acredita-se que ela tem o talento de prever o tempo, alertando quando não é prudente aventurar-se no mar.

RAN (DEUSA NÓRDICA)

Diz-se que esta Deusa do mar tinha uma rede com a qual tentava capturar homens no mar. Acredita-se que era responsável por orquestrar tempestades e ondas (que seriam suas nove filhas) mortíferas. Ela passava a maior parte da vida recolhendo do fundo do mar objetos valiosos perdidos e então jogando-os em sua rede gigante, que usava como saia. Eis uma Deusa do barulho, atrevida e cheia de ostentação!

SALÁCIA (DEUSA ROMANA)

Algum cara já se insinuou para você dizendo que era treinador de golfinhos? Bom, no caso de Salácia, quando o homem dela, Netuno, se declarou a ela com um golfinho, ela aceitou, tornando-se a Deusa da água salgada. Ela representa a calma, a serenidade e a pureza. Originalmente escondendo-se de Netuno nas profundezas do Oceano Atlântico, ela preservou sua virgindade até que a carruagem dele, de golfinhos e ostras, a convenceu de que ele seria seu amado.

SEDNA (DEUSA INUÍTE)

Conhecida como a mãe do mar, a história de Sedna está ligada à criação. Existem várias versões, mas todas tendem a terminar com ela sendo jogada de um barco. Quando tenta subir novamente a bordo, tem os dedos cortados, e acaba afundando em seu novo lar, o oceano. Os dedos decepados transformam-se nas focas, morsas e baleias que o povo inuíte caça. Os caçadores oram a ela para ajudar na caça, mas as vibrações vingativas que ela espalha significam que as orações têm mais a ver com a diplomacia do que com a devoção. Esposa feliz, vida feliz. Sedna feliz, mar feliz!

> **EXERCÍCIO DE EVOLUÇÃO: ONDA EMOCIONAL**
>
> Uma confissão, meu lugar favorito para chorar é no chuveiro. Seu exercício para ser um Arquétipo da Água é expressar-se sem ter que pedir desculpas, sem sentir necessidade de limpar as lágrimas, de esconder-se por trás de portas fechadas, ou de manter suas crises emocionais restritas ao santuário seguro de seu carro, voltando para casa depois de um dia difícil enquanto escuta Céline Dion.
>
> Seu exercício é permitir que a próxima onda de emoção, não importa qual seja, flua através de você. Não importa onde você esteja, não importa o que sinta. Use suas palavras para contar a história de por que está se sentindo assim, os desafios que está enfrentando e como você gostaria de evoluir a partir da lição que está tendo. Deixe sua emoção ser o motivo de que necessita para expressar a si mesma, e deixe sua sabedoria e sua intuição serem sua expressão.

SEMÍRAMIS (DEUSA ASSÍRIA/DO ORIENTE MÉDIO)

Filha da Deusa dos Peixes Derketo, ficou conhecida como a grande guerreira que conquistou a Etiópia, a Líbia e o Egito. Semíramis também era tida como uma mulher sexualmente voraz, que dormia com seus soldados e depois mandava executá-los, recusando-se a se casar e a abrir mão de seu poder. Diz-se que restabeleceu a antiga Babilônia, inventou o cinto de castidade e incentivou o culto à Deusa.

Com frequência é citada em mitos e textos históricos, mantendo sagrado tudo aquilo que se refere à Deusa chefona desde então.

TIAMAT (DEUSA DO ORIENTE MÉDIO)

Esta Deusa do Oceano, reverenciada por sumérios, assírios, acadianos e babilônios, era tão durona que teve um caso com o deus da água doce e como resultado deu à luz serpentes marinhas e o povo das sereias (dá para imaginar a cara do médico – "é um tritão!").

IEMANJÁ (DEUSA AFRICANA)

Esta Deusa da religião iorubá é maternal, protetora e consoladora. Ela pode curar a infertilidade nas mulheres e representa tudo o que seja feminino: concepção, parto, cuidados maternais, amor e cura. Como muitas mulheres, não se irrita com facilidade, mas se provocada demais pode tornar-se destrutiva e tão violenta como o mar em meio a uma tempestade. Iemanjá é muitas vezes representada como uma sereia, conectada com a lua, o oceano e a criação.

Chaves para Ativar o Poder do Arquétipo da Água

Fluxo, estar receptiva à mudança

Cura, libertadora ou purificadora

Beber da taça da sabedoria, adquirir uma nova compreensão

Limpeza

Desintoxicante

Aumento da percepção

Fluxo de consciência

Amorosa

Ágil

Pacífica

O ESSENCIAL DA EVOLUÇÃO DA ÁGUA

"ELA É UMA SEREIA, MAS APROXIME-SE DELA COM CUIDADO. SUA MENTE NADA EM PROFUNDIDADES NAS QUAIS MUITA GENTE SE AFOGARIA."
– J. IRON WORD

Pessoalmente, eu me identifico muito com Oxum, não só porque ela é uma mulher que sabe amar com todo o seu coração, com bondade e com um temperamento turbulento (ela demora para se irritar, mas quando explode, que deus nos ajude), mas também porque é conhecida como "mãe de todos os órfãos" (algo que a criança abandonada e órfã que vive em mim adora). Não apenas isso, Oxum era a maternal Deusa africana das águas doces. Ela também é conhecida como Laketi, a Deusa que responde; ela é, em essência, a Deusa que se manifesta, que protege os menos afortunados, que garante que aqueles que precisam de amor recebam alimento e água.

Oxum é amor, sensualidade, compaixão. E assim como suas irmãs, as divindades do amor da Grécia e do Egito, Oxum era a versão nigeriana de Diana, Vênus, Afrodite, Ishtar ou Astarte – todas elas Deusas que curam os enfermos e trazem fertilidade e prosperidade aos outros. A proteção de Oxum às águas significa a vida para muitos nigerianos, onde milhões vivem sem acesso à água potável e segura, e milhares morrem.

Nos ensinamentos místicos iorubá, ela é uma feiticeira que dança, flerta e depois se lamenta para seus seguidores, porque ninguém consegue amar com a profundidade pela qual ela anseia; ela sofre pelo mundo, acreditando que a Terra não é tão bela como ela sabe que tem potencial para ser. E para mim, as lágrimas dela são válidas! Este mundo ainda precisa ser muito trabalhado.

Sei que você vai se identificar com a história dela. É uma história muito boa. No princípio do mundo, todas as divindades começaram a conversar sobre como as coisas deveriam ser. A Terra, os seres, a vida. Todos os planos de criação foram postos em ação. Oxum, que, como a maioria das mulheres, não era fã de insultos pessoais, entreouviu um comentário de uma divindade masculina de que ela não era importante e que não poderia contribuir de verdade para aquele "trabalho de homem" (Ah, fala sério!).

Oxum pensou: "Bom, eles vão ver do que sou capaz. Eu sou a Deusa do Amor, e estou fora!". Largando tudo para as outras divindades, e levando consigo seu amor, ela se refugiou na lua para observar os outros trabalhando. Também levou consigo as águas doces que ela rege, e como você sabe, sem água não há vida. Assim, agora os homens não tinham amor e não tinham vida. Não podiam criar nada. A terra estava seca, estéril, vazia.

Quando constatou-se a situação, e os deuses consultaram-se entre si, percebendo que não podiam fazer nada sem ela, Oxum foi chamada de volta. Ela expressou a dor que haviam lhe causado com seus insultos e seu desprezo. Envergonhados, os deuses lhe pediram desculpas. Aprenderam que, se algum dia Oxum partisse de novo, isso colocaria a Terra em uma posição de impotência e muito perigosa. Minha parte favorita da história é quando Oxum aceita o pedido de desculpas, mas diz, com todas as letras e assumindo de forma plena seu comportamento de Deusa: "Não deixem que isso aconteça de novo", indicando para os deuses a lição evolutiva contida no episódio.

Essa história é muito relevante para as Deusas modernas de hoje. As fissuras de nossa sociedade, de onde o amor desapareceu, estão começando a aparecer. Seja a falta de água na Terra. Sejam as crianças sem comida. O abuso de poder. Recursos. Estupro. Pilhagem. Tráfico. Ganância. Por coisas assim é que precisamos pedir a Oxum que volte. Invocar o divino feminino, para que ele se manifeste. Oxum e você são parecidas. Ambas foram insultadas por sua sociedade. Mas vocês duas são poderosas, e podem contribuir para curar este mundo. E assim como acontece com Oxum, isso não pode ser feito sem você. Essa história nos ensina a pedir à sua Deusa Oxum interior que responda. Que retorne a seu lugar no mundo. Que traga de volta o amor e diga ao mundo que não pode deixar isso acontecer de novo.

Arquétipo de Personalidade da Água

VOCÊ É ÁGIL EM SUA ABORDAGEM DO DESPERTAR, O QUE FAZ COM QUE SEJA RESILIENTE E PERSISTENTE. UMA ENERGIA DE DEUSA QUE É DE FATO UMA FORÇA POTENTE E VERDADEIRAMENTE TRANSFORMADORA.

Você é interessante porque flui, mas tem também altos e baixos. Você talvez adote com facilidade a mudança e a transformação. Fluida com a corrente de mudança, você jaz de braços abertos, totalmente submersa em tudo o que esta vida tem para lhe ensinar. Você flui com as marés que fazem a transição. Sua tendência para mergulhar de cabeça significa que sua jornada de autodesenvolvimento pode ser uma questão de afundar ou nadar. Você é ágil em sua abordagem do despertar, o que faz com que seja resiliente e persistente. Uma energia de Deusa que é de fato uma força potente e verdadeiramente transformadora. Caramba!

Suas reações rápidas e respostas imediatas significam que sua vida definitivamente nunca é um tédio. Você busca o movimento, as guinadas fluidas da vida, e fica frustrada quando é tolhida, forçada a conformar-se ou confinada a espaços reduzidos demais para alguém com seu belo tamanho energético. Isso faz com que você seja difícil de acompanhar, o que significa que a pessoa amada e aqueles próximos a você podem ter dificuldade para lidar com as corredeiras furiosas de seu modo de viver. E com os altos e baixos de suas emoções. No entanto, você é revigorante para aqueles que cruzam seu caminho, por sua honestidade agitada e sua forma totalmente direta de viver e de demonstrar suas emoções, o que faz de você uma pessoa pura, mas ainda assim poderosa.

ELEMENTOS ASSOCIADOS

O elemento Água está altamente conectado com os elementos Lua, Ar e Sol. Para o Arquétipo da Água, vale a pena explorar os capítulos desses três elementos, pois cada um deles pode empurrar, puxar, revolver ou até mesmo aquecer a água. As pessoas do Arquétipo da Água são fluidas e facilmente influenciadas pelo empurra e puxa dos elementos associados; não é incomum ver um deus do ar ou do sol em guerra com uma Deusa da Água. É disso que as tempestades evolutivas são feitas. Veja, por exemplo, a Deusa iorubá Oyá, da África e da Amazônia, uma Deusa Mãe sombria, ligada às tempestades; ela traz consigo raios, morte e renascimento. Ela corporifica a chuva, o ar e a fúria – entremeando os diversos elementos para tornar-se uma força! Seja a atração da lua nas marés, ou vendavais à beira-mar ou em mar aberto. Ou como a água se eleva em forma de nuvens com o calor do sol.

Quando a água é influenciada, pode ocorrer uma tremenda revolução de cura ou de destruição. A mudança pode ser repentina quando uma tempestade está se formando. Assim, a lua, o ar e o sol são essenciais para ajudar o elemento Água a seguir em frente, mudar de forma, mover-se e refletir sobre a emoção e a experiência cruas e indomadas que acompanham a jornada evolutiva.

PERSONA DA ÁGUA

Sua abordagem muda com uma atitude fluida. Você, como a água, pode com facilidade ser alterada e transformada. Suas emoções podem rapidamente entrar em ebulição, você pode ferver de raiva, pode ser atingida por um tsunami de sentimentos, e pode muito facilmente transbordar com a percepção de suas experiências evolutivas. Uma de suas lições kármicas é aprender a conter-se. É comum para Arquétipos da Água lutar a favor e contra a segurança. Você anseia por estrutura, mas ao mesmo tempo vai contra ela. Sua experiência evolutiva passará por fluxos e refluxos, como a maré. É vital para você buscar e constantemente absorver nova sabedoria e intuições, para garantir que suas motivações evolutivas não sejam exauridas. Você é incrivelmente expansiva quando focaliza sua energia na transformação. Pode ficar imóvel, como se estivesse congelada, refletindo profundamente e aprendendo depressa a partir de suas lições, da mesma forma como pode dissolver velhas crenças e pensamentos limitantes, desfazendo-se deles.

CHAKRAS DA ÁGUA

Os Chakras do Sacro e da Coroa

Comumente associado à flor de lótus, o chakra da coroa representa a pureza, a renovação e a iluminação. Situado no alto da cabeça, está conectado com nosso cérebro, nosso pensamento e a sabedoria universal e espiritual. Diz-se até mesmo que é afetado pelo tipo de água que consumimos – ele seria bloqueado pelo flúor. O chakra do sacro está localizado em seu umbigo, e está conectado com a criação, a força e a resiliência.

ANIMAIS ESPIRITUAIS DA ÁGUA

Os peixes, o crocodilo e a maioria da vida aquática marinha são considerados os mais antigos do reino animal. Tais animais são sábios ao tomar decisões, muitas vezes com foco e visão muito claros. Eles também têm o ventre bastante macio, o que significa que, ao mesmo tempo que são sábios e focados, são também sensíveis e vulneráveis.

EMOÇÕES DA ÁGUA

Você é rápida ao reagir. Em termos emocionais, é muito influenciada por seu ambiente e por aqueles à sua volta. Ao mesmo tempo que é intensa e mergulha de cabeça em tudo que faz, você também agita as coisas rapidamente, criando ondas ou afastando-se de quem está à sua volta.

MANTRA DA ÁGUA

Eu ouço meu eu superior, e sinto a compreensão como uma força vital dentro de mim. Sou forte e sólida em minhas lições, e fluida e transformativa com a mudança, compreendendo que sou muito influenciável, e é aí que residem minhas lições.

ZODÍACO DA ÁGUA

Os Arquétipos da Água têm atributos similares àqueles exibidos pelos signos de Água do zodíaco, como Câncer, Peixes e Escorpião. Esses signos estelares compartilham uma compreensão profunda quanto aos domínios psíquico e espiritual, alguns sendo severamente contrários à existência destes, outros mergulhando fundo nesses reinos misteriosos. Cada um desses signos aquáticos do zodíaco é instintivo, intuitivo, perspicaz e emocionalmente inteligente. As Deusas da Água de diversas culturas, da Deusa Gaṅgā, da Índia, à Deusa Ran, da mitologia nórdica, à Deusa grega Ceto, demonstram atributos semelhantes a esses signos aquáticos, no sentido de que são sensíveis, compassivas, emotivas, intuitivas e sentem as coisas de maneira profunda. Tão profunda que oscilações de humor são comuns a quase todas as Deusas com influências da água; elas veem e vivenciam as coisas com tamanho significado e clareza que conseguem, por meio da empatia, até limpar e digerir as experiências evolutivas alheias. Por esse motivo, é comum que tanto os signos aquáticos quanto as Deusas da Água apreciem ajudar, orientar, curar ou proteger os outros.

ESTAÇÃO DA ÁGUA

Outono, libertar-se do que é velho, deixar ir.

CRISTAIS DA ÁGUA

Cristais de pureza, de limpeza (com natureza semelhante à da água) e aqueles que ajudam a sustentar a água permanecendo íntegros e coesos; cristais que oferecem uma frequência, como o quartzo transparente, a cianita azul e a azurita. Esses cristais ajudam a limpar as energias negativas e mantêm a sua energia em alinhamento quando você explora suas transformações e mudanças. A aventurina azul também tem ligação com o elemento Água; o cristal agrega raciocínio, amor e comunicação para o caminho do despertar de uma pessoa da água.

AROMATERAPIA DA ÁGUA

Os óleos essenciais que melhor se diluem em água para os Arquétipos da Água são lavanda, eucalipto, camomila e sândalo, para citar apenas alguns. Tais óleos ajudam a acalmar o falatório mental, à medida que você muda velhos hábitos que já não lhe servem. Ajudam também a despertar sua consciência mais elevada, para guiá-la em sua evolução. Também agem para acalmar a energia da água, propensa à sensibilidade e a emoções ampliadas. O elemento Água promove amor, paz, perdão, alívio do estresse, purificação e cura, de modo que é comum que as Deusas da Água não só apreciem como se beneficiem desses óleos essenciais quando difundidos ou vaporizados em seu santuário.

ALIMENTOS DA ÁGUA

Alimentos que purificam e também ajudam a desintoxicar o corpo são os mais adequados. Durante sua transformação, tente ficar longe de alimentos processados e concentre-se em alimentos que equilibram e nutrem. Alimentos com alto efeito *detox* incluem grãos germinados, grama de trigo, pepino, folhas verdes. Água aromatizada com pepino e menta ajuda a limpar seu sistema.

FLORES DA ÁGUA

Flores como violeta e campânula ajudarão você a manter sob controle seu Arquétipo da Água; também são comestíveis, e constituem alimentos que equilibram as energias! Se suas águas dão a sensação de estarem turvas ou agitadas, acrescente essas flores ao espaço onde você descansa ou medita, para ajudar a limpar as energias dos chakras do sacro e da coroa – de modo a tornar mais tranquila a navegação à frente.

LUA DA ÁGUA

A lua cheia. Assim como a dualidade da água inclui altos e baixos, a atração da lua pode fazer com que os Arquétipos da Água passem por altos e baixos extremos no período de lua cheia. Use tais momentos como uma chance para concentrar-se em manter um estado mental calmo e positivo, de modo a vivenciar a energia da lua cheia, que transforma e recarrega. Se deixar que as lições kármicas assumam o controle, pode ser que de repente, durante a lua cheia, você se veja agindo como uma lunática alucinada.

EQUILÍBRIO MASCULINO DA ÁGUA

O elemento Água equilibrado significa equilíbrio emocional. Você não está nem lá em cima, nem lá embaixo, você apenas está. Quando está fora de equilíbrio, com excesso de masculino, você pode parecer irritada, agressiva ou reativa em suas emoções – sejam elas vingativas ou de ciúmes. O contraponto é o excesso de feminino; você pode parecer a vítima, estar em negação ou relutante em confrontar emoções difíceis. Com o risco de ser turbulenta nas reações, na sensibilidade emocional e na resposta a suas experiências, é fundamental manter suas águas tranquilas e controladas. Fique ligada para o caso de sentir uma tempestade de sentimentos, uma onda de emoção, e saiba

DEUSAS (R)EVOLUCIONÁRIAS: LÍDERES INSPIRADORAS

Para mim, mulheres que não têm medo de ser vulneráveis são guerreiras. Corajosas diante do conformismo. Mulheres que deixam as lágrimas correrem pela face e que, quando inundadas por suas emoções, não se apressam para contê-las. A *Harvard Business Review* concluiu, em um artigo sobre gestão, que os bons líderes demonstram suas emoções.[1] O autor, Doug Sundheim, diz: "As emoções são críticas em tudo o que um líder deve fazer: construir confiança, fortalecer relações, estabelecer uma visão, focar a energia, colocar as pessoas em ação, negociar, tomar decisões difíceis e aprender com os erros. Sem emoção genuína, essas coisas sempre fracassam e não seguem adiante. A emoção é necessária na linha de frente para orientar as prioridades. É necessária na retaguarda para motivar e inspirar".

Assim, este não é um tributo a uma Deusa proativa específica, que deixou suas emoções regerem sua visão e com isso inspirou muita gente. É um tributo a muitas líderes emocionalmente poderosas, com um resumo das Deusas que pessoalmente acho inspiradoras, e que também podem inspirar você em sua jornada.

- Frida Kahlo, a grande expressionista, uma artista que se orgulhava de sempre evoluir diante dos desafios, tanto de saúde quanto do amor. Ela era sua própria inspiração, sua própria musa, sempre tentando melhorar. Suas emoções eram expressão e individualismo.
- Cleópatra, rainha do Antigo Egito, cuja sabedoria e visão rejuvenesceram a economia do país. O modo como liderou e amou ficou marcado na história, em especial por seus casos amorosos com Júlio César e Marco Antônio. Suas emoções eram o servir e o amor.
- A Rani de Jhansi, conhecida como a Joana d'Arc indiana, era rainha do estado de Jhansi e tornou-se a guerreira líder nos primeiros confrontos diretos na guerra da Índia para se tornar independente da Grã-Bretanha. Suas emoções eram coragem e proteção.
- Joana d'Arc, a garota de aldeia que se transformou em heroína e santa francesa, e que, com fé e coragem, rebelou-se e conduziu as tropas para derrotarem os ingleses. Mais tarde foi queimada na fogueira, mas ficou imortalizada em nosso coração. Suas emoções eram fé e libertação.
- Virginia Woolf, escritora inglesa que mudou o modo como consumimos a literatura ao escrever usando o fluxo de consciência, que deu uma nova dimensão à narrativa. Seus ensaios e romances abordavam alguns dos problemas mais prementes do mundo à época, da política à discriminação contra a mulher. Suas emoções eram honestidade e educação.
- Marie Curie, a física e química pioneira na pesquisa sobre a radioatividade, que hoje cura milhões de pacientes de câncer no mundo todo. Foi a primeira mulher a receber um Prêmio Nobel, e a única mulher a ganhá-lo duas vezes. Suas emoções eram curiosidade e abnegação.

E, claro, esta lista poderia continuar e ocupar o livro todo, se me deixassem! Madre Teresa, princesa Diana, Jane Goodall, Oprah Winfrey, Arianna Huffington, Sheryl Sandberg, Mirabai, Jane Austen, Florence Nightingale, Helen Keller, Coco Chanel, Katharine Hepburn, Rosa Parks, Indira Gandhi, Billie Holiday, Malala Yousafzai, Maya Angelou, Anne Frank, J. K. Rowling, e tantas mais. Todas essas mulheres descreveram o processo evolutivo da Deusa: transformação, autodescoberta, abnegação, servir ao próximo. Elas superam desafios; erguem a voz contra injustiças, seja na saúde, no ambiente, nos negócios, na cultura ou na sociedade. Por meio da escrita, da espada, do apoio ou da fala – todas se fizeram presentes. Vale a pena nos conscientizarmos das mulheres que ajudaram a moldar nosso mundo e a mudá-lo, com suas emoções à frente. Por quê? Porque elas não tiveram medo de se importar.

quando dar um tempo a si para trabalhar tais aspectos, a fim de não correr o risco de descontar nos outros. São impulsos emocionais masculinos ou femininos? Tome nota.

No caso da energia feminina neste elemento, há também o risco de que fique estagnada, fazendo com que você se contamine com emoções não depuradas, que permanecem empoçadas dentro de si enquanto vão se deteriorando. Deixe que tais emoções fluam através de você. Expressar e libertar tais emoções de modo adequado e consciente é essencial para manter o equilíbrio ao longo de suas experiências evolutivas. Às vezes é mais fácil falar do que fazer, portanto pegue leve consigo mesma. Em certas ocasiões, seus sentimentos simplesmente fluirão para fora. Assim é a vida!

ÁGUA RETRÓGRADA

Quando a água está em estado retrógrado, você vai sentir como se nadasse contra a corrente. Como se estivesse sendo puxada da praia para o mar aberto. Você pode se sentir fora de seu elemento, experimentar uma sensação de estar se afogando ou de impotência. Pode sentir-se presa, como se tivesse sido pega em uma espiral descendente, tipo aquela da Deusa Ix Chel, a divindade maia de natureza destrutiva. Todas as Deusas da Água têm em seu poder um elemento de cura e destrutivo; é importante garantir que tais energias estejam em equilíbrio, de modo que os atributos negativos da água não consumam você.

Do ponto de vista evolutivo, você pode estar travada, ancorada e impedida de fluir para a frente. Pergunte a si mesma: "Que posso aprender aqui? Como posso crescer?". As ondas emocionais da água podem fazer você se sentir bem em um momento, e uma vítima, enjoada e sem equilíbrio, no minuto seguinte. Este é um sinal de que você está sendo puxada para baixo por coisas que precisa resolver, digerir ou deixar para trás. Para conseguir flutuar, você precisa libertar-se do que prende você lá embaixo e desapegar de tudo. O segredo é não se permitir ficar imobilizada em seu progresso evolutivo. Dissolva pensamentos e crenças limitantes, lave a alma e recomece.

Fases da Vida da Água

Compreendendo que mudanças e guinadas podem acontecer de repente para os Arquétipos da Água, não é incomum que tenham surtos súbitos de autodesenvolvimento e progresso evolutivo. Podem pular de uma fase de vida à outra, dependendo de seu humor e de suas emoções, tendo às vezes a sabedoria e a percepção de uma Anciã, às vezes a ferocidade e os ataques de rebeldia de uma Donzela cuja criança interior é movida pelo ego. As pessoas desses arquétipos são fluidas, e nunca se encaixam de verdade em qualquer fase.

DONZELA DA ÁGUA

Como a Deusa Donzela Perséfone, a Donzela da Água simboliza a vulnerabilidade, a criança que existe em todas nós. Uma Donzela da Água é jovem em sua capacidade de libertar sua emoção, com frequência deixando-se dominar pelos sentimentos. Tem a perspicácia e a intuição de alguém mais velha, e isso torna difícil para ela racionalizar o porquê de sentir ou ver coisas que ainda não vivenciou. Como Perséfone, uma Donzela da Água está ávida para explorar e ter experiências, e não teme aventurar-se nos reinos mais sombrios e explorar as profundezas de seu subconsciente.

A jornada de uma Donzela da Água é de uma cura profunda. Na superfície, ela pode parecer árida e até desolada, mas por baixo revelam-se o autoconhecimento e a emoção sempre em movimento. Assim como a Deusa Perséfone, ela não tem medo de encarar seus monstros interiores. Isso faz com que a fase de Donzela da Água seja não apenas transformadora, mas turbulenta, uma fase poderosa de rompimento de maus hábitos e de ciclos destrutivos.

MÃE DA ÁGUA

Uma Mãe da Água engloba tudo que tem a ver com criação, destruição, fertilidade e natureza. Ela é vida. Dentro dessa fase vêm a responsabilidade da proteção, a visão e o conhecimento. Tudo que diga respeito à forma feminina; os sentimentos que uma Mãe da Água experimenta tornam-se férteis, maduros e são colhidos. Como a Deusa Iemanjá, você se torna criativa. Seja na vida, com os filhos, na arte ou na jardinagem. Você herda a vocação para o útero primitivo, para parir novos projetos e oportunidades, dádivas oferecidas por suas visões e por uma intuição que evolui sem cessar. Você vai nutrir qualquer coisa que toque, compartilhando o poder da Deusa Iemanjá de tornar fértil tudo o que toca, de reconfortar e curar aqueles que sofrem, de amar e cultivar o mundo a seu redor. Você trata todas as experiências e todas as emoções que surgem como se fosse a maternidade. Como uma chance de aconchegar a si a vida e as lições.

ANCIÃ DA ÁGUA

A Anciã da Água é dona de seus próprios sentimentos, sem ter que dar satisfação a ninguém, lidando com eles à medida que surgem e se vão dentro de si. Ela consegue prever suas tempestades interiores, com base nas experiências e inteligência emocionais. Como a Deusa da Água Kuan Yin, você desenvolveu, por meio da evolução, uma profunda compreensão quanto à misericórdia, compaixão e empatia. Você é forte em sua capacidade de perdoar aqueles que são menos evoluídos em termos de experiências e emoções. Você compreende que com tudo e todos surgem grandes oportunidades de cura. Seu coração se expandiu tanto quanto sua percepção, como o oceano amplo e vasto. Para as pessoas, sua capacidade de curar os demais é parecida com a magia de Kuan Yin – perspicaz, intuitiva e instintiva –, que surge com a idade e a experiência.

MODALIDADES DA ÁGUA

"TODO MUNDO DIZ QUE AS MULHERES SÃO COMO A ÁGUA. PENSO QUE É PORQUE A ÁGUA É A FONTE DA VIDA E SE ADAPTA AO AMBIENTE. ASSIM COMO AS MULHERES, A ÁGUA DÁ DE SI MESMA EM TODO LUGAR AONDE VAI PARA NUTRIR A VIDA."
– XINRAN

Rituais da Água

BANHO: Mergulhar sua alma e seu corpo em água, sobretudo em água salgada, é essencial para sentir-se em equilíbrio e imersa na energia da água. Acrescentar elementos essenciais da Deusa, como pétalas, água de rosas, sais de Epsom e óleos essenciais acalmarão suas águas interiores. Explore os óleos que têm a ver com sua energia (consulte a lista de óleos essenciais na seção do Elemento Ar). Este ritual limpa, purifica e desintoxica.

ÁGUA DE ROSAS: Acrescentar um pouco de água de rosas a um vaporizador facial ajudará a cuidar de sua pele ao longo do dia. Além do mais, é algo divino! A rosa refresca, e mantém a pele macia e flexível. Use água alcalinizada ou filtrada, acrescente a água de rosas e então adicione um quartzo-rosa e uma ametista, e você terá um tratamento facial "faça você mesma" portátil! Esses dois cristais favorecem o amor-próprio, reduzem a inflamação, regeneram as células epiteliais e curam a pele.

OIL PULLING:* Sim, abandone o enxaguante bucal e substitua-o por óleo de gergelim ou de coco. Faça 20 minutos de bochecho, movendo-o por toda a boca, e a seguir cuspa em uma lata de lixo, não na pia, para evitar entupimentos. Acredita-se que as bactérias prendem-se à gordura do óleo, removendo

---

* Prática de medicina alternativa que consiste em bochechos prolongados com óleo vegetal, que "sugaria" patógenos e toxinas presentes na boca. [N.T.]

JOIA DA DEUSA

Preciso que você canalize sua Erin Brockovich interior e faça uma investigação CSI H_2O, minha irmã de alma. Procure saber o que pode estar sendo adicionado ao abastecimento de água do local onde vive; em geral é possível verificar isso buscando na internet a estação de tratamento de água de sua cidade. Embora seja tentador comprar água engarrafada, em termos de embalagens plásticas seria como você virar uma líder de torcida pelo aquecimento global, vamos lá queimar o mundo. Nunca curti aquelas tartarugas marinhas verdes, mesmo...

Não se preocupe, não vou lhe entregar uma pá e começar uma campanha cave seu próprio poço! Várias inovações e uma mudança de mentalidade estão levando ao surgimento de mais soluções de água alcalinizada, o que significa que existe uma longa lista de opções, as quais atendem ao estilo de vida de cada Deusa. De qualquer modo, as águas engarrafadas minerais tendem a ser alcalinas. Águas engarrafadas não minerais dificilmente o são. A adição de sais minerais à água de torneira comum pode deixá-la mais alcalina.

Em vez de comprar água engarrafada ou de suplementá-la com minerais, você pode comprar um ionizador de água, que cria água alcalina por meio do processo de ionização. Existem ainda ótimos sistemas de filtragem que você pode utilizar. Gosto de ter em minha garrafa de água um GoPure-Pod – uma cápsula que simplesmente fica dentro da garrafa e ajuda a repor os minerais removidos da água, e também a remover substâncias indesejáveis que possam ter sido adicionadas! Também gosto de acrescentar gotas de mineral naturalmente concentrado à água que eu talvez não possa filtrar, só para ter certeza de que meu corpo vai receber a água alcalinizada que merece. Água equilibrada – feito! Eu equilibrada – feito!

Comentário à parte, eu curto demais água com gás, ela faz cócegas em meu chakra da garganta e é uma delícia. Só que ao realizar uma pesquisa sobre a hidratação, descobri algo sério – o gás adicionado à água muda o pH, tornando-a mais ácida. Continua sendo melhor do que o lado escuro, isto é, os refrigerantes de cola, mas nada de exagero, certo? Saúde!

---

as bactérias responsáveis pelo mau hálito; além disso, o óleo deixa as gengivas saudáveis. Uma boca saudável promove o bem-estar como um todo.

LEITE CRU: Limpe a pele com uma compressa de algodão embebida em leite cru ou integral ou, melhor ainda, faça como Cleópatra e banhe-se com ele. Diz-se que o leite cru é bom para a pele inflamada, ajudando a refrescar e acalmar. Se você é vegana, o leite de coco tem as mesmas propriedades.

Alcalinize seu Corpo

Um dos modos mais rápidos, fáceis e diretos de permanecer em sintonia com sua alma é tomar muita água – cerca de seis a oito copos todos os dias é a quantidade amplamente aceita – para ajudar a limpar seu sistema e expelir as toxinas. Em praticamente todos os textos espirituais a água é citada como a pura essência da limpeza, da purificação e da lucidez, não apenas por meio do consumo, ou de rituais como o batismo, mas também como um meio de transporte por intermédio da adversidade, para praias mais serenas, através de oceanos e tempestades.

Meditação da Clareza

Pense em sua consciência como uma esponja que absorve água. Agora, vamos imaginar que a água está contaminada, suja ou estagnada – você gostaria de absorvê-la? Pense no mundo a seu redor como sendo um oceano; tenha como meta mantê-lo limpo, puro, fluindo e faiscante. Seu "oceano" é formado por seus amigos, seu trabalho, seu estilo de vida, sua atitude e tudo o que você come, diz e faz. Será que você precisa espremer sua esponja, limpar o ambiente energético ao seu redor e começar a absorver águas mais limpas? Medite sobre suas águas, percebendo a limpeza e a depuração, o fluxo e o refluxo das marés.

Depuração e Limpeza

Esta é uma ferramenta de limpeza e desapego que pode ajudá-la a remover todas as vibrações ruins inúteis! Originária da cultura havaiana e praticada pelo *kahuna* (o xamã ou um líder) eis um exercício transformativo e de cura profunda chamado *ho'oponopono*. A teoria por trás do *ho'oponopono* é que, quando perdoamos os outros, estamos nos liberando de todo apego, culpa ou arrependimento. Acredita-se que em nossa mente inconsciente carregamos todas as pessoas importantes de outros relacionamentos. Em essência, este exercício vai ajudar você a limpar sua mente, como um detox para seu eu inconsciente.

Encontre um local tranquilo e pronuncie em voz alta esta ferramenta de limpeza, que age para trazer o estado de seu ser de volta ao estado original, ao zero. De certa maneira, você estará expelindo e depurando memórias, desta vida ou de vidas anteriores, que podem estar se impondo a seu subconsciente e limitando a evolução, tanto do corpo quanto da mente. É crucial entender que nosso corpo e nosso ambiente não são o problema no caso das doenças físicas e mentais, mas o efeito e a consequência de memórias que se repetem no subconsciente e das quais precisamos nos liberar e nos limpar.

CONTEMPLAÇÕES DA DEUSA

Este capítulo não foi suficiente para você matar sua sede de conhecimento sobre o Arquétipo da Água? Mergulhe sua alma nas páginas dos capítulos dos elementos complementares. Lembre-se de que tais elementos têm uma grande influência em sua jornada evolutiva: Ar, Sol e Lua. Você vai encontrar pistas conscientes dentro desses elementos, que parecem querer forçar você a mudar e crescer ao longo desta vida.

Leia em voz alta: "Eu sinto muito, Me perdoe, Eu te amo, Sou grato(a). Divino criador, pai, mãe, filho – todos em um. Se eu [seu nome] tiver prejudicado ou ofendido a mim mesmo, minha família, os meus parentes e antepassados em pensamentos, palavras, fatos ou ações, desde o início de nossa criação até o presente, nós pedimos o Seu perdão. Que este processo limpe, purifique e deixe ir todas as memórias, energias, emoções e bloqueios negativos, e transmute as vibrações indesejadas em pura Luz. E assim é. Gratidão. Gratidão. Gratidão".[1]

Utilize as Energias da Deusa da Água

Passe algum tempo em companhia da água. Bom, para algumas pessoas, que não têm tempo, isso pode parecer uma tortura, mas vá por mim. Fique sentada durante uma hora perto da água. Você pode meditar junto a ela, ou simplesmente observá-la. Fique hipnotizada por seu fluxo. Note como ela nunca tem pressa, mas ainda assim se move e chega a seu destino. Perceba sua agilidade, como ela desvia, flutua e muda de forma. Incorpore a água. Seja a água. Você pode fazer isso sentando-se em uma praia, ou observando um rio ou córrego, ou simplesmente olhando a água que sai da torneira enquanto você enche a banheira ou do chuveiro enquanto toma banho pela manhã.

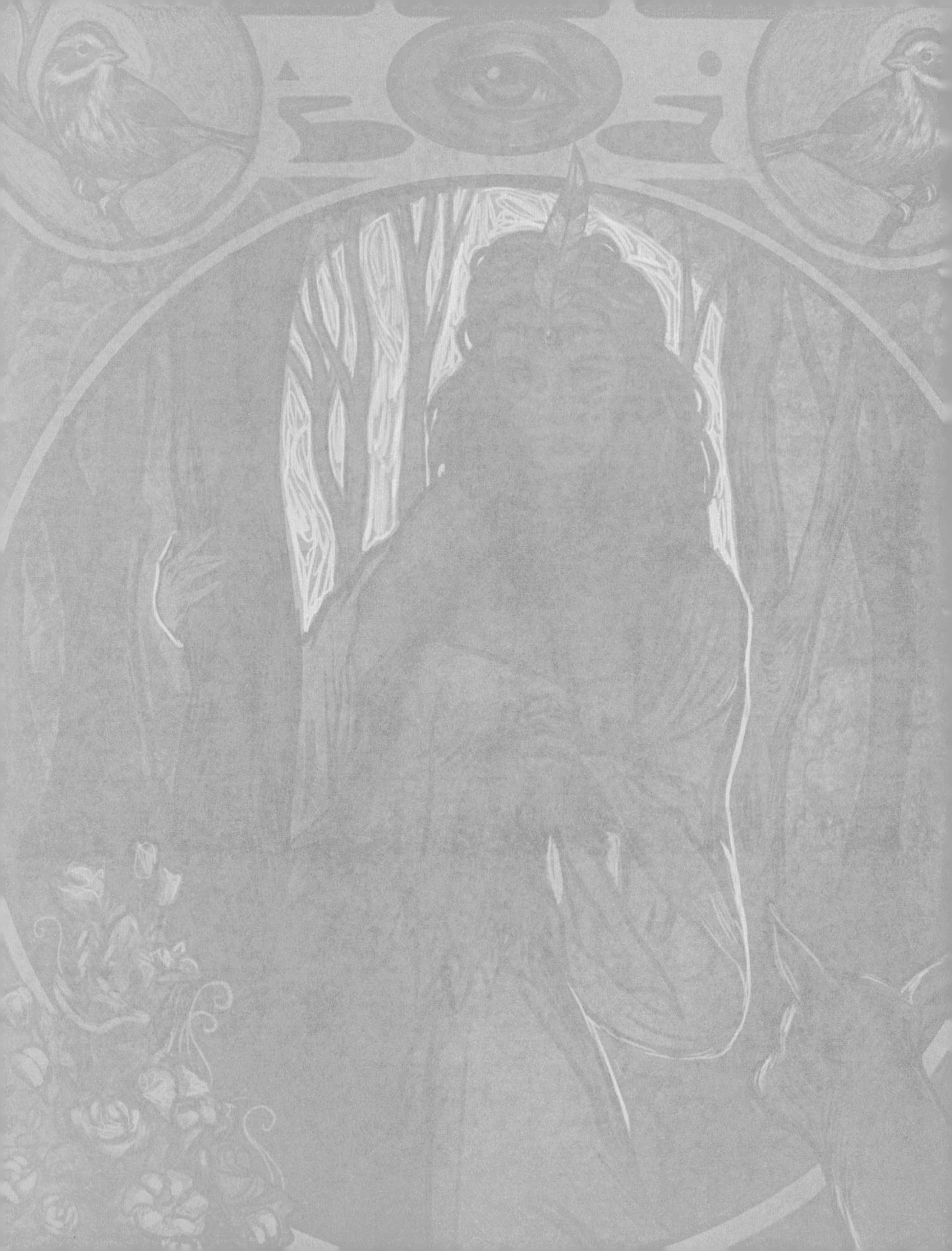

PARTE IV
DEUSA DA TERRA

TERRA: MITOLOGIA + PODERES

"A MULHER E A TERRA SÃO INSEPARÁVEIS: O DESTINO DE UMA É O DESTINO DA OUTRA."
– MYSTIC MAMMA

Honrar a Terra e considerar o mundo natural como seu principal professor são aspectos que têm sido relacionados aos estilos de vida de várias Deusas. Dos pagãos aos nativos norte-americanos, *vikings*, hindus e bruxas, as crenças de muitas religiões estavam centradas no mundo natural. O Arquétipo da Terra possui poder decorrente da sabedoria e do conhecimento, a força proveniente do crescimento, e confere uma prosperidade frutífera à medida que você faz a colheita de suas lições e aprendizados.

O elemento e a energia da Terra trazem estabilidade, fertilidade, base e consciência a seu corpo. A terra é uma fonte de energia presente no coração de todas as coisas e abrange todos os elementos. Como você, a terra é o útero, a energia de onde tudo brota e floresce. Venere sua fertilidade, sua capacidade de ser a mãe de tudo.

Respeite o fato de que essa energia é silenciosa, e por vezes pesada. É um momento de prender-se ao chão, de centrar-se, ficar forte, enraizar e rejuvenescer, um momento valioso para aprender, expandir e refletir. A terra respira vida durante a lua cheia, dando origem a uma tremenda atividade. Este é um período poderoso para você que é do Arquétipo da Terra meditar profundamente sobre as lições e compreender o crescimento que teve no ciclo anterior. Deixe-se ficar em paz na escuridão, no mistério do aprender. Encontre seu norte verdadeiro nesse momento, e passe a plantar as sementes que colherá no novo ciclo. Enterre todas as coisas cujos ensinamentos transformadores não mais lhe servem, para que possam germinar novos começos.

Este elemento e sua energia da Deusa estão em todas as coisas, de cavernas a áreas silvestres, jardins, fazendas, cozinhas, viveiros de mudas e florestas.

Use esses espaços da terra para ajudar a explorar seu poder. Sinta o cheiro doce das flores. Veja a nova vida em meio aos velhos ciclos em decomposição. Caminhe pela natureza com o pulsar de seu chakra da raiz, enraizando sua energia da Deusa com sua verdade. Receba conhecimento em seus aprendizados. Ele virá graças à sua capacidade de refletir e de recarregar-se durante esse período. Pense em como as minhocas penetram fundo no solo, a vaca pasta nas exuberantes pastagens verdes ou a formiga trabalha debaixo da terra. Este é seu momento de enterrar os dedos do pé na Mãe Natureza, e de sentir-se segura ao entrar de cabeça nas lições e na energia reconfortante dela. É um momento que para algumas pessoas poderia dar a sensação de escuridão, mas você sabe se tratar de um crescimento maternal que tudo acolhe, e o solo do qual brota a nova vida, uma nova fase de energia.

Você é profundamente perceptiva. Tem a habilidade de ler energias e de observar aspectos das pessoas que muita gente não perceberia, e com isso você talvez seja muito observadora e cautelosa quanto aos demais, mais do que a maioria das pessoas. Confie nisso. Você é incrivelmente lógica em muitas de suas abordagens do autodesenvolvimento, e vai passar muito tempo digerindo cada elemento de uma lição de vida. Essa atenção ao detalhe será bastante útil, mas certifique-se de não ficar presa demais a ela. Suas vísceras falam com você. Você sente nas entranhas as alterações evolutivas. Borboletas no estômago vão guiá-la até oportunidades empolgantes. Uma dor ou uma pontada no estômago vão alertá-la para qualquer passo errado que possa dar como um Arquétipo da Terra. Você vai literalmente passar mal do estômago. Você é sensível ao extremo e está sintonizada com os passos que dá enquanto na terra.

Suas Raízes Profundas

Você sabia que no folclore japonês acredita-se que os *kodama* (espíritos) habitam as árvores, de maneira semelhante às dríades da mitologia grega? Cortar uma árvore onde vive um *kodama* traz má sorte por toda a eternidade (em minha opinião, cortar qualquer árvore provavelmente traz um péssimo karma). Em tempos antigos, acreditava-se que os *kodama* eram *kami*, divindades da natureza, que moravam na floresta. Como as Deusas da Terra!

Enquanto eu escrevia este capítulo, meu companheiro resolveu arregaçar as mangas e fazer um pouco de jardinagem. Quando decidi dar uma pausa, saí de casa e vi que ele tinha cortado uma enorme árvore de iuca. Fiquei furiosa como uma fada em *FernGully*! Senti uma tremenda onda de emoções, lamentando a morte da árvore. Meu

DEUSA (R)EVOLUCIONÁRIA: JANE GOODALL

No que diz respeito às Deusas da Terra de nosso tempo, a Dra. Jane Goodall realmente é a rainha do meio ambiente e do reino animal. Seu trabalho como primatóloga, etóloga, antropóloga e Mensageira da Paz das Nações Unidas ajudou a guiar milhares de pessoas, no mundo todo, quanto à maneira como contribuem para a natureza. Ela ensinou: "Somente se entendermos, nós nos importaremos. Somente se nos importarmos, ajudaremos. Somente se ajudarmos, tudo será salvo". Seu trabalho sempre esteve voltado para aqueles que não podem falar por si mesmos. Isso é algo a que nós, Deusas, devemos prestar homenagem.

Goodall tem sido uma líder em discussões sobre conservação, educando o mundo não apenas quanto a problemas do meio ambiente e do mundo natural, mas também na arte do diálogo quanto a mudanças. Minha citação favorita dela tem a ver com você e com sua jornada evolutiva: "Você pode não acreditar na evolução, e está tudo bem. O modo como nós, humanos, nos tornamos o que somos é muito menos importante do que o modo como devemos agir agora para sair dessa encrenca em que nos metemos". Sendo uma Deusa da Terra, para evoluir você deve contribuir, e cada pequena ação conta.[1]

companheiro cresceu em uma fazenda, de modo que, mesmo tendo uma enorme sintonia com a natureza, ele também se sente à vontade talhando, cortando e matando para sustentar uma propriedade. Não me considero o tipo de garota totalmente vou-me-acorrentar-a-esta-árvore-ou-então-que-Gaia-me-ajude, mas naquele dia lamentei a perda. Aquilo me levou a pesquisar sobre espíritos e árvores, e descobri que a história dos *kodama* fazia sentido.

Assim, se alguma vez você sentiu uma presença nas árvores, um sussurro na floresta, ou um grito de uma árvore caída, você vai se identificar. Meu pobre namorado ficou chocado ao ver como aquilo havia abalado meus chakras, e disse, de um jeito prático, bem de homem: "Ela vai ficar bem. Depois vou replantá-la em algum outro lugar. Não vou cortá-la em pedaços, querida". E eu respondi com um tom cortante e impertinente: "Você gostaria que eu cortasse sua perna fora?".

Toda essa história da árvore me fez perceber que eu tinha muito mais de Deusa da Terra do que originalmente achara. Sempre me sinto em paz quando estou cercada pela natureza, seja sob um grande carvalho, deitada na grama, ou mesmo com um maço de flores novas para perfumar o ar do meu santuário. Ralph Waldo Emerson escreveu: "Nas flores, a terra sorri". E eu teria que concordar!

Você, Deusa da Terra, está profundamente enraizada na Ancestral. Você sente e sofre quando a terra e a sua própria natureza não são respeitadas. É uma energia de profundo aterramento. Seu poder vem da Mãe Natureza, suas flores, ervas, animais e seres.

Mitologia da Terra

COMO MULHERES, TODAS TEMOS UMA UNIÃO MATERNAL ESPECIAL COM A MÃE TERRA, PORQUE COMPARTILHAMOS SUA CAPACIDADE DE CONCEBER, CRIAR E DAR À LUZ NOVAS VIDAS. PODERÍAMOS DIZER QUE SOMOS RAMOS DE SUA ÁRVORE FAMILIAR.

Dos ciclos das estações à celebração das colheitas, a Mãe Terra é, para muitos, a fonte de criação, a fonte de vida. Como mulheres, todas temos uma união maternal especial com a Mãe Terra, porque compartilhamos sua capacidade de conceber, criar e dar à luz novas vidas. Poderíamos dizer que somos ramos de sua árvore familiar, de modo que não é surpresa que as histórias sobre as Deusas da Terra sejam essencialmente fábulas femininas.

Independentemente da cultura ou do período da história, os temas na mitologia e os símbolos em nossas histórias, todos entrelaçam os elementos da terra. A Terra sempre foi a referência como mãe maternal, o polo da criação, a fonte do conhecimento e a nutrição da vida – da Árvore da Vida aos frutos da Mãe Natureza. Seus animais representam as qualidades e comportamentos humanos à medida que evoluímos e crescemos como pessoas. Os tons de verde simbolizam o crescimento, a fertilidade, a morte e o renascimento. O ciclo de vida, estações e dualidade é narrado nas histórias de transformação entre deuses e Deusas.

Nós, seres humanos, temos infinitas questões sobre a Terra: Como começou? Por que as coisas existem? Por que estamos aqui na Terra? A mitologia tem sido uma fonte para a exploração, ideias e compreensão de nossa Grande Casa, e para descobrir um significado durante nossa jornada aqui.

ANU (DEUSA CELTA/IRLANDESA)

Esta é uma senhora bem mística! Deusa de todas as coisas relativas à manifestação, magia, lua, ar, fertilidade e abundância, ela tem ligação com Danu, e acreditava-se que repousava nos montes Paps de Anu, colinas com o formato de dois seios que constituíam um lembrete de que a Terra era seu corpo maternal. (Um comentário: toda vez que vejo uma montanha, penso: "O outro seio de Anu!".

ASASE YAA (DEUSA AFRICANA)

Cultuada pela tribo Akan, da África Ocidental, como a Mãe Terra, é a divindade da fertilidade, plantando as sementes da verdade. Quando seu povo quer provar que é digno de confiança, eles beijam o solo para que a Mãe Terra ajude seus lábios a proferirem sua verdade.

AUTUMNUS (DEUSA ROMANA)

Esta é fácil de lembrar. É a Deusa do outono e representa tudo o que frutifica na natureza, como lavouras, colheitas e o uso de solos férteis. Ótima Deusa a quem recorrer quando você planta as sementes de um negócio.

BHŪMI (DEUSA HINDU)

Conhecida por muitos nomes, é considerada como a Mãe Terra. Compartilha muitas características com a Deusa indo-europeia Gaia. Com frequência é representada com quatro braços, para mostrar as quatro direções, e ostentando uma abundância de joias e adornos, para demonstrar sua condição de rainha do céu. Tem muitos nomes – Bhūmi, Bhudevi, or Bhuma Devi – bem como os epítetos Dhra, Dharti e Dhrithri, que significam "aquela que tudo segura".

CERES (DEUSA ROMANA)

Conhecida como Deusa das Colheitas de Grãos, ela representa a agricultura, a fertilidade, as lavouras, as colheitas e as relações maternais, e está conectada com tudo que tem a ver com a terra e o alimento. Com frequência é relacionada a rituais secretos realizados por mulheres que planejam armazenar e preparar plantas para a alimentação, e manter as plantas saudáveis a fim de alimentar a família e os entes queridos.

CHICOMECOATL (DEUSA ASTECA)

Conhecida como a Deusa da Alimentação, também tem a ver com tudo que se relaciona com o milho. Ela é representada com tinta vermelha, e como muitas divindades astecas era cultuada com sacrifícios humanos. É, pense nisso cada vez que ficar com um grão de milho preso na garganta ou nos dentes! A cada mês de setembro, uma donzela era vestida como a Deusa, sacrificada e o sangue era usado para ungir a estátua de Chicomecoatl, para dar-lhe vida.

COATLICUE (DEUSA ASTECA)

A Deusa da Terra asteca e mãe dos deuses era quem compunha a vida desse povo, sendo a criadora e a destruidora; ela até mesmo deu à luz a lua e as estrelas. Recebe muitos nomes, Teteoinnan (mãe), Toci (avó) e Mulher Serpente. As serpentes são um símbolo de fertilidade e nascimento.

MÃE DO MILHO (DEUSA DOS NATIVOS NORTE-AMERICANOS)

Esta Deusa também tem a ver com o milho. No entanto, ela traz abundância e cura à terra. Em algumas histórias, a Mãe do Milho era acusada de feitiçaria por produzir grãos de milho esfregando seu corpo. Antes de ser morta, ela deu instruções sobre como mover e plantar seu corpo para fazer cultivos, e no lugar em que foi enterrada nasceu milho. É também conhecida como Selu ou Santa Clara.

CIBELE (DEUSA GREGA/TURCA)

Cibele, a Deusa Mãe da Anatólia, era também um símbolo de prosperidade. Os gregos acreditavam que ela viajava em uma carruagem puxada por leões, acompanhada por um grupo de seguidores furiosos, desregrados e festivos, que tocavam músicas doidas e consumiam vinho. Ela rapidamente ganhou a reputação de Deusa estrangeira, exótica e misteriosa. Na mitologia grega, era equiparada à Gaia, Deusa Terra, e à Deméter, Deusa da Colheita, sendo associada com as montanhas, animais selvagens e fertilidade. Consigo ver uma ligação com a parte dos "animais selvagens" por meio do lado animal de seus companheiros!

DANU (DEUSA IRLANDESA/CELTA)

Na mitologia irlandesa, Danu é cultuada por ser a mãe de tudo que tem ligação com a terra, os deuses, a fertilidade, a sabedoria e o vento. Acredita-se que o povo das fadas, com habilidades mágicas, sejam seus descendentes.

DEMÉTER (DEUSA GREGA)

Todos nós podemos homenagear esta que é essencialmente a Deusa de tudo o que se refere a bolos e rosquinhas, e outras coisas gostosas! Deméter era a Deusa da Colheita dos grãos, e era conhecida como a Deusa dos Padeiros. O festival dela inclui coisas que vão desde o jejum até os banquetes. Para mim, a frase que diz que "um *cupcake* é só um bolinho que acreditou em magia" devia ser atribuída a ela.

DURGA (DEUSA HINDU)

Garota, imagina tudo o que você poderia realizar se tivesse oito braços para fazer malabarismo com as tarefas diárias. Vamos colocar desta forma, Durga, a superdeusa Mãe

Terra, monta um leão, derrota demônios dos quais até os deuses se escondem e, de maneira geral, resolve tudo o que tem para ser resolvido. Ela é cultuada principalmente no leste da Índia, durante a estação das colheitas. Pessoalmente, é uma de minhas Deusas favoritas, à qual recorro quando preciso de apoio.

FJÖRGYN (DEUSA NÓRDICA)

Este par gigante nórdico é tanto feminino (Fjörgyn) quanto masculino (Fjörgynn). Acreditava-se que Fjörgyn era a mulher de Odin (o rei dos deuses), mãe de Thor e da Deusa Frigg. Fjörgyn significa "Terra" – ela era conhecida como uma Deusa Terra. Pode-se argumentar que a mãe de Thor poderia ser Jord, mas é interessante que a tradução desse nome também seja "Terra". Assim, de qualquer modo, podemos dizer com segurança que Thor foi produto de uma Deusa Terra.

GAIA (DEUSA GREGA)

Basicamente a chefe espiritual da Terra. Gaia é a mãe ancestral de toda a vida, a Deusa Mãe Terra essencial. Ela dá à luz o céu e o mar, e nasceu na aurora da criação – é a mãe de tudo. E devemos admitir, essa Deusa tem uma reputação global esplendorosa. Capitão Planeta, ela é nossa heroína...

HUICHI (DEUSA JAPONESA)

Esta Deusa é uma bola de fogo de energia. Os agricultores a cultuam, oferecendo-lhe fogo para que ela lhes conceda a energia para atravessar a época da colheita, e em troca abastecendo o trabalho e a energia deles.

LAKA (DEUSA HAVAIANA)

Esta Deusa em geral é relacionada a tudo que se refere à fertilidade e reprodução, ou seja, vida. Acredita-se que inventou a dança hula – movimentos bem conhecidos que rendem um tributo aos elementos naturais e à Mãe Natureza. Qualquer Deusa com movimentos como aqueles merece ser mencionada na evolução da dança.

NU GUA (DEUSA CHINESA)

Na mitologia chinesa, considera-se que foi o primeiro ser humano na Terra. Com cabeça humana e corpo de serpente ou de peixe, ela era a faz-tudo da Terra, renovando os céus, estabelecendo o casamento, formando casais e até construindo um palácio para os espíritos. Na minha opinião, ela dava jornada dupla como arquiteta e como cupido, e fazia um bico como Deusa.

POMONA (DEUSA ROMANA)

Deusa de tudo que frutifica, ela protegia pomares e colheitas. Acreditava-se ser uma ninfa dos bosques, que habitava tudo na natureza, de rios a árvores.

RENENUTET (DEUSA EGÍPCIA)

Amplamente reconhecida, em todo o Antigo Egito, como a serpente naja, Renenutet era a Deusa de tudo que tivesse relação com alimentação e colheitas. Tinha cabeça de cobra e corpo de mulher, e recebia muitas oferendas durante a época de colheitas.

SELU (DEUSA DOS NATIVOS NORTE-AMERICANOS)

Selu significa "milho" no idioma Cherokee. Era amplamente cultuada pelas tribos de nativos da América do Norte, para trazer a abundância em colheitas, bom tempo e crescimento. Acredita-se que plantou seu próprio coração para que o milho pudesse germinar a partir dele, impedindo que seu povo passasse fome. Hoje, ela é também chamada de Santa Clara.

Chaves para Ativar o Poder do Arquétipo da Terra

Aterramento e centramento

Plantar novos pensamentos

Enterrar velhos hábitos e comportamentos

Fundamentar-se na verdade

Criar espaço para a reflexão

Digerir as novas lições

Recolhimento e rejuvenescimento

Reconexão

Solidão

Enraizamento e estabilização

Passos firmes e fortes – como um tambor

Mundo subterrâneo

Impassível, como uma rocha

EXERCÍCIO DE EVOLUÇÃO: CERIMÔNIA DE FORMATURA

Utilizando seu elemento Terra, o que você pode destruir em sua vida para então transformar?

O que talvez precise morrer para criar o renascimento e um novo ciclo?

Comemore ambas as fases como parte de seu crescimento, vivencie o pesar de algo que termina, bem como a alegria de graduar-se, de progredir e de mudar de um novo modo. Você pode fazer isso colocando varetas, flores ou folhas na água e deixando que o elemento Terra seja levado e purificado pelo elemento Água. Você também pode queimar coisas que simbolizem o que não lhe serve mais, com o sol ou com o elemento Fogo. Ou você pode celebrar um novo nascimento em sua vida plantando novas sementes ou plantas, ou colhendo flores e reconhecendo o início de uma nova fase em sua vida. Tipo a cerimônia de formatura de uma Deusa da Terra!

O ESSENCIAL DA EVOLUÇÃO DA TERRA

*"TRATE BEM A TERRA.
ELA NÃO FOI DADA A VOCÊ POR SEUS PAIS.
ELA FOI-LHE EMPRESTADA POR SEUS FILHOS.
NÃO HERDAMOS A TERRA DE NOSSOS ANCESTRAIS.
NÓS A PEGAMOS EMPRESTADA DE NOSSOS FILHOS."
– ANTIGO PROVÉRBIO INDIANO*

Juro que às vezes acho que as mulheres já deveriam ter desenvolvido um par extra de braços. Nós simplesmente nos tornamos mestras na arte da multitarefa. A verdade é que a sua capacidade de desenvolver, de lidar com mais coisas, de ser mais, não eleva apenas a sua evolução pessoal. Ela ajuda o mundo a evoluir. E, uma vez que tanta coisa que diz respeito à Deusa Terra na verdade está relacionada com criação, tempo, devoção e aprendizado, que melhor Deusa do que Kali, que tem a vantagem de possuir quatro braços? E não é para menos, porque ela tem muito trabalho transformativo para fazer.

Muitas pessoas poderiam não considerá-la propriamente uma Deusa Terra, mas essa Deusa hindu da destruição e da transformação simboliza a energia da Terra. Nascimento, vida, morte e renascimento. Com sua espada do conhecimento, Kali corta e remove qualquer coisa que já não nos serve mais, cortando também o ego e a ilusão. Essa Deusa poderosa é temida por aqueles que não compreendem os ciclos naturais da vida. Deteto ter que lhe dizer, se é que você ainda não chegou a essa conclusão, mas haverá destruição e transformação – quer você opte por isso ou não.

Kali é a personificação da Mãe Natureza; com as tempestades naturais e o fogo ardente, ela leva embora o que ficou velho, a fim de tornar o solo fértil para novas lavouras e nova vida. Ela também representa o tempo, a eterna espiral da mudança vista na criação, destruição e rejuvenescimento de todas as coisas. Kali nos lembra que, depois da passagem das tempestades da vida, o bem pode vir e virá. Ela nos indica que, na vida, às vezes as coisas devem quebrar-se para ser reconstruídas, mais fortes e mais sábias. Com a destruição vem a transformação – elas são irmãs gêmeas. Ela, como a terra, é um símbolo do poder da transformação eterna e da vida. Com o que é ruim, vem o que é bom.

Arquétipo de Personalidade da Terra

VOCÊ SE IMPORTA PROFUNDAMENTE COM A JORNADA DA TERRA, E COM OS SERES QUE A HABITAM. VOCÊ É INCRIVELMENTE EMPÁTICA.

Você é um anjo da terra, em todos os sentidos da palavra. Você é o sal da terra. Uma Deusa Gaia total. Você se importa profundamente com a jornada da terra, e com os seres que a habitam. Você é incrivelmente empática, a ponto de poder ser influenciada demais pela energia alheia. Por esse motivo, é mais provável encontrá-la recarregando suas energias em casa, em seu santuário sagrado. Uma pessoa caseira e pé no chão! Sua missão é um trabalho humanitário, melhorar a vida das pessoas à sua volta, sendo a rocha sólida da família, o ponto focal de um negócio ou o crescimento forte e estável de uma ideia consciente ou empresa.

As pessoas gostam de ouvi-la; você talvez não fale com frequência, mas suas palavras são profundas quando você o faz. E mesmo você sendo muitas vezes puxada em várias direções por outras almas, ambientes e experiências, é vital que passe algum tempo sozinha, para descansar e recarregar as energias. Seus momentos a sós são passados em casa ou com aqueles a quem ama muito. Você se delicia com os prazeres simples da vida. Você valoriza a família e as amizades próximas, e busca conexões significativas e profundas com os demais. Você vê as coisas com maior profundidade do que as bobagens superficiais. Garota, o seu lance são os relacionamentos genuínos. Tipo almas gêmeas. Na verdade, você anseia por conexões que proporcionem estabilidade e sejam significativas.

As pessoas sentem-se atraídas por você. Você tem jeito para lidar com elas. Socialmente, é muito popular, conectando gente de todo tipo. Mas você encontra sua verdadeira recompensa sendo útil, criando espaço, produtos e serviços que melhoram a vida dos demais. Nesse aspecto, você se sacrifica de maneira incrível em termos de tempo e energia. Você se doa para além do que muitos acreditariam ser possível. Você é uma Deusa verdadeira, ajudando os outros a transformarem-se com você.

ELEMENTOS ASSOCIADOS

O elemento Terra está altamente conectado aos elementos Água, Sol e Ar. A Deusa Terra dá a vida, mas esses outros elementos são essenciais para sustentar essa vida. A Terra precisa de todos esses elementos não apenas para sobreviver, mas a fim de prosperar. Para o Arquétipo da Terra, vale a pena explorar os capítulos de tais elementos, que juntos tecem a complexa tapeçaria da Deusa Terra. São inúmeros fios que dependem dos demais para garantir crescimento, vida e expansão. Arquétipos da Terra têm o pé no chão, são estáveis, vagarosos, firmes, leais e respeitam outras coisas estáveis. É por isso que o Ar e a Água, dois elementos muito fluidos, são importantes para ajudar o elemento Terra a seguir adiante e são essenciais para a jornada evolutiva do Arquétipo da Terra.

PERSONA DA TERRA

Você é tremendamente trabalhadora, realista, uma criadora não só ao nutrir a vida, mas também no que diz respeito à criatividade; é emotiva, sensível, intuitiva e empática. Que bela combinação consciente! Você é regida pela intuição, que é muito importante para sua experiência evolutiva. Vários elementos estão em jogo para garantir que você esteja em equilíbrio, todos advindos da maneira como você fomenta sua evolução com alimento, com seu ambiente e com a forma como digere suas percepções. Você pode facilmente ficar séria e melancólica, entrando em profunda reflexão. É importante que sua energia não se torne sombria e mal-humorada demais.

CHAKRAS DA TERRA

Chakras do Sacro e da Raiz

Situado na altura do umbigo, o chakra do sacro está ligado à digestão e aos genitais (isto é, você vai perder o apetite, ou vai comer como compensação emocional, e você ou vai exigir sexo ou vai ter repulsa por ele). Ele é o centro da criação, do ponto de vista emocional e reprodutivo. Em uma Deusa, o chakra do sacro está relacionado com a Mãe, a Donzela e a Anciã, e traz fertilidade, sexualidade, nascimento, nutrição e sabedoria no ciclo de sua vida. É a energia sempre circulante de nossa criação e do poder feminino que é essencial para sua sobrevivência evolutiva. O chakra da raiz está situado na base da coluna vertebral e tem a ver com seus alicerces, sua sobrevivência e necessidades básicas.

ANIMAIS ESPIRITUAIS DA TERRA

Elefante, lobo, cavalo, golfinho, baleias – animais que se movem em manadas ou bandos. Tais animais refletem uma compreensão mais profunda e a presença da compaixão e da paciência. São elementos muito valorizados por você.

EMOÇÕES DA TERRA

Você é muito expressiva por meio da criatividade, do sexo e de seus relacionamentos. Você fala e pensa profundamente, e reflete sobre seus sentimentos mais do que a maioria das pessoas, o que faz de você uma pessoa muito sensível. Você valoriza muito seus relacionamentos e o que os outros pensam de você.

MANTRA DA TERRA

Sigo adiante confiando em minha intuição, segura no ambiente e nas experiências que crio. Estou profundamente enraizada em minha verdade e meu propósito. Minhas experiências são digeridas e uso tais lições para expressar meu eu plenamente evoluído. Estou aqui não apenas para sobreviver; estou aqui para prosperar.

ZODÍACO DA TERRA

Sua natureza terra parece-se muito com o que é exibido nos signos zodiacais de Virgem, Touro e Capricórnio. Signos de Terra são almas genuínas e autênticas e, de maneira muito parecida com todas as Deusas da Terra, são confiáveis, determinados, práticos e responsáveis. São pessoas reais e pé no chão. Como as Deusas Durga, Gaia, Ísis, Ártemis e Frigg, você pode confiar nessas pessoas para se fazerem presentes, como a terra, sempre rejuvenescendo o mundo à volta delas. Estão mais à vontade quando sentem-se enraizadas, com bases sólidas. Com frequência têm uma abordagem lenta e consistente da corrida evolutiva, digerindo uma lição de cada vez antes de seguirem adiante. São as pacificadoras, as mediadoras, aquelas que veem beleza no mundo não importa em que circunstâncias. Não existe problema difícil demais para alguém de Terra resolver.

ESTAÇÃO DA TERRA

Inverno, hibernação, reflexão e renovação.

CRISTAIS DA TERRA

As cores de cristais associadas com seu elemento conectam-se a tudo que tem a ver com o chakra do sacro e a terra. Amarelos, laranja, vermelhos e marrons todos serão úteis à sua energia da terra. Cristais como âmbar, olho de tigre, jaspe vermelho e citrino proporcionam criação, aterramento, romance e estimulam sua sensibilidade. Eles lhe darão grande equilíbrio e assegurarão estabilidade em tempos de desafios e transformação. A hematita também está conectada à terra, proporcionando uma estrutura forte e reforço ao aterramento.

AROMATERAPIA DA TERRA

Ervas que promovem o enraizamento e óleos curativos e de aterramento são importantes para a Deusa da Terra e podem ser passados na pele, de modo que o aroma acompanhe você durante o dia. Óleos para as Deusas da Terra incluem cipreste, *patchouli* e *ylang-ylang*, que são doces, tropicais, calmantes e sensuais, ajudando a estabilizar e acalmar a energia da terra. Óleos cítricos como de laranja e de bergamota são excelentes para promover a criatividade do Arquétipo da Terra, a qual mexe com a *vibe* de paz, fertilidade, estabilidade, crescimento e abundância do elemento Terra. Esses aromas também reforçam o chakra da raiz da Deusa da Terra, ajudando-a a sentir-se ligada à terra e centrada.

ALIMENTOS DA TERRA

Doces. Frutos da terra. Laranjas e cítricos melhorarão a digestão e ajudarão a despertar a expressão criativa, tornando-a aberta a novas ideias (isso é muito importante quando você está evoluindo). Chás doces, sucos e *smoothies* como manga, morango, capim-limão, limão-siciliano, gengibre, e mel vão acalmar e recarregar você durante períodos de mudança. Alimentos que aumentam sua força (Terra) e fluxo (elementos de apoio do Ar e da Água), que contêm tanto proteínas quanto óleos são salmão, frutas secas e sementes. Quanto a alimentos de cor laranja, incluem cenoura, laranjas, salmão e batata-doce.[1]

FLORES DA TERRA

Mais uma vez, a terrena cor de laranja entra em jogo quando sua experiência evolutiva está em pleno florescer. Flores como a calêndula e a gardênia inspiram a decoração e enfeitam a comida por serem comestíveis. Ambas favorecem a criatividade e a expressão, e estão conectadas a seu elemento, signo do zodíaco e chakra do sacro.

LUA DA TERRA

Lua crescente. A lua crescente simboliza o crescimento, a mudança e a criatividade. É nessa fase da lua que você fica inspirada a buscar o novo na vida, semeia a mudança e está no auge de sua inspiração. Anote em seu calendário, Deusa, de modo que você possa dedicar algum tempo para explorar de verdade esse período e turbinar sua jornada evolutiva.

EQUILÍBRIO MASCULINO DA TERRA

Quando o elemento Terra está fora do equilíbrio masculino, você se sente energeticamente destrutiva, perturbada, como se sua força vital estivesse se esgotando. Você pode se sentir vazia de esperanças ou ideias, sem combustível ou substância e sentir-se presa no papel de vítima. Perguntando-se "Por quê?". Questionando seus valores. Buscando

DEUSA (R)EVOLUCIONÁRIA: RACHEL CARSON

As Deusas da Terra de hoje são protetoras de tudo que vem do solo, os alimentos que colhemos e a humanidade que os consome. Essas Deusas são aquelas que lutam contra os pesticidas, encontrando soluções para o cultivo de alimentos saudáveis para uma população cada vez maior, que enfrenta a realidade da falta de comida à medida que cresce a população global. Mas o preço do progresso não pode ser nossa saúde e nosso bem-estar. Os pesticidas têm sido relacionados com problemas de fertilidade feminina, cânceres e defeitos congênitos, amplamente divulgados em múltiplos estudos ambientais e científicos. O primeiro alerta, não para banir os pesticidas, mas para reduzir seu uso de maneira a garantir a saúde e o bem-estar de quem produz e de quem consome alimentos cultivados com essas substâncias, foi dado em 1962 pela bióloga, ecóloga e escritora Dra. Rachel Carson. O trabalho dela denunciou o mau uso dos pesticidas, e tornou-se um tema importante da pesquisa presidencial de John F. Kennedy, presidente dos Estados Unidos.

Hoje, a conscientização de produtores e do público geral, bem como sua proteção contra os efeitos nocivos dos pesticidas sobre a saúde, ainda são problemas reais no mundo todo, com as mulheres cada vez mais ativas e dando sequência às discussões quanto às preocupações com os pesticidas. Desde a norte-americana Rachel Carson, a britânica Georgina Downs, a indiana Vandana Shiva, até Sarojeni Rengam, da Malásia, existe hoje um movimento, dentro da Rede de Ação contra os pesticidas, visando um futuro livre de pesticidas. Tudo isso plantado pelos alertas de uma mulher.

propósito. Procurando um sentido na vida. Você pode achar que está à beira da catástrofe. Os sinais de aviso são uma exaustiva sensação de frustração, preocupação, ansiedade; uma teimosia e a sensação de que você poderia irromper em chamas e ao mesmo tempo dissolver-se em um colapso. Seu próprio momento pessoal de mudança climática! A chave? Natureza. E gratidão.

Em primeiro lugar, saia de casa. Não é apenas sair pela porta, mas também sair de sua própria cabeça. Deixe-se estabilizar. Descanse. E acalme-se na companhia de plantas, árvores, flores e animais; até um gramadinho serve. Se uma flor consegue crescer através do concreto, você também pode. Segundo, seja grata por tudo que a cerca, e flui através de você e à sua frente.

Por outro lado, se você sente que está imersa demais em seu elemento Terra feminino, pode ser que tenha sintomas da Deusa e esteja tão conectada com a natureza que deseja largar de vez a sociedade e o convívio humano. Pode ser uma ideia tentadora, e não a culpo por se sentir assim, mas lembre-se de que você está aqui para ajudar a guiar as demais pessoas sobre como aprender a crescer, encontrar equilíbrio e cuidar da Terra. Você precisa ser a voz dela. O que ela está dizendo? "Se uma árvore cai em uma floresta e não há ninguém para ouvir, ela faz algum som?" Sua voz é necessária, e se você não estiver lá, ninguém vai ouvi-la.

TERRA RETRÓGRADA

Mais problemático do que estar fora de equilíbrio com o elemento Terra é mover-se para trás, em movimento retrógrado. Não para florescer ou crescer, mas para morrer, apodrecer ou decompor-se. Quando seu elemento Terra está evoluindo, você consegue manifestar e cultivar qualquer coisa em que escolher focar sua atenção e energia. Como a Deusa Cibele, você é fecunda e colhe as sementes que plantou. Sejam elas aprendizados, experiências, compreensão, oportunidades. Quando o Arquétipo da Terra está em estado retrógrado, talvez você perceba que é você mesma que cria as preocupações e as ansiedades. Você é dominada pelas ervas daninhas da preocupação e pelos espinhos do "e se". É essencial ter em mente o que você ama, saber para onde está indo e aquilo por que tem gratidão. Como qualquer Deusa, há um elemento de magia em você. Aquilo que ocupa seus pensamentos é o que passa a cultivar. Quando parecer necessário plantar um pouco de pensamento positivo, apenas seja maternal consigo; nutra, cuide e acalante a si mesma. Reconforto, amor e uma positividade cálida podem ser curativos, e por isso cerque-se com coisas que ajudam você a olhar para a frente com gratidão.

Fases da Vida da Terra

A Deusa da Terra está sempre se reinventando. O rejuvenescimento é a chave para sua capacidade de se adaptar e crescer, não importando o ambiente ou as circunstâncias. Em cada fase, a Deusa floresce, ascendendo a um novo nível de crescimento e compreensão bem fundamentados. Esse crescimento é forte e estável, à medida que ela passa pelas várias fases, evoluindo com a idade e a experiência.

DONZELA DA TERRA

Com a Deusa da Terra vem a consciência. Com a consciência de uma mulher vem a consciência da terra – elas andam de mãos dadas. A Donzela da Terra é a terra; ela abarca o útero de todas as criaturas silvestres. O lar de todo crescimento, expansão, abundância e conclusões. Como Ártemis, a Donzela da Terra é independente, uma caçadora; ela é forte, ágil e focada em desenvolver habilidades e observar o que a cerca; ela cresce com seu ambiente. Ela enxerga lições onde a maioria das pessoas passaria reto pela oportunidade. Ela estuda o crescimento. Ela é certeira, preparada, uma guerreira em sua busca pela evolução, e não deixa pedra sobre pedra em sua curiosidade e determinação para expandir-se de todos os modos e formas possíveis.

MÃE DA TERRA

Epítome do amor e do amparo, a Mãe da Terra é incansável em sua missão de nutrir e proteger. Como a Deusa Deméter, a fase da Mãe da Terra tem a ver com o amparo daqueles que estão à sua volta. É um período de perseverança, determinação e dedicação às matérias do coração. Como o amor de Deméter por sua filha Perséfone, você seguirá qualquer caminho – até mesmo o da destruição – que permita colocar em primeiro lugar e no centro as coisas que você ama. Ela personifica a confiança, a lealdade e o ciclo de nascimento, vida, morte e renascimento – ajudando no fim de um relacionamento e no surgimento de novos. A Mãe da Terra conhece seu lugar, e também sabe quando sua ajuda é necessária. Como uma mãe com um ninho vazio, ela evoluiu para compreender que você pode amar de perto e de longe, pois o amor de uma mãe nunca se perde; ele está presente em tudo: uma semente germinando, uma flor se abrindo, uma ave cantando.

ANCIÃ DA TERRA

Como em todas as coisas na vida, a Anciã da Terra evoluiu para compreender que com o amor vêm a guerra, a beleza, a vida e a morte. Ela é equilibrada, compreensiva, perspicaz e uma fonte de conhecimento e magia. A Anciã da Terra é a avó, a guardiã de uma sabedoria antiga; como a Avó Aranha, ela traz lições de sobrevivência e ensinamentos do passado, sejam eles lições de fogo, da arte de tecer, de proteção ou de vida. A Anciã da Terra tem a ver com transição e conclusão nesta vida presente, proporcionando aconselhamento, ferramentas e intuições para a geração seguinte. E, como a Avó Aranha ensinou aos humanos, a Anciã da Terra transmite sua sabedoria como herança para a próxima geração de Deusas em sua busca pela evolução.

MODALIDADES DA TERRA

"ASSUMIR A NOSSA PRÓPRIA HISTÓRIA PODE SER DIFÍCIL, MAS NÃO TÃO DIFÍCIL QUANTO PASSARMOS NOSSA VIDA FUGINDO DELA."
— BRENÉ BROWN

Ligação com a Terra

Às vezes você precisa parar. Ficar no lugar. E conectar-se com sua causa, seu propósito, o seu porquê. Esse simples exercício de ligação com a terra leva apenas poucos minutos, e ajuda você a se voltar para suas raízes com a Mãe Terra. Encontre um trecho de grama ou de terra e tire os sapatos. Poste-se ali, feche os olhos e respire profunda e calmamente. Imagine seus pés lançando raízes profundas na terra, ancorando você. Imagine sua coluna vertebral crescendo, alta como uma árvore. Você, deixando as preocupações irem embora como folhas de lições de vida. Fique imóvel e sinta a brisa passando ao seu redor. Quando estiver pronta, abra os olhos devagar, mexendo na terra com os dedos do pé antes de terminar.

Santuário da Terra

Introduza um pouco de Mãe Terra em seu santuário de Deusa! Minha casa está repleta de cristais. Você vai encontrar pedras preciosas, rochas e geodos sob almofadas, em minha mesa de café e na gaveta de calcinhas – tenho até quartzos transparentes pendurados nas janelas do lado leste da sala de estar e do meu quarto, e um apanhador de sonhos de cristal que irradia as cores do arco-íris e positividade por todo o meu santuário a cada nascer e pôr do sol.

Em qualquer ocasião, de chás de bebê a despedidas de solteira, tenho presenteado amigas com cristais de pendurar, e introduzo cristais até em pequeninos terrários, para que façam companhia para minhas plantas. Afinal de contas, plantas e cristais são ambos produtos da Mãe Terra, de modo que, em minha opinião, ter um cristal em sua bancada, ou um par deles pendurado no varão da cortina do quarto não é mais estranho do que ter vasos com plantas em casa. Ambos são tesouros potentes da Mãe Terra para ter dentro de casa, em minha opinião de Deusa.

Aqui está uma lista de pedras preciosas e atributos da terra que você pode incluir em seu santuário sagrado.[1]

QUARTZO-ROSA

O quartzo-rosa ajuda a curar o coração com paz, conforto e amor. Use-o se precisar de um pouco de reconforto enquanto se recupera de uma separação ou perda recente.

PEDRA DA LUA

A pedra da lua favorece a intuição e o crescimento espiritual (é uma de minhas favoritas!). Use-a quando estiver passando por uma transição, pois ela vai ajudar você a permanecer conectada com sua alma e com seu eu superior.

ÂMBAR

O âmbar ajuda a abafar a negatividade e favorece o romance. Use-o quando estiver enfrentando tempos difíceis em um relacionamento e precisar de um pouco mais de positividade.

OPALA

A opala ajuda você a encontrar inspiração e a canalizar sua imaginação. Use-a quando precisar superar um bloqueio criativo e fazer uso do seu lado mais artístico.

CITRINO

O citrino ajuda você a focar na abundância e no sucesso. Use-o quando estiver estudando e precisar reter a informação.

AMETISTA

A ametista é uma pedra de crescimento espiritual que favorece a sobriedade e a estabilidade. Use-a quando estiver explorando sua espiritualidade superior, mas quiser manter um pé bem firme no chão.

LABRADORITA

A labradorita favorece a magia, a intuição e suas habilidades psíquicas. Use-a quando estiver acessando sua mística interior, e buscando explorar seus superpoderes intuitivos.

QUARTZO TRANSPARENTE

O quartzo transparente proporciona poder, limpa a energia e oferece clareza. Use-o quando quiser liberar sua casa ou escritório da energia negativa estagnada.

ANGELITA

A angelita é uma pedra calmante, que oferece serenidade e ajuda você a se conectar com seus guias. Use-a quando estiver aprendendo a explorar o conhecimento das Deusas que são suas guias e ancestrais.

OBSIDIANA

A obsidiana ajuda na proteção e no aterramento. Use-a quando estiver viajando e quiser levar com você um pouquinho do seu lar.

Totens da Deusa da Terra

Não é incomum que uma Deusa sinta afinidade por um animal – uma conexão, algo que os atrai. Pode ter sido seu animal favorito na infância (não, um *nugget* de frango não pode ser seu animal espiritual), um animal de estimação favorito ou talvez um animal que você viu repetidas vezes ou com o qual sonhou. Nossos guias espirituais apresentam-se na forma que desejamos vê-los, e é natural para muitas Deusas conectar-se com seus guias por meio de um animal.

Preste muita atenção aos animais em sua vida, pois pode ser por meio deles que seu guia tentará se conectar com você, protegendo-a e conduzindo-a através de um problema. Você pode manter sempre em mente a energia de seu totem da Deusa usando joias que o representam, ou colocando estatuetas dele em seu altar ou local de trabalho. Eu particularmente descobri que gosto de usar Cartas Medicinais de Tarô de Animais quando necessito da orientação de um totem da Deusa da Terra. Cada carta traz um animal diferente, o qual tem sua natureza própria e única. Esses atributos podem estar relacionados ao que eu estiver fazendo no momento, ou ao que mais necessito em meu comportamento de Deusa.

> **JOIA DA DEUSA**
>
> Se os animais espirituais são algo que a atrai, então recomendo que tenha um baralho de Cartas Medicinais de Animais, que são um tipo de cartas de tarô de animais espirituais. São ótimas para explorar, pois trazem o significado específico de cada animal, um conhecimento que tradicionalmente os anciãos nativos norte-americanos passam por meio de ensinamentos orais. Essas cartas podem ser um meio fácil de usar a valiosa ferramenta dos significados ancestrais dos animais para seu crescimento pessoal, para uma vida equilibrada e para ajudar a ensinar você como melhor interpretar os sinais da natureza em sua vida diária.

Segue abaixo uma lista de alguns animais espirituais que comumente são guias, e o que simbolizam. A chave para descobrir seu totem é seguir sua intuição de Deusa. Talvez você já tenha um sexto sentido sobre qual possa ser ele. Pode ser um animal com o qual sente afinidade, ou com o qual tenha tido uma experiência, que o tempo todo aparece para você... qualquer que seja a pista, veja o significado por trás de animais que são totens famosos da Deusa, e o motivo por que podem estar atraindo você.

DEUSA SERPENTE

A Deusa Serpente é encontrada, da Grécia à Índia, como símbolo de vida, energia, cura e de movimento entre os mundos dos espíritos; é renomada por sua capacidade de transformar ou mudar de pele – você se adapta com facilidade, é intuitiva e empática. É uma curadora; sua ligação com tudo que diz respeito à energia faz com que você esteja mais sintonizada com aqueles à sua volta do que a maioria das pessoas.

DEUSA AVE

A Deusa Ave, encontrada do Egito à Velha Europa, representa água, movimento, emoção e cura. Aves constituem alguns dos totens mais antigos associados com Deusas; aves como as corujas representam a Anciã, ou sabedoria. As aves levantam voo e são mensageiras para o mundo, alimentadas pela paixão e utilizando a emoção para a mudança e a cura. Você é expressiva, e tem uma mensagem para o mundo. Não deixe que ninguém a rotule ou corte suas asas. Plane nas alturas, e saiba que sua canção comovente chegará aos ouvidos daqueles que necessitam despertar.

DEUSA VACA

A Deusa Vaca, encontrada desde os minoicos até as tribos Baganda de Uganda, representa tudo que diz respeito à produção de leite. As vacas raramente eram mortas para produção de carne ou de couro, sendo usadas para sustentar a vida. A vaca simboliza vida, devido à semelhança que os chifres de vacas e bois têm com o formato dos órgãos reprodutivos femininos, e também com a lua crescente. Você é uma nutriz, alimentando aqueles a seu redor com energia, amor, compaixão e sabedoria.

DEUSA ABELHA

A Deusa Abelha, encontrada da mitologia grega à hindu, simboliza as sacerdotisas e as mulheres trabalhadoras, curadoras, o mel como medicamento, e a responsabilidade pela polinização, espalhando sabedoria e intuição. Você, querida, tem energia xamânica para conduzir, para colocar em ação e para servir aos demais com o objetivo de cura como sua intenção. Você trabalha duro. Você conscientemente colabora. Você é uma criatura de dever divino. Austeja, nome da Deusa Abelha, vem do verbo "tecer". Sua natureza de Deusa era velar por sua colmeia, família e comunidade, e garantir a fertilidade e a multiplicação ou crescimento de seu lar.

DEUSA GATO

A Deusa Gato é encontrada do Egito à Velha Europa, e representa sabedoria, independência, força e sucesso. Ela está muitas vezes relacionada com a Deusa da Guerra, trazendo consigo sua energia de equilíbrio e proteção. Você busca justiça e igualdade no mundo. Elegante, independente, alegre e intuitiva, você está atenta ao mundo, observando com sabedoria e garantindo resultados equilibrados, mantendo o mundo em equilíbrio. Você valoriza sua liberdade e busca garantir que haja liberdade para todos.

DEUSA ARANHA

A Deusa Aranha é uma tecelã suprema; ela é paciente e simboliza a energia feminina da criação em sua teia magistral. É encontrada no Egito, como o totem para a mãe divina – Neith, criadora de tudo. Em algumas tribos de nativos norte-americanos, a Deusa Aranha é vista como uma extensão da energia da Mãe Terra. Ela representa o feminino tanto em seu aspecto sombrio quanto em seu maravilhoso talento para tecer, unificar e criar. Seus muitos olhos veem muitas perspectivas. Você tem uma visão sábia da vida, é perspicaz e tem uma abordagem visionária da construção do mundo ao seu redor. Você conecta pessoas e projetos. Ajuda as pessoas e ideias a se realizarem. Enquanto eu tecia este livro, palavra a palavra, a Deusa Aranha velava por mim, e costumava me assustar e depois me frustrar. Embora eu não seja uma grande fã de aranhas (calafrio), agora dou valor à sua magia da Deusa.

Altar Inspirado na Mãe Terra

Escolha uma prateleira, um parapeito de janela ou mesmo sua mesa de cabeceira para criar um espaço sagrado onde possa reunir seus tesouros do elemento Terra. Eles podem incluir cristais, flores e ervas, uma estatueta de seu totem animal ou Cartas

Medicinais de Animais, rochas, conchas, penas. Este pode se tornar seu próprio altar de conexão à terra, onde pode fixar suas raízes por meio da meditação ou exercícios de ligação com a terra, que ajudam a focar sua atenção nas lições que ela pode estar lhe dando, e equilibrar você em sua energia terrena.

Sincronia com as Estações da Terra

O quadro a seguir mostra as estações e como devemos focar nossa atenção para permanecer em sincronia com a Mãe Terra.[2]

Primavera Equinócio de Primavera	Significado: inovação, novo crescimento, novos projetos, bênção das sementes Energia: nascimento, germinação, verdejar Afirmação: Eu planto novos objetivos, ideias e hábitos que florescerão e nutrirão com amor, energia e foco.
Verão Solstício de Verão	Significado: comunidade, carreira, relacionamentos, comunhão com o Espírito da Natureza, saúde planetária Energia: união, celebração Afirmação: Eu me cerco de pessoas que pensam como eu, que me põem para cima, me inspiram, apoiam e desafiam. Valorizo esses relacionamentos.
Outono Equinócio de Outono	Significado: Ação de Graças, colheita, introspecção Energia: agradecimento, colheita Afirmação: Sou grata por toda a minha abundância na vida, seja de experiências, relacionamentos, lições ou aprendizados. Colho as sementes que planto.
Inverno Solstício de Inverno	Significado: renovação pessoal, paz no mundo, honrar a família e os amigos Energia: regeneração, renovação Afirmação: Dou a mim mesma espaço e tempo para recarregar, refletir e reinventar-me. Foco meu tempo na regeneração, e emergirei renovada.

Medicamentos da Mãe Natureza

Toda Deusa tem uma flor ou erva com a qual sente maior afinidade, e também há uma flor ou erva para cada signo do zodíaco e cada chakra. Cada um dos doze signos e sete chakras pode se beneficiar das propriedades de certas plantas, que ajudam a curar, crescer, equilibrar e inspirar. Consulte seu signo e use essas ferramentas evolutivas orgânicas, enchendo seu jardim, sua geladeira e sua casa com esses maravilhosos presentes da Mãe Natureza. À medida que for aprendendo as propriedades curativas de cada flor ou erva, vai perceber melhor por qual delas você anseia, e o motivo dessa sua necessidade. Esses medicamentos e oferendas naturais da Mãe Natureza são essenciais, não apenas para curar doenças, mas para ajudar a preveni-las ao nos manter em equilíbrio.[3]

Signos do Zodíaco e Datas	Flores, Ervas, Frutas e Vegetais
Áries, 21 de março – 19 de abril Planeta regente: Marte Elemento Fogo	Calêndula, gerânio, papoula, rosa vermelha, tulipa, narciso, lírio-tigre, urtigas, pimenta-de-caiena, trevo vermelho, hipérico, cardo-leiteiro, gengibre, coentro, manjerona, mostarda, cebola, alho, alho-poró, cebolinha, rabanete, raiz-forte
Touro, 20 de abril – 20 de maio Planeta regente: Vênus Elemento Terra	Margarida, lilás, lírio, violeta, gerânio, dedaleira, alcaçuz, olmo-vermelho, hissopo-anis, sálvia, tomilho, dente-de-leão, espinafre, ervilha, batata, batata-doce, maçã, figo, damasco, morango, azeitonas, uvas
Gêmeos, 21 de maio – 20 de junho Planeta regente: Mercúrio Elemento Ar	Salsinha, dill, anis, lavanda, manjerona, lilás, hortelã-pimenta, capim-limão, cominho, manjericão, avenca, orquídeas, crisântemo, ameixa, laranja, *grapefruit*, suco de uva, uva-passa, maçã, alface, couve-flor, espinafre, cenoura, salsão, feijões-verdes, tomate, pimenta-de-caiena, alho, gengibre
Câncer, 21 de junho – 22 de julho Planeta regente: Lua Elemento Água	Margarida, jasmim, ipomeia, lótus, rosa branca, lírio, ninfeia, hortelã-pimenta, hortelã, erva-cidreira, salsinha, cogumelos, couve-de-bruxelas, brócolis, repolho, couve-flor, batata-doce, abóbora, banana, maçã, pera, melancia
Leão, 23 de julho – 22 de agosto Planeta regente: Sol Elemento Fogo	Tagetes, girassol, dália, peônia, hissopo-anis, calêndula, agripalma, alecrim, menta, gengibre, erva-doce, açafrão, camomila, dill, funcho, salsinha, coco, milho, mostarda, abacaxi, laranja, *grapefruit*, azeitonas
Virgem, 23 de agosto – 22 de setembro Planeta regente: Mercúrio Elemento Terra	Violeta, áster, crisântemo, narciso, dill, funcho, hipérico, lavanda, manjerona, alcaçuz, cenoura, pastinaca, cevada, aveia, centeio, trigo, milheto
Libra, 23 de setembro – 22 de outubro Planeta regente: Vênus Elemento Ar	Orquídea, frésia, margarida, rosa, violeta, prímula, amor-perfeito, aquilégia, salsinha, zimbro, menta, tomilho, milefólio, angélica, brócolis, berinjela, espinafre, ervilha, batata-doce, alcachofra, agrião, romã, damasco, figo, ameixa, uva, azeitonas
Escorpião, 23 de outubro – 21 de novembro Planetas regentes: Marte e Plutão Elemento Água	Calêndula, gerânio, peônia, madressilva, hibisco, gardênia, *aloe vera*, ginseng, gengibre, coentro, manjericão, losna, cogumelos, pimentas, ruibarbo, alho-poró, cebola, alho, raiz-forte, mostarda, rabanete

Signos do Zodíaco e Datas	Flores, Ervas, Frutas e Vegetais
Sagitário, 22 de novembro – 21 de dezembro Planeta regente: Júpiter Elemento Fogo	Rosa vermelha, cravo, peônia, jasmim, calêndula, dente-de-leão, sálvia, erva-doce, noz-moscada, menta, beterraba, tomate, nabo, agrião, azeitonas, aspargo, endívia
Capricórnio, 21 de dezembro – 19 de janeiro Planeta regente: Saturno Elemento Terra	Tomilho, magnólia, amor-perfeito, cânhamo, hera, centáurea, mosquitinho, camélia, trílio, erva-trindade, alecrim, estragão, camomila, manjerona, banana, azeitonas, cogumelos, tomate, cebola, alface, couve-flor, pepino, espinafre, rabanete, brócolis, feijões, lentilha, abóbora, figo, alho, mostarda
Aquário, 20 de janeiro – 18 de fevereiro Planeta regente: Urano Elemento Ar	Ave-do-paraíso, orquídea, gladíolo, trílio, camomila, gatária, flor de maracujá, mirra, olíbano, canela, cravo-da-índia, kava-kava, confrei, espinafre, beterraba, centeio, cevada, pastinaca
Peixes, 19 de fevereiro – 20 de março Planetas regentes: Júpiter e Netuno Elemento Água	Jasmim, lilás, ninfeia, papoula, orquídea, calêndula, glicínia, clematis, equinácea, eufrásia, artemísia, kava-kava, noz-moscada, erva-doce, palha de aveia, aspargo, cogumelos, beterraba, tomate, alga, agrião, azeitonas

Chakras	Flores e Ervas
Chakra da Raiz	Monarda, dente-de-leão, rosa vermelha, gengibre, tomilho, orégano, sálvia, flor de sabugueiro, folhas de alface silvestre
Chakra do Sacro	Calêndula, flor de abóbora, gardênia, coentro, açafrão, damiana, maca, pinho
Chakra do Plexo Solar	Flor de dill, funcho, melissa (também conhecida como erva-cidreira), capim-limão, camomila, alecrim, feno-grego
Chakra do Coração	Flor de cerejeira, jasmim, lavanda, coentro, salsinha, menta, chá-verde, yerba santa, fruto de espinheiro-branco
Chakra da Garganta	Borragem, nigela, manjericão, hortelã-pimenta, cravo-da-índia, equinácea, alcaçuz, confrei
Chakra do Terceiro Olho	Angélica, astello indigo, anis-estrelado, artemísia, lavanda, zimbro, alecrim, eufrásia, *gingko*, matricária
Chakra da Coroa	Campânula, camassia, *flox*, violeta, lótus, erva-doce, lavanda, *tulsi*, confrei, artemísia, olíbano

EXERCÍCIO DE EVOLUÇÃO: DOE UM POUCO

Alguma vez você teve vontade de agarrar o mundo pelos ombros e chacoalhar todas as pessoas que vivem nele? Tipo encarnar a Mamãe Deusa severa e sacudir o dedo para todo mundo, exigindo, "Joguem limpo".

Sabe, acho que todos nós temos um pouco de Mamãe Terra em nós. Aquela face amorosa, séria, maternal e doadora que todas as Deusas fazem de tempos em tempo. Assim, mamãe, este é um exercício para aprimorar esse seu lado. Pare de se concentrar no que você pode receber, ganhar ou levar nesta vida e pergunte-se: "O que posso doar?". Faça a si mesma a promessa de que dará alguma coisa para o mundo e para as almas todos os dias. Pode ser oferecer orientação, apoio, energia positiva, incentivo, justiça, amor! Deixe que sua bondade seja tão constante quanto as mudanças em sua vida.

Utilize as Energias da Deusa da Terra

Crie um espaço para si mesma na companhia das criações da Terra, seja um animal ou um familiar (um tipo de guia animal que em geral descobrimos que se torna nosso *pet*, ou um animal com o qual compartilhamos uma profunda conexão), seja com flores e suas essências, frutos, árvores, solo ou um jardim. A chave para a conexão com a energia da Deusa da Terra é ouvir. Ouça as aves, os sons das árvores, o zumbido dos insetos. O que a energia da terra lhe diz? Se você se sentar com ela e ouvir ativamente, ela lhe dirá coisas que ajudarão a despertar sua expressão e sua criatividade. Assim como as flores se abrem, e os troncos das árvores crescem e se elevam, o mesmo farão sua inspiração e energia. Perceba como a natureza é sempre calma — as árvores, flores, plantas, todas parecem apenas ser. No entanto, por dentro, profundamente enraizadas, elas estão germinando a mudança, sempre crescendo, expandindo e evoluindo. Fazendo, na simplicidade de apenas ser.

CONTEMPLAÇÕES DA DEUSA...

Estas informações não são suficientes para preencher seu voraz vazio do elemento Terra? Isso não me surpreende. Quero dizer, crescimento e transformação são o que a Deusa da Terra melhor faz. Vá direto para os capítulos suplementares sobre água, ar e sol. Afinal de contas, os Arquétipos da Terra evoluem melhor quando rompem suas zonas de conforto conscientes, indo além da superfície de suas crenças. Você compreende que os melhores saltos para a frente muitas vezes vêm de mãos dadas com o desconforto e as contrariedades. Espalhe suas raízes e aventure-se nos outros capítulos.

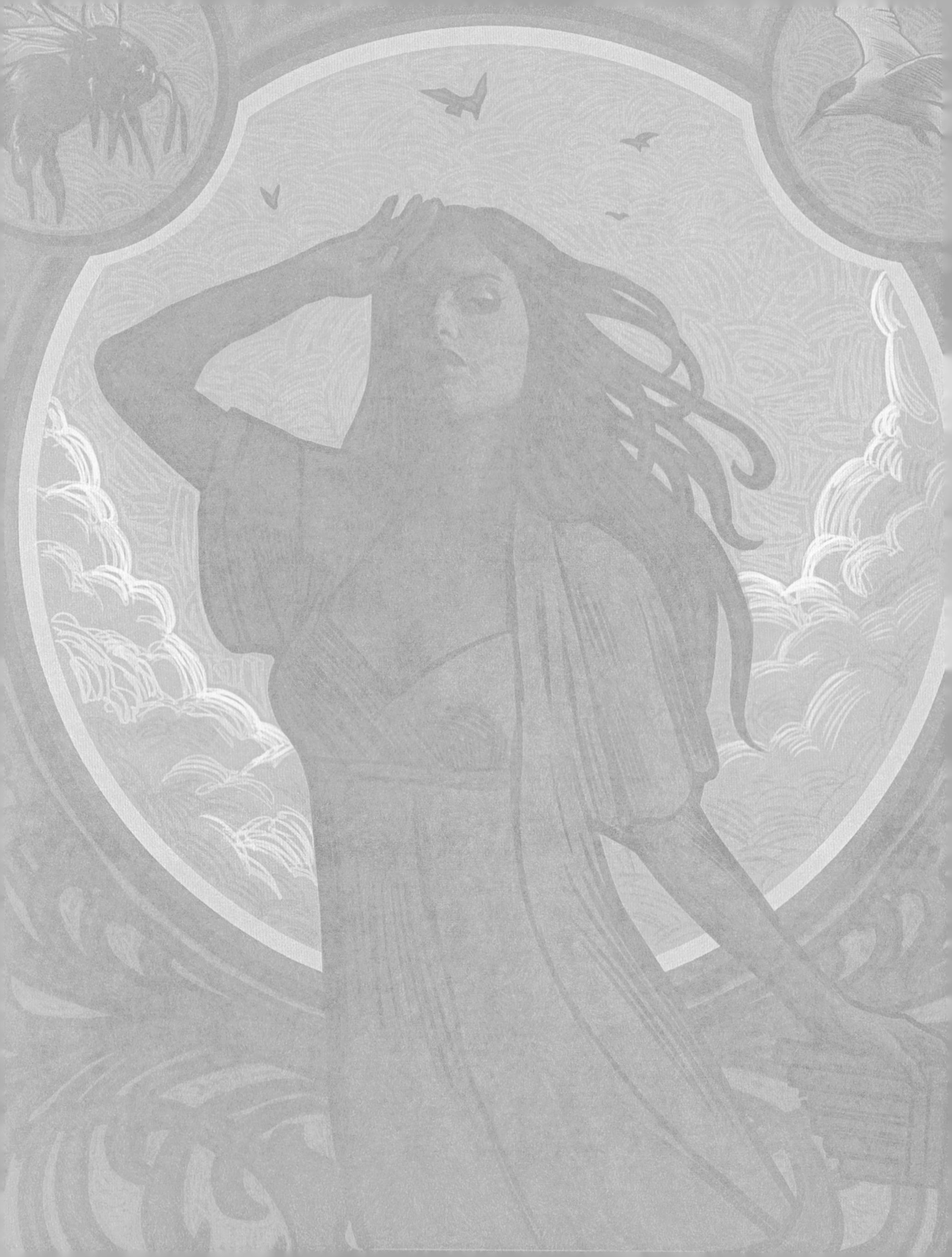

PARTE V
DEUSA DO AR

AR: MITOLOGIA + PODERES

"EU GOSTARIA DE SER O AR QUE HABITA VOCÊ POR APENAS UM MOMENTO. EU GOSTARIA DE SER TÃO DESPERCEBIDA E NECESSÁRIA."
– MARGARET ATWOOD

O vento não conhece limites; ele nos conecta a todos e toca tudo e todo mundo. O ar e o vento há muito têm sido associados com tudo o que é mágico e espiritual, das antigas sacerdotisas gregas do vento às cerimônias e cânticos dos quatro ventos dos nativos norte-americanos. O ar fala a todas as culturas, de todos os cantos da Terra. Ele nos toca a todos. Flui através de todos nós. Respiramos o mesmo ar.

Vento. Ar. Oxigênio. Ele sopra vida em nós. Ele nos cura. Nos ajuda a voar. Carrega de tudo, dos sons e cheiros às sementes. Quero compartilhar uma história com você, algo que sempre bate nas janelas de minha alma quando existe no ar um sopro de espiritualidade. Sempre que estou me sentindo desanimada, sempre que amaldiçoo os céus ou simplesmente estou de mal com a vida, recebo de presente uma semente de dente-de-leão. Parece estranho, mas muitas pessoas próximas a mim concordam que os dentes-de-leão parecem me seguir por todo lado.

Uma vez, quando eu era pequena, minha mãe e eu estávamos no quintal, descansando no gramado, tirando dentes-de-leão e soprando as sementes para fazer um pedido. "Para onde as sementes vão?", perguntei, curiosa, observando as sementes que se afastavam flutuando na brisa de primavera.

"Elas vão encontrar uma nova casa e crescer", respondeu minha mãe, que naquele momento estava colocando uma flor de ranúnculo sob meu queixo (há uma crendice de que se o ranúnculo – que em inglês se chama *buttercup*, ou "tigela de manteiga" – ilumina de amarelo seu queixo, então você gosta de manteiga). Eu, com a avançada idade de 4 anos, adorava manteiga, em tudo.

"Como eu?" perguntei a minha mãe, que se debruçou sobre mim, interessada em compreender como eu havia chegado àquela conclusão.

"Como você?", ela perguntou, arrancando um dente-de-leão próximo, pronta para ouvir minha explicação.

"É! Olha, quando fui adotada, fui soprada de minha casa e comecei uma aventura para encontrar uma casa nova, e foi assim que cheguei até você, e agora estou crescendo." Soprei o dente-de-leão, conseguindo com êxito encher de cuspe a mão de minha mãe, antes de começar a rir.

"Você foi a resposta ao pedido que fiz quando soprei um dente-de-leão", ela respondeu antes de me dar um abraço.

Os dentes-de-leão aparecem em todo tipo de situação em minha vida – a morte de minha mãe; eles encheram o peitoril da janela quando sofri uma decepção amorosa; passam flutuando por mim no carro, ou mesmo quando estou nadando – um lembrete de que sempre podemos nos mover livremente, crescer e fazer pedidos!

Ainda, é um lembrete muito bom, para mim, de que por mais que eu ame a Mãe Natureza, sou totalmente alérgica a ela; a febre do feno me domina, começo a fungar e bufar como um touro enlouquecido, e a coçar os olhos lacrimejantes como se fosse uma espécie de Deusa do Pólen congestionada. De novo um presente do velho amigo, o vento, que carrega as partículas em suspensão, como poeira, pólen, poluentes para minhas narinas e faz meus seios nasais explodirem! Um viva ao ar.

Com o ar, vem o pensamento. O ar, e o vento que o carrega, traz consigo uma mensagem poderosa e renovada de luz, sabedoria e começos. Sua energia está no leste, onde o novo dia começa com o nascer do sol. A energia do ar assinala a mudança, um novo dia, uma nova oportunidade e um novo ciclo.

Os totens do ar são tecelões e mensageiros. A aranha que tece sua teia e pega a mosca. A ave que canta a partir das árvores e plana no céu. Isso propicia uma perspectiva elevada, uma visão atenta e sábia do mundo. O conhecimento na observação, no ouvir. A estação do Arquétipo do Ar é a primavera, o nascimento de uma nova vida. Com ela surge a oportunidade de adquirir novas intuições.

Sua concentração nesse momento será profunda, e sua conexão com todas as coisas mágicas e com o divino será forte. Usar a magia do vento para circundar-se com a fumaça do incenso de sálvia ou sândalo vai lhe trazer clareza. Você talvez encontre plumas. Circunde seu santuário com o aroma fresco das flores e de velas perfumadas. Encha seus sentidos com a energia desse elemento.

JOIA DA DEUSA

O ar pode transportar cheiros. Sejam os cheiros nostálgicos dos assados de Natal, ou aromas de cura e espirituais – aromas idênticos aos que nossos antigos ancestrais e anciãos usariam em seus rituais e preparados curativos. Tenho absoluta certeza de que em algum momento de sua vida você praticou a aromaterapia. Seja escolhendo um perfume com o qual tem maior afinidade, ou sentindo o aroma de uma vela, ou escolhendo um sabão com cheiro delicioso, a aromaterapia é uma forma de arte antiga, que você pode introduzir no dia a dia da vida moderna. Quando nos conectamos com os cheiros de que gostamos, podemos instantaneamente ser envolvidas, acalmadas ou transportadas – meio que a versão da Mãe Terra das drogas, sem os efeitos colaterais desagradáveis.

As pessoas têm usado ervas naturais, flores, incenso, óleos e perfumes ao longo do tempo para conectar o corpo, a mente e o espírito em uma nuvem aromática de bem-estar espiritual. Os antigos chineses, hindus, israelitas, cartagineses, árabes, gregos e romanos também praticavam formas de aromaterapia. Enquanto o uso mais antigo de vidros de perfume no Egito data de mais ou menos 1000 a.C., acredita-se que a arte da aromaterapia em si originou-se com os gregos e os chineses.[1] A mitologia grega sustenta que o conhecimento das fragrâncias e de perfumes era algo com que apenas os deuses e as Deusas seriam agraciados, e que o conhecimento da aromaterapia e de sua capacidade de influenciar a saúde e o humor era um sinal de *status*.

Assim como o galo canta ao amanhecer, e as aves gorjeiam e se agitam, sua alma também vai despertar com as novas mensagens de mudança e as ideias que nascerão nessa época. Seu espaço para essa energia é durante a manhã – saia para caminhar e sinta no rosto o ar revigorante, ouça a Mãe Natureza, e deixe a energia do vento penetrar em seus ouvidos e em seu coração. Para as Deusas, a energia do ar tem a ver com a imaginação e a inspiração. Seu cérebro pode ser incendiado com ideias criativas.

O ar é masculino; ele é ação. O ar passa através de todas as coisas, todos os elementos, e é um momento para você tomar nota de novas ideias sendo carregadas pelos ventos da mudança. Deixe que o movimento do ar ao seu redor ajude sua energia a se agitar e reunir sua imaginação e suas ações. O ar é uma energia leve e ativa. Saiba que com essa energia você pode fazer seus sonhos levantarem voo de fato.

É VITAL QUE A MULHER DO ARQUÉTIPO DO AR NÃO SUBESTIME O PODER QUE SUA INFLUÊNCIA PODE TER. QUANDO UMA FORTE RAJADA DE VENTO A ATINGE, NÃO HÁ ALTERNATIVA SENÃO MOVER-SE.

É vital que a mulher do Arquétipo do Ar não subestime o poder que sua influência pode ter. Quando uma forte rajada de vento a atinge, não há alternativa senão mover-se. Uma brisa gelada pode ser difícil de ignorar, e uma brisa quente pode ser um abraço reconfortante. Sua energia pode facilmente envolver os demais e, embora gentil, pode ser também poderosa. Seu intelecto é uma outra fonte de poder.

Você é profundamente reflexiva, garantindo sua análise e avaliações das situações e dos entornos, sempre aprendendo. No entanto, como resultado há momentos em que você não está presente, quando está perdida em pensamentos. É um dos motivos pelos quais você adora grandes encontros sociais, pois eles proporcionam uma oportunidade de envolver-se com uma sala de aula consciente, para observar e com a qual crescer. Para utilizar seu poder de fato e ajudar sua evolução, certifique-se de que está aprendendo as lições reais a partir de suas observações, e não aquelas derivadas do medo. Aprenda com seu coração, não apenas com sua cabeça. Esteja presente em seu entorno, faça-se presente e mostre-se.

Mitologia do Ar

NÃO É SURPRESA QUE AS HISTÓRIAS DE DEUSAS DO AR TENHAM MOVIMENTOS, GUINADAS E COM FREQUÊNCIA MUDANÇAS CRUÉIS NO ÂMAGO DE SUA TRAMA.

Em muitas culturas, o ar tem sido associado com o divino, desde os chineses, gregos e romanos às muitas culturas indígenas. De forma geral, diz-se que os ventos do sul e do leste trazem bons augúrios, e que uma mudança abrupta da direção do ar pode significar transformação. Assim, não é surpresa que as histórias de Deusas do Ar tenham movimentos, guinadas e com frequência mudanças cruéis no âmago de sua trama. Lembre-se, com grandes mudanças vêm grandes transformações. É a característica e a marca evolutiva registrada do ar.

ARCE (DEUSA GREGA), TAMBÉM CONHECIDA COMO ARKE

Mensageira dos Titãs, Arce tinha asas para levar mensagens por meio dos ventos. Ela era irmã de Íris, a Deusa do Arco-íris, e acredita-se ser o tênue segundo arco-íris que se vê junto à irmã nos céus, onde ela se escondeu depois que Zeus privou-a de suas asas. Aliás, Zeus parece um bocado cruel com todos esses lances de maldições, transformações e privações.

BRÍGIDA (DEUSA CELTA/IRLANDESA)

Era a Deusa de tudo que se referisse a condições climáticas, poesia e ofícios. A história dela evoluiu com o passar do tempo, das influências pagãs às cristãs. Ela tem sido associada com tudo que diz respeito à primavera – fertilidade, banquetes – e é igualmente equiparada a Atena e Héstia. Ela também está conectada com o elemento Fogo.

EOS (DEUSA GREGA/ROMANA), TAMBÉM CONHECIDA COMO AURORA

Uma de minhas favoritas, esta é a Deusa alada do amanhecer. Também uma titânide, esta alma irmã erguia-se com o sol a cada manhã. Era irmã do deus do Sol e da Deusa da Lua.

HATHOR (DEUSA EGÍPCIA)

Esta Deusa tem bom gosto: ela cuida de tudo que diga respeito ao céu, à beleza, ao amor e à música. É um emprego e tanto! O lance dela inclui tudo o que é feminino, o amor e boas vibrações. Acredita-se que seja a "senhora do oeste", dando as boas-vindas aos mortos e guiando-os para a outra vida (em muitas culturas, os mortos são enterrados com o rosto voltado para o oeste, a fim de ajudá-los na travessia. Também é por isso que muita gente, incluindo eu, acredita que você terá um sono melhor e mais energizante se direcionar a cabeça para o leste ao descansar. Quem dorme com a cabeça voltada para o oeste vai achar mais difícil acordar com o sol pela manhã).

ILMATAR (DEUSA FINLANDESA)

É o espírito virgem do ar. Ela estava entediada com o céu, cansada de contar arco-íris e toda descabelada por causa do vento (que tal prender o cabelo, mana?). O vento leste ficou com pena dessa Deusa e concedeu-lhe o que ela desejava – um filho, que se tornou um filho do vento.

CAOS (DEUSA GREGA/ROMANA)

Ela foi a primeira coisa a existir no mundo; nascida da escuridão e da noite, surgiu antes que Gaia fosse criada. Olha só, o caos pode ser belo! Em grego, caos significa "separação", e acreditava-se que ela estivesse entre a terra e o céu, o ar que os seres respiram.

> ### EXERCÍCIO DE EVOLUÇÃO: OUVINDO OS VENTOS
>
> Este exercício vai ajudar você a encarar com facilidade as mudanças e os desvios que o elemento Ar traz, com o apoio de suas irmãs Deusas. Aventure-se lá fora. Se houver uma brisa, fique de frente para ela; se não houver vento, deite-se de costas e observe as nuvens.
>
> Agora feche os olhos e ouça o vento (isso mesmo, um momento Pocahontas). Permita-se estabilizar, descansar e aterrar-se enquanto ouve os sussurros no vento.
>
> Pense em sua Deusa do Ar favorita, se isso fizer sentido para você. Permita que seus sentimentos e sua energia rodopiem e espiralem, movendo-se dentro de si. Se em algum momento você se sentiu presa no lugar, ou presa à rotina, use este exercício para enfrentar as mudanças que tem pela frente. Gosto de fazer um diário dos meus desafios, e então, depois da meditação, escrever o que vi, senti ou ouvi. É interessante o que você consegue ver quando seus olhos estão fechados e o vento tem seus ouvidos como plateia.

SARANYA (DEUSA INDIANA/HINDU)

Ela era Deusa das Nuvens e do Alvorecer. Era a mulher do sol, mas a união não era feliz. Acredita-se que Saranya não conseguiu lidar com o calor furioso de seu marido, e foi se esconder em regiões silvestres, tornando-se também a Deusa dos Animais.

Chaves para Ativar o Poder do Arquétipo do Ar

Mudanças e movimento

Pensamentos novos e intuição

Espirituosa

Flexível e ágil na mudança

Positividade

Conhecimento ou estudo

Viagens e liberdade

Visualização

Perspectiva mais elevada

Um senso de magia e de sincronicidade

Uma nova perspectiva

Redescoberta

Independente

Egoísta

16

O ESSENCIAL DA EVOLUÇÃO DO AR

"PELA AERODINÂMICA, A ABELHA NÃO DEVERIA CONSEGUIR VOAR,
MAS COMO ELA NÃO SABE DISSO, VOA DO MESMO JEITO."
— MARY KAY ASH

Esta é a história de uma Deusa que não precisava do vento para jogar sua saia para cima, que resolveu mandar ver...

Sheela-na-Gigs, ou "a velha bruxa dos peitos" (é um nome ótimo, não é?) entrou para a história na forma de entalhes de pedra espalhados por toda a antiga Irlanda e a Grã-Bretanha. Tais entalhes são bastante peculiares, no sentido de que mostram a Deusa Pagã Sheela nua e exibindo uma vulva superexagerada (aparentemente, o jeito mais fácil de reconhecê-la era por sua enorme vagina. Céus).

Dizia-se que esta Deusa pagã, lasciva e liberada, atraía os homens com suas "partes femininas". Ela saía por aí com a saia erguida, convidando os homens a enterrarem em seu corpo os infortúnios, preocupações e durezas. A maioria dos homens a rejeitava, e devia passar reto pensando que ela era uma maluca desmiolada; mas quando algum deles de repente aceitava o estranho convite, para seu grande espanto Sheela virava uma bela mulher e o transformava em rei! Parece que ele ia do clitóris para a coroa!

Estudiosos e historiadores também acreditam que os entalhes de Sheela serviam como proteção contra o "mau-olhado". São encontrados na França, na Espanha, na Grã-Bretanha, na Irlanda e até na Noruega, e mostram uma mulher de pernas bem abertas exibindo o triângulo de entrada do santuário do ventre feminino. Acreditava-se que traziam saúde e uma colheita fértil, e que protegiam contra o mal.

Sheela-na-Gigs também entrou para a história com a reputação de Deusa da Fertilidade. Suas esculturas eram levadas com frequência para casamentos, lares e rodas de gestantes. Mas minha história favorita sobre ela é esta: seu gesto principal era erguer a saia para espantar os espíritos do mal, uma prática pagã chamada *anasyrma*. Isso nos faz imaginar: *seria este superpoder de afastar os males do mundo uma arte potencialmente perdida? Deixo isto para você pensar. Sem julgamentos!*

A verdade é que uma Deusa nunca julga ou menospreza uma irmã, e muito menos a insulta. Nossa sexualidade é uma força empoderadora e progressiva, que garante a nova vida. Isso sim que é um superpoder.

A DEUSA SHEELA, ALEGRE, RODOPIANTE, LEVE, DESCONTRAÍDA E DE ESPÍRITO LIVRE, NOS ENSINA QUE NOSSA FEMINILIDADE PODE SER TÃO ALIENANTE QUANTO É ENCANTADORA.

A Deusa Sheela, alegre, rodopiante, leve, descontraída e de espírito livre, nos ensina que nossa feminilidade pode ser tão alienante quanto é encantadora. Não importa o que os outros vejam em você, ou falem de você, seja dona do seu corpo pleno e belo, e sua confiança para ser você mesma estará em alta. Viva sem precisar pedir perdão. Você não ouve o vento murmurar "perdão, me desculpe" enquanto sopra através do cabelo de milhares de mulheres que marcham pelas ruas. Não. Em vez disso, é o vento da libertação, que impulsiona. Ele enche nossas almas, e nos ajuda a subir; ele emana das portas e janelas da mudança, afastando o desânimo e o menosprezo para dar as boas-vindas às mulheres maravilhosas, corajosas, sensuais, inteligentes e determinadas, as Marilyn Monroes de saias ao vento.

Sheela é uma heroína total, e ergo minha saia para os demônios do mundo, numa saudação da Deusa. Sheela e seu exibicionismo nos convidam a repensar ideias que antes nos envergonhavam, permitindo que agora nos empoderem. Saias ao vento, calcinhas à vista (ou nada de calcinhas, dependendo do tipo de demônio com o qual você convive) e tudo o mais.

Arquétipo de Personalidade do Ar

CÂNTICOS E CHAMADOS RESSOAM ATRAVÉS DE VOCÊ, QUE É UMA MENSAGEIRA SAGRADA, PROTETORA, UMA ALMA NA QUAL É FÁCIL CONFIAR, GRAÇAS À SUA PUREZA INABALÁVEL.

Os ventos da mudança sussurram para você, e com muita razão, Deusa. Você é o chamado da mudança, algo que encara com a elegância de uma verdadeira Deusa. Cânticos e chamados ressoam através de você, que é uma mensageira sagrada, protetora, uma alma na qual é fácil confiar, graças à sua pureza inabalável. Você é gentil. Real. Sua perspectiva ética da evolução faz com que seja um dos arquétipos mais autênticos. Você não é levada pelo ego ou por autopromoção. Você opera simplesmente movida pelo amor. Puro. Verdadeiro.

Quando confrontada com desafios e bloqueios conscientes, que se chocam com sua pureza, ao ver a escuridão nos outros você pode explodir, girar e estourar, saindo de seu rumo. Você se magoa e se frustra com facilidade pela displicência e egoísmo dos outros. Muitas vezes se vê sugada para contextos sociais, circundada por uma variedade de almas, cada uma delas com lições para compartilhar com você. Para você isso é emocionante, excitante, porque chega ao limite de sua zona de conforto. Você ama esse tipo de energia ao seu redor; no entanto, ela também faz com que se guarde conscientemente; isto é algo que pode de fato impedi-la de criar conexões profundas com os outros, e impedir que as pessoas se aproximem o bastante para tocar você. Muito pouca gente consegue ver o vento, as pessoas só sentem que é importante em sua experiência evolutiva.

ELEMENTOS ASSOCIADOS

O Ar está altamente conectado com os elementos Sol, Água e Terra. A Deusa do Ar viaja entre os mundos, beijando o céu e carregando sussurros para a terra e para os mares; ela altera sua forma e transcende. Para o Arquétipo do Ar, vale a pena explorar os capítulos sobre os três elementos neste livro, devido às conexões com a Deusa do Ar, que é irmã deles. As Deusas do Ar são almas afetuosas e gentis, de natureza sociável, queridas por todos, mas com frequência também têm grandes grupos de conhecidos, sem ligações de fato profundas. Elas flutuam, como gosto de dizer. Podem se mover quase que com demasiada liberdade. É por isso que o Sol, a Água e a Terra – três elementos muito fortes, curativos, que proporcionam aterramento – são importantes para ajudar o elemento Ar a alcançar seu propósito, e são essenciais para a experiência evolutiva de um Arquétipo do Ar de aprender a estabelecer conexões verdadeiras.

PERSONA DO AR

O Arquétipo do Ar pode ser visto como frívolo ou ingênuo, uma vez que sua personalidade é tão passiva e pura. Essa doçura genuína é inclusive um ponto forte desse arquétipo, caso explorada da maneira certa. Sua capacidade de acompanhar as voltas e mudanças dos ventos sempre cambiantes faz com que esse arquétipo seja dinâmico e rápido em termos de mudança e transformação; isso é feito com facilidade e com grande elegância. Um Arquétipo do Ar com toda a certeza não tem uma abordagem agressiva da evolução, e com frequência vai se esquivar de desafios grandes, perturbadores e confrontadores, optando por uma atitude mais sutil de autodesenvolvimento. Tem uma personalidade pessoal, e costuma não falar sobre suas questões mais importantes; os outros podem não perceber isso, já que o Arquétipo do Ar muitas vezes é visto em grupos, socializando feliz. Na verdade, esse arquétipo tem uma energia muito introvertida e protegida, polarizada pelo anseio por uma consciência coletiva na qual possa sentir-se seguro e em casa.

CHAKRAS DO AR

Chakras do Coração e do Plexo Solar

O chakra do coração está situado no centro do seu coração, e está relacionado com tudo que diz respeito à raiva, medo, amor e confiança – sinais de que a maior parte dessa experiência evolutiva tem a ver com lições relativas à emoção. Com isso, você tem uma experiência plena com a vida, de coração aberto. O plexo solar está localizado no abdome ou na região superior do estômago, e está relacionado com sua confiança, autovalorização e autoestima. Essas duas experiências emocionais e de amor-próprio constituem o âmago da jornada do Arquétipo do Ar.

ANIMAIS ESPIRITUAIS DO AR

O cervo ou o antílope representam o Arquétipo do Ar. Eles simbolizam o coração – sim, pense no Bambi. Essas criaturas gentis são inteligentes e rápidas ao responder a ameaças facilmente ouvidas nos sussurros do vento. A reação que demonstram é sempre elegante e inocente, e eles se movem de forma leve e ágil com a mudança.

EMOÇÕES DO AR

As mulheres do Arquétipo do Ar parecem ser muito calmas e controladas quando vistas por fora. No entanto, por dentro, suas emoções podem ser um torvelinho de julgamentos, ansiedades e dúvidas. Estão sempre tentando encontrar o sentido daquilo que pensam e sentem. Podem também ser cálidas num minuto, e frias no minuto seguinte, dependendo de como interpretaram o comentário de alguém. Muitas vezes se permitem ficar aborrecidas por saltarem às conclusões cedo demais. Uma das principais emoções que o Arquétipo do Ar precisa dominar é a confiança. Em geral são bem delicadas e suaves em suas emoções. Com frequência esta é a raiz de grande parte de sua incapacidade de se conectar profundamente e de vivenciar uma mudança profunda, pois as pessoas desse arquétipo optam por relacionamentos superficiais, acreditando que assim ficam mais seguras devido à distância energética entre elas e os demais.

O ar é, afinal de contas, muito difícil de pegar! Quando as mulheres abandonam a crença de que os relacionamentos superficiais não podem magoá-las e passam a ver que eles na verdade não lhes servem, então pode ter início a verdadeira transformação. Na verdade, é dentro dessa profunda experiência de amor, conexão e, às vezes, mágoa que as verdadeiras lições esperam o Arquétipo do Ar.

MANTRA DO AR

Sigo com convicção, confiando em minhas ações e sabendo que fugir ou esquivar-me das lições impede meu desenvolvimento. Permito que as pessoas vejam e vivenciem todos os elementos de mim, em todas as minhas formas e em toda a minha beleza. Possam os ventos dividir-se e organizar-se para ajudar no meu progresso.

ZODÍACO DO AR

Pessoas de Ar compartilham os atributos encontrados nos signos estelares de Ar, incluindo Libra e Aquário, que representam os ventos da mudança. Como as Deusas do Ar, gostam de flertar, são alegres e expressivas. Carregam ideias e ação em sua missão evolutiva. Assim como esses signos zodiacais, as Deusas do Ar são bem liberadas! O poder que tais signos têm de proporcionar um sopro de ar fresco pode ajudar muita gente que não consegue ir adiante em sua experiência evolutiva. É por esse motivo que você talvez perceba que um monte de almas que pensam como você acabam buscando sua companhia. Você é, na verdade, bastante profunda e inteligente; muitos signos de Ar exibem um amplo intelecto, devido à sua natureza observadora e à maneira gentil como abordam a razão. Como as Deusas do Ar Hathor, Eos, Caos e Brígida, você é alerta, desperta e curiosa, e sua perspectiva da evolução muitas vezes ajuda a abrir caminho para outras mulheres, semelhantes a você. Você é de fato um indivíduo, o que faz com que a estrada evolutiva à sua frente seja divertida e única.

ESTAÇÃO DO AR

Primavera, novos começos e renascimento.

CRISTAIS DO AR

Cristais como esmeralda, topázio, labradorita e fluorita são ideais para o Arquétipo do Ar. Eles favorecem pensamentos equilibrados, acalmam o falatório mental e ajudam a acalmar e harmonizar as emoções. Tais cristais também vibram com a frequência do coração, ajudando a manter o amor-próprio e sua paz interior. Tais pedras proporcionam aterramento, são estabilizadoras e protetoras, ideais para ajudar a pessoa de Ar a amar e confiar de forma plena. A calcita azul também está conectada ao elemento Ar, carregando visões e mensagens espirituais.

AROMATERAPIA DO AR

Os óleos essenciais da Deusa do Ar, que funcionam melhor se difundidos ou queimados no ar à sua volta, ajudam a energia a circular e a fluir de forma livre. Óleos como néroli, gerânio ou capim-limão ajudam a melhorar seu ânimo, voltar seu foco para uma perspectiva mais positiva e manter sua energia circulando. O olíbano vai acalmar suas ansiedades, e proporciona paz de espírito quando você está se abrindo para confiar, e está achando um pouco estressantes as mudanças e a sensação de ser leve, radiante e descontraída. Permitir que o ar carregue o perfume ou a fumaça a seu redor é um ritual sagrado da Deusa que vai ajudar a pessoa de Ar a se sentir de fato estabilizada e em paz, durante períodos de grandes mudanças ou desafios.

ALIMENTOS DO AR

As folhas verdes são o seu barato, Deusa. Elas fortalecem o amor e a compaixão, e também proporcionam fartos nutrientes. Alface, couve, espinafre e rúcula são todos ricos em vitamina K, que ajuda a pessoa de Ar a se sentir aterrada e forte, e a libertar-se facilmente de qualquer bloqueio. Refeições feitas com amor são essenciais para quem é de Ar, de modo que alimentos que trazem memórias afetivas também auxiliam muito os Arquétipos do Ar em sua jornada. As refeições podem reconectá-la a um lar amoroso, um parceiro ou a experiências de sua vida. Tais refeições são o caminho para o coração de alguém de Ar.

FLORES DO AR

As flores de cerejeira são tranquilizadoras, bondosas e compassivas, irradiando amor. São ótimas para decoração da casa ou do jardim de uma Deusa do Ar, mas também podem ser encontradas como guarnição decorativa. São delicadas e suaves como alguém de Ar.

LUA DO AR

As superluas constituem a ferramenta mais desafiadora e transformadora do Arquétipo do Ar. Elas têm lugar quando uma lua cheia ou nova ocorre no momento em que o centro da lua está mais próximo à Terra, e são eventos raros. A Lua parece maior, e sua atração é ainda mais poderosa. Tais superluas são caminhos poderosos para os ventos da mudança, e cada uma oferece uma mudança de significado.

EQUILÍBRIO MASCULINO DO AR

Quando o ar está fora do alinhamento masculino-feminino, e você está em uma forma de energia mais masculina, pode se pegar tentando encontrar um sentido lógico no mundo à sua volta, racionalizando experiências e suas emoções. O ar pode simbolizar o *prana*, o princípio da vida, e também a fé ou o fluxo de sua energia espiritual. Quando o ar sai de equilíbrio, você pode sentir que é difícil ou impossível acreditar no que é invisível. O amor e a espiritualidade não são visíveis, mas, assim como o ar, podem ser sentidos. É importante para você, durante esse período, tentar focar sua energia no que sente e não no que pensa.

O ar tende a ser um elemento mais masculino, por seu movimento e sua natureza lógica. O lado feminino do ar entra em ação quando você quer se conectar com tudo que tem a ver com espírito, fadas, anjos, fantasmas – no que quer que você acredite. A associação mágica e espiritual com o ar e com o vento, e os sussurros que ele transporta são elementos importantes para o empoderamento de seu lado místico, caso acredite em coisas que nem sempre pode ver. Você não consegue ver o ar, mas ele está lá. Não consegue ver o amor, mas você sabe quando ele está presente.

AR RETRÓGRADO

O vento não é estático, ele é feito para curvar-se e entremear-se. Quando o ar está em estado retrógrado, sua vida parece não ter movimento. Você não tem fôlego, como se o seu espírito não tivesse ar nos pulmões para seguir adiante. Você pode sentir que está presa no lugar, ou em estado retrógrado, sendo empurrada para trás pelos ventos de períodos imutáveis. A melhor maneira de imaginar o elemento Ar é na forma de um número oito. Ele está sempre fluindo, para dentro e para fora, como o símbolo do infinito, e à semelhança da Deusa Tríplice, sempre renascendo, morrendo e renascendo. Um ciclo, uma espiral de movimento. Tanto o ar quanto o oito criam mudança, geralmente no poder pessoal, por exemplo, em sua carreira ou nas finanças. Dizem respeito à abundância, prosperidade, progresso. Como uma Deusa do Ar, você está programada para mudar, se mover, evoluir. Assim, naturalmente, quando uma Deusa do Ar fica presa no lugar, sem conseguir avançar, você pode não estar dando ouvidos à mudança do vento, ou estar disposta a adaptar-se às mudanças que ele traz e, como resultado, isso pode interromper o fluxo orgânico que vem com o ar. Como quando você entra em um cômodo que esteve fechado por tempo demais, vai parecer abafado em termos energéticos. A chave é um equilíbrio entre controle e espontaneidade. Vá aonde o vento a levar, em vez de esperar que as portas se abram sozinhas.

FASES DA VIDA DO AR

Não é surpresa que a Deusa do Ar flutue livremente entre as diferentes fases da Deusa, de modo semelhante ao que ocorre com a água. Em termos de comportamento, você pode ser quase impossível de prever, o que significa que você pode facilmente personificar a Deusa tríplice em um só dia! Você pode ser alegre e inocente como uma Donzela em um instante, ousada e direta no minuto seguinte, e então suave e calma – como os ventos que sempre mudam.

DONZELA DO AR

A Donzela do Ar tem tudo a ver com a mente. A Deusa do Ar vai se sentir inspirada, motivada e muito leve em sua capacidade de explorar filosofias, teorias e conhecimentos que para muita gente seriam abstratos. Como uma águia, você ascende e plana a novas alturas ao tentar observar, olhando para baixo, para a vida, como um olho do céu. Assim como as Deusas do Ar Hera, Aura e Ilmatar, você é agitada e tem a tendência de entediar-se facilmente. Quando surgem conflitos ou discussões, uma Deusa do Ar

DEUSA (R)EVOLUCIONÁRIA: WRISE

Costumávamos nos abrigar do vento. Erguer as mãos e proteger os olhos, para podermos continuar caminhando e evoluindo, avançando com frequência contra o vento, e cada passo exigia esforço e energia. Hoje, vemos o vento como um símbolo de mudanças, como algo que nos conecta e nos transporta, que enche nossas velas de ar e nos empurra para a frente, e até o utilizamos como energia renovável! O vento é um fazedor por si mesmo.

Assim, não vamos falar de uma mulher que trabalha com o vento, mas das Mulheres do Vento. Mulheres da Indústria Renovável e Energia Sustentável (cuja sigla em inglês é WRISE) é uma fundação que atua como uma importante força dentro da economia de energia renovável. Ela tem um propósito empoderador: mudar nosso futuro energético por meio das ações das mulheres.[1] Ao construir uma comunidade, promover a educação e cultivar a liderança, a WRISE leva ao avanço das mulheres e inspira as membras e o público a unir-se e fazer sua voz ser ouvida por outros. Você poderia chamar de ventos da mudança.

De turbinas de vento, planejamento energético e meteorologistas, a novos sistemas de recursos e soluções, mais e mais mulheres estão participando da gestão e exploração dos ventos, ajudando a curar e sustentar a Terra. A fundação trabalha para colocar mais mulheres em funções tecnológicas, prover aperfeiçoamento a elas e ajudar a dar-lhes voz no setor dos recursos renováveis. Tais mulheres dão um significado totalmente diferente à expressão *girl power!* Para saber mais, visite wrisenergy.org.

precisa aprender a permanecer focada com clareza na comunicação. É fundamental para uma Donzela do Ar aprender a controlar o senso de lutar ou fugir. Ela deve aprender a evoluir em sua capacidade de ficar imóvel em momentos de confronto, para não perder nenhuma lição transformadora em potencial proporcionada pela vida.

MÃE DO AR

A Deusa do Ar na fase de Mãe incorpora a Deusa Danu, uma protetora irlandesa. Reunindo a sabedoria com o vento – a magia divina fluindo –, seu nome significa "a que flui" e é perfeitamente adequado para uma Mãe do Ar, pois suas asas de sabedoria carregam-na através dessa fase. Acredita-se que seus filhos, chamados de povo da Deusa Danu, sejam as fadas e os pixies. Suas asas simbolizam a inspiração e a sabedoria, trazendo conforto, fertilidade e abundância para as águas e terras dela. Isso demonstra a longa amizade que a Deusa do Ar mantém com os elementos Água e Terra. A Mãe do Ar tem a ver com comunidade e com os laços de amizade e família. Uma Deusa do Ar não poupará esforços para proteger sua tribo e garantir a segurança desta. A energia da Mãe do Ar abrange novos começos, a criação, a transformação, a criatividade e a iluminação. Ela realinha a verdade e empodera os demais.

ANCIÃ DO AR

Uma Anciã do Ar é experiente, universal. Ela vê todas as coisas como uma só, conectada. Quem melhor utiliza o vazio sombrio e a verdade absoluta da energia da Anciã do Ar é a Deusa Caos. Esta foi a primeira Deusa, nascida da vasta escuridão e dividindo-se para dar origem ao universo, um símbolo para a Deusa Tríplice: o Céu como a Donzela, a Terra como a Mãe e a sombria existência no além como a Anciã. Ela deu à luz nosso início, e com a energia da Anciã ela chama nossa atenção para os términos. A Anciã do Ar tem a ver com nossas energias mais sombrias, respeitando o círculo que aninha a vida, como acontece com tudo que tem a ver com a jornada humana na natureza. A Anciã do Ar tem a ver com aceitação, perdão, proteção e comunicação com os reinos espirituais e com nossos guias. Ela guia a Deusa em seu voo final, permitindo que sua sabedoria e a força proporcionada pela experiência sejam o vento que ergue suas asas.

MODALIDADES DO AR

"QUANDO VOCÊ É DONA DE SUA PRÓPRIA RESPIRAÇÃO,
NINGUÉM É CAPAZ DE ROUBAR SUA PAZ."
— ANÔNIMO

Respire Vida

Uma coisa na qual a ciência e a espiritualidade concordam é que, quando respiramos profundamente, por longos períodos, não apenas relaxamos, mas podemos transcender e sonhar. A arte do sono profundo e o mistério dos sonhos vêm despertando interesse geral, ao longo da história, com registros de análises dos sonhos remontando a aproximadamente 3500 a.C., e registros de seu estudo no Antigo Egito, na Grécia, na Babilônia, na Fenícia, no Japão e nas Américas, para citar apenas alguns.[1]

Quando a respiração profunda é dirigida aos nossos centros de energia, e permitimos que nosso corpo repouse, deixando que o oxigênio nos rejuvenesça e restaure para o dia seguinte, muitas vezes também nos são concedidos sonhos e mensagens de nossos ancestrais e guias. Este é nosso modo de digerir eventos e emoções que chegaram ao subconsciente.

Embora respirar seja um instinto inato, quando foi a última vez que você praticou uma respiração consciente? Sabe, concentrando a atenção em cada inspiração e em cada expiração. Vamos invocar nossa Deusa do Ar e respirar cinco vezes para focar a atenção na respiração e agradecer por alguma coisa que todos os dias damos como certa. Respire vida para seus chakras, sinta o ar circulando através de seus centros de energia da Deusa, movendo e soprando a energia em sua mente, corpo e alma. Restaurando e rejuvenescendo como uma brisa leve de verão.

Tente estes diferentes exercícios respiratórios; eles podem ajudá-la a relaxar quando estiver

> ### JOIA DA DEUSA: FLAUTAS E CACHIMBOS
>
> Ouça o vento. Seja ele o vento que sopra do lado de fora de sua janela, seja uma flauta ou o cachimbo da paz.
>
> Tenho o maior respeito pela cultura e tradições dos nativos norte-americanos. Eles sempre respeitaram a conexão com os elementos, e eles próprios têm uma ligação com o vento. Esses povos acreditam que o vento seja um mensageiro divino, e que o ar carrega os espíritos. Eles acreditam que o ar e o vento abrangem tudo o que não podemos ver mas podemos sentir – como nossa alma, a espiritualidade e o amor. Só porque não podemos ver algo não significa que isso não está lá ou não existe. Você pode sentir o vento no rosto, embora não possa vê-lo. Os cachimbos são importantes na cultura dos nativos norte-americanos, desde os cachimbos da paz aos cachimbos medicinais e de guerra; também são importantes as flautas. O cachimbo da paz é considerado um vínculo sagrado entre a terra e o céu – o fogo e o tabaco lembram o sol e a fonte de vida; durante uma cerimônia, são feitas orações para as quatro direções do vento. A flauta era usada pelos xamãs, curandeiros e homens da medicina para tudo, da meditação e do namoro à cura. A natureza curativa da flauta dos nativos norte-americanos ainda é amplamente usada hoje em dia.

estressada ou lidando com mudanças demais, ou podem propiciar um sono mais profundo, se feitos antes do seu repouso.

RESPIRAÇÃO COM A BARRIGA

Coloque uma das mãos sobre o estômago, relaxando a barriga, e inspire devagar pelo nariz, levando o ar para o fundo de seus pulmões. Sua barriga deve erguer-se à medida que seus pulmões se expandem, cheios de ar. Quando seus pulmões, barriga e caixa torácica estiverem cheios, pare por um momento, antes de soltar o ar suavemente de novo, do alto dos pulmões até o fundo. Fazer algumas respirações profundas como esta pode ajudar a acalmar o sistema nervoso, e até afetar seu nervo vago, que reduz o ritmo cardíaco e acalma o corpo e a mente.

RESPIRAÇÃO DAS NARINAS ALTERNADAS

Essa técnica respiratória é ensinada por Deepak Chopra e é conhecida como *nadi shodhana*, ou "respiração das narinas alternadas". Ela ajuda a transformar a ansiedade e o sentimento de estar agitada ou desconectada em uma mente quieta e calma.[2]

♣ Sente-se em um assento confortável, com a coluna ereta, os ombros relaxados e o peito aberto. Feche os olhos e inspire profundamente algumas vezes através do nariz, para trazer a atenção para sua respiração.

DEUSA QUE FAZ: MICHELLE OBAMA

Michelle Obama é uma Deusa do Ar moderna, que dominou a jogada de cabelo em câmera lenta, da mesma forma que dominou os ventos da mudança e da percepção. Seu trabalho para educar e colocar na escola milhões de meninas no mundo todo, por meio de sua iniciativa "Deixe as Meninas Aprenderem" mostra que a energia do ar não conhece barreiras. Esta Deusa usou seu tempo e sua plataforma, enquanto primeira-dama dos Estados Unidos, para discutir os problemas globais referentes à educação das meninas. Uniram-se a ela nessa missão, compartilhando sua sabedoria para a nova próxima geração de Deusas, Erna Solberg, Malala Yousafzai, Oprah Winfrey, Hillary Clinton, Ellen Johnson Sirleaf, Emma Watson, Sua Alteza Sheikha Moza e Tererai Trent, para citar apenas algumas. Ela é uma mulher que sabe o valor da educação para a evolução de qualquer Deusa, garantindo que o máximo possível de mulheres, no mundo todo, tenham acesso ao conhecimento e às oportunidades a que têm direito.

♣ Coloque o polegar direito sobre a narina direita e inspire profundamente através da narina esquerda, enchendo os pulmões.

♣ Quando os pulmões estiverem cheios, feche a narina esquerda com o quarto dedo, ou dedo anular (ainda da mão direita).

♣ Erga o polegar direito, e então expire suavemente pela narina direita.

♣ Feche a narina direita com o polegar direito. Inspire de novo e, quando os pulmões estiverem cheios, feche a narina esquerda com o quarto dedo, erga o polegar direito e então expire suavemente pela narina direita.

♣ Quando os pulmões estiverem vazios, inspire pela narina direita, fechando-a com o polegar direito no fim da inspiração, erga o quarto dedo e expire suavemente pela narina esquerda. Repita por cerca de 3 a 5 minutos ou até sentir que sua respiração não exige esforço e sua mente está calma.

RESPIRAÇÃO UJJAYI

Esta técnica também é conhecida como "respiração vitoriosa", e é provável que, se você se aventurou em alguma aula de yoga, tenha visto/ouvido alguém praticando-a. Esta prática consiste em fazer uma inspiração profunda, lenta e prolongada através das narinas, e então expirar pela boca, relaxando a mandíbula, quase produzindo um som *ha*, enquanto expira longa, lenta e suavemente. Às vezes fazemos isso intuitivamente quando estamos estressadas. O suspiro profundo acalma os centros nervosos e ajuda a relaxar nosso corpo e nossa mente. É essencial para as Deusas em evolução que ficam presas no congestionamento.

Registro dos Sonhos

Em muitas culturas, os sonhos são respeitados como visões e intuições, que o elemento Ar traz até você. Como Deusa, você deve tomar nota de seus sonhos e prestar atenção a qualquer significado oculto que um descanso profundo possa lhe trazer. Preste atenção aos símbolos que aparecem nos sonhos, às cores, como você se sente, o que está vivenciando. Quando acordar, tente anotar tudo o que puder se lembrar. Por exemplo, posso ter sonhado que estava velejando em um barco e terminava mergulhando fundo na água, e então ela ficava negra e eu me sentava imóvel no fundo do mar (é um sonho real que tive recentemente). Eu anotaria oceano, velejando, mergulhar ou pular na água, nadar, negro, sentar e então refletiria sobre essas palavras, ou procuraria por elas em minha biblioteca de dicionários de sonhos. Há muitos ótimos dicionários e *websites* sobre sonhos disponíveis para a pesquisa do significado dessas joias da Deusa que chegam até você pelos sonhos. Assim, torne-se sua própria detetive dos sonhos, e descubra que pistas seus sonhos estão lhe dando.

Aromaterapia

Para iniciar você no mundo da aromaterapia, aqui estão algumas misturas de óleos naturais que estimulam e transformam diferentes estados de espírito. Esses óleos podem ser queimados no ar, colocados em seu templo ou altar, se tiver um, aplicados nos pulsos, colocados em uma bola de algodão a ser posta dentro de sua fronha ou adicionados à água e borrifados como uma névoa em seu cabelo ou sobre as roupas. O truque para trabalhar com a aromaterapia é seguir seus instintos e usar os aromas dos quais gosta. Essa etapa de sua busca tem a ver sobretudo com o prazer, e então desfrute-a![3]

Misturas	Estado de Espírito
Laranja, jasmim, *grapefruit*, alecrim, sândalo, hortelã-pimenta, limão-siciliano, gengibre, manjericão, olíbano	Fadiga, baixa energia, falta de motivação, falta de foco, confusão, sentir-se perdida
Baunilha, *ylang-ylang*, limão-siciliano, laranja, camomila, bergamota	Estresse, excesso de trabalho, exaustão
Jasmim, laranja, alecrim, cipreste, bergamota	Autoestima, cuidado com os outros, amor, autocuidado
Olíbano, rosa, laranja, lavanda, jasmim, sálvia esclareia, sândalo, *ylang-ylang*, bergamota	Tristeza, dor, perda, mudança
Camomila, lavanda, tangerina, sândalo	Raiva, agitação, ódio, perdão

Meditação do Cântico do Vento

Minha querida irmã de alma Anita Sanchez compartilha sua conexão com as pessoas, com a terra e com o espírito encerrando suas palestras com um cântico para as quatro direções, a fim de ensinar a todos nós como nos conectar. Utilizando o que aprendeu com sua ancestralidade nativa norte-americana, as histórias que ela conta suplicam que adotemos uma nova visão de nosso planeta e nos livremos da ilusão de que de algum modo estamos separados da terra. Ela nos desafia a buscar e honrar a interconexão entre pessoas, terra e espírito. Eu pessoalmente acho o cântico dela tão emocionante que meus olhos se enchem de lágrimas ao ouvi-lo. Anita é a autora de *The Four Sacred Gifts: Indigenous Wisdom for Modern Times*. A mudança está no ar, caras colegas Deusas![4]

Esta meditação e cântico é uma canção de agradecimento à Mãe Terra, ou o que o povo indígena de Anita chama de o Grande Mistério. Você entoa a música cada vez que se vira de frente para cada um dos quatro pontos cardeais – Leste, Sul, Oeste, Norte. A canção é esta: "Foi dito, foi dito: gratidão, gratidão, Grande Mistério. Gratidão, gratidão, Grande Mistério".[5]*

Utilize as Energias da Deusa do Ar

Coloque-se de frente para o vento. Como uma Deusa do Ar, deixe que seus cabelos sejam agitados pelos sopros de ar enquanto você sente os cheiros e ouve o vento que rodopia a seu redor. Inspire-o para dentro de si. Torne-se uma com o ar, à medida que enche com ele os pulmões. Deixe o vento carregar os aromas suaves até seu nariz, e sussurrar histórias em seus ouvidos. Permita que abrace e envolva você. Reconheça o caos e a destruição no vento, enquanto ele sopra por você, e igualmente curve-se ante a capacidade que ele tem de conferir o sopro da vida àquilo que roça ao passar, carregando as sementes do renascimento. Você pode fazer isso fora de casa, com o vento em seu cabelo, ou visualizá-lo enquanto ouve instrumentos de sopro e aspira suas fragrâncias favoritas da aromaterapia.

CONTEMPLAÇÕES DA DEUSA...

O Arquétipo do Ar tem uma estrada evolutiva emocional à sua espera. Se puder utilizar seu poder para estar presente e infiltrar-se por entre suas barreiras para confiar naqueles à sua volta, as lições a aguardam. Se os ventos ávidos do Arquétipo do Ar a carregaram para longe, você pode continuar a explorar o vasto e maravilhoso mundo novo de tudo que diz respeito ao vento e à sabedoria estudando a mitologia e o folclore da Deusa do Ar. E não se esqueça de que os elementos Sol e Terra também atuam em seus ventos de mudança evolutivos conscientes.

---

* No original: "It is said, it is said: Thank you, Thank you Great Mystery. Thank you. Thank you Great Mystery". (N.T.)

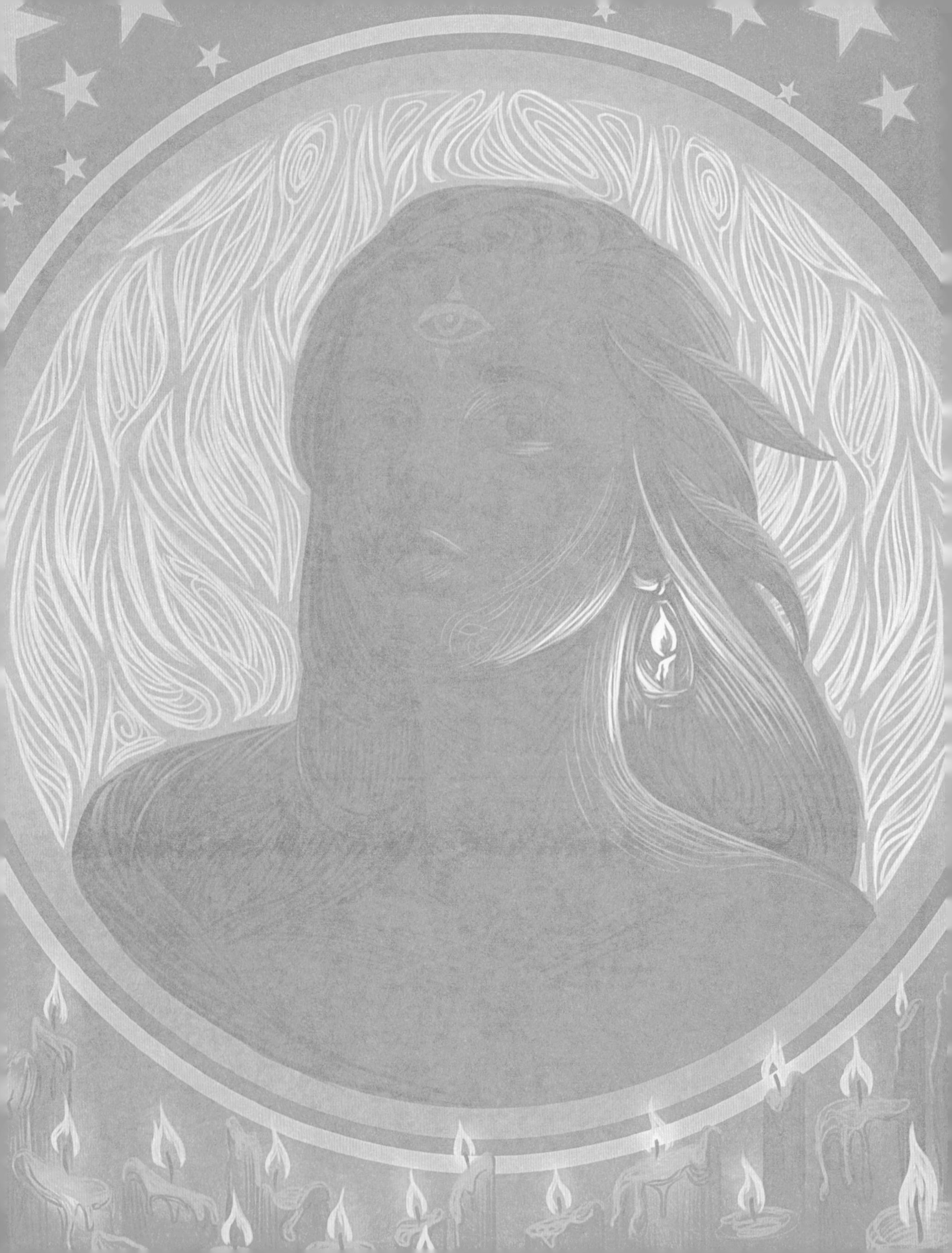

PARTE VI
DEUSA DO SOL

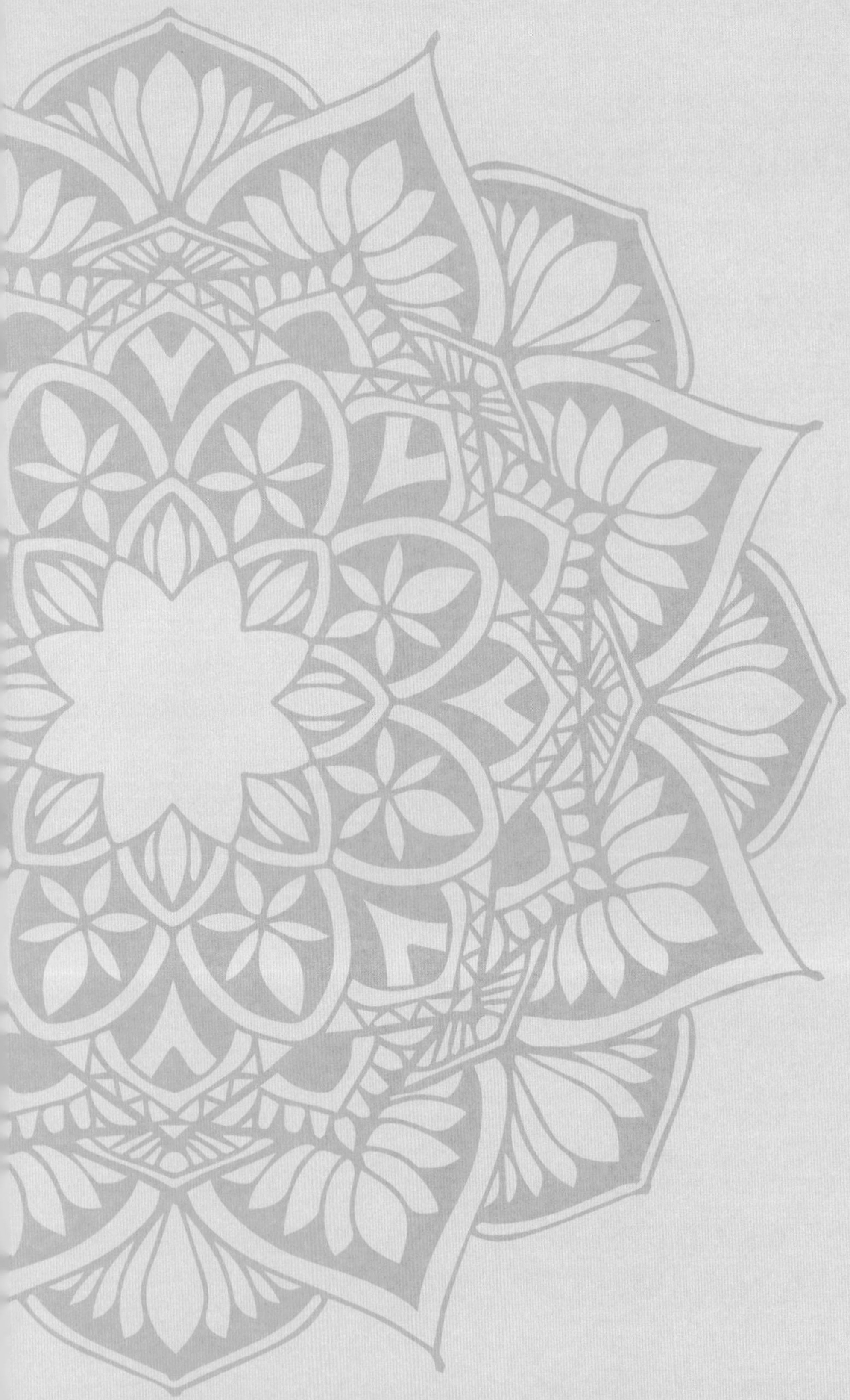

SOL: MITOLOGIA + PODERES

"VIRE SEU ROSTO PARA O SOL E AS SOMBRAS CAIRÃO ATRÁS DE VOCÊ."
– DESCONHECIDO

Somos todos feitos de poeira das estrelas. Todos temos o fogo em nosso coração. Bom, isso não é só conversa fiada esotérica; os cientistas concordariam comigo nesse ponto! Veja, praticamente todos os elementos que existem na Terra foram formados no coração de uma estrela. Você é um pedacinho de uma estrela, um pedacinho de raio de sol – literalmente! E do mesmo modo que o nosso belo sol é uma estrela, ele teve que evoluir, expandir e evoluir um pouco mais para dominar a arte de tudo o que diz respeito à luz.

O fogo é a essência e a energia elementar do Arquétipo do Sol: intenso, criativo, destrutivo e apaixonado. Ele cria calor, luz, movimento e ação. E à medida que o sol nos conduz ao longo do dia, as mulheres do Arquétipos do Sol são líderes, desbravadoras, guerreiras do fogo que compartilham com o mundo sua tocha de transformação.

Assim, Deusas do Sol, vamos acender seu lado reluzente, ousado, brilhante, belo e mergulhar em tudo o que tem a ver com sol-alma. Posicione essa sua linda cabeça de modo que o sol a coroe com um halo de luz; podemos coroá-la no reino de tudo o que é ousado, ofuscante e encharcado de sol. Este capítulo trata da pele beijada pelo sol e das boas vibrações do brilho do sol. Então, pegue seu protetor solar natural, um protetor labial de óleo de coco e seu biquíni, porque vamos nos encharcar com um bocado de alimento para a alma bastante esclarecedor.

Diferente dos outros elementos, o Sol/Fogo é transformador, nascido de uma centelha de mudança. Ele tem sido usado para aquecer nossos santuários, cozinhar para nossos entes queridos, lançar luz na escuridão, guiar-nos e unificar a todos em torno da lareira. O sol é um símbolo da motivação e do movimento, e nasce dentro de você quando uma paixão é inflamada. Você vai sentir um fogo na barriga, um chamado, urgência ou frustração, às vezes até mesmo raiva. Algumas de minhas mestras mais queridas têm chamado essa emoção de "unicórnio furioso".[1] Eu a descrevi como a tentativa de conversar com uma Deusa enquanto ela está em trabalho de parto. Você está grávida de criatividade. Parindo novas ideias. E como sempre acontece em qualquer nascimento, esta é uma situação transformadora e ao mesmo tempo desafiadora, mas recompensadora. Assim, você tem plena permissão para mandar ver quando estiver nessa *vibe*, mas assuma a responsabilidade por essa energia explosiva, porque podem voar fagulhas para todos os lados!

Utilizar sua energia é o poder número um da Deusa do Arquétipo do Sol. É nisso que ela foca seu tempo. Por esse motivo, pessoas do tipo Sol são muito perceptivas quanto aos vampiros de energia, e nunca deixam de expressar suas preocupações conscientes com as pessoas que se alimentam de sua energia ou de seu trabalho duro. A verdade das pessoas de Sol é incandescente. Pura. Honesta. Às vezes elas podem magoar as pessoas mais sensíveis do tipo ar, mas sua intenção nunca é maldosa. Uma coisa é certa, os Arquétipos do Sol são sinceros, cheios de energia e têm fome de vida.

Mitologia do Sol

PARA AS MULHERES, É FUNDAMENTAL COMPREENDER A MITOLOGIA DO SOL, POIS ELA REPRESENTA LUZ E CONSCIÊNCIA, PROGRESSO, AÇÃO. É UMA ENERGIA ESSENCIAL PARA QUALQUER DEUSA QUE EVOLUI NOS DIAS DE HOJE.

Para as mulheres, é fundamental compreender a mitologia do sol, pois ela representa luz e consciência, progresso, ação. É uma energia essencial para qualquer Deusa que evolui nos dias de hoje. Nossa evolução foi pautada em grande parte pelo sol, dos calendários às celebrações.

Hoje em dia, é mais provável que nos remetamos à lua quando pensamos no feminino e na Deusa, mas a Deusa do Sol representa o poder e a força do sol e de sua energia cálida, algo que historicamente era feminino, mas que ao longo das linhas evolutivas mitológicas tornou-se masculino. Nada de mais!

No aspecto mítico, as histórias da Deusa do Sol demonstram um afastamento a partir da sociedade matriarcal, na qual a mulher mais velha em geral era a chefe. Profundo, esse processo de troca de gênero na mitologia da Deusa, em especial na mitologia do sol, é um retrato de como a divindade feminina foi afetada pela ascensão dos deuses, e de sua substituição por um único deus masculino. Da perspectiva matriarcal, é fácil perceber o momento em que a mulher guerreira pode ter sido forçada a abandonar o papel de Deusa, preferindo adotar uma reputação mística mais discreta, protegida pelo manto do céu noturno.

Veja a Deusa solar do Alasca, Akycha, que fugiu para os céus depois de ser estuprada pelo próprio irmão. Nada legal. Na Arábia pré-islâmica, a Deusa do Sol era conhecida como a Tocha dos Deuses, Attar ou Al-lat. Era reverenciada todos os dias, com libações sendo derramadas em altares no alto dos telhados. Diz-se que mais tarde seu nome foi masculinizado, e tornou-se Alá. Seu outro nome, Shams, assim como seus atributos passaram a ser associados com um deus solar masculino, Shams-On. O deus babilônio do sol era Shamash, claramente relacionado ao deus árabe.[2] Você está começando a ligar os pontos? Parece que até mesmo as Deusas ancestrais tinham tudo a ver com mudanças e evolução – veja como suas histórias, mitos e lendas mudam ao longo do tempo.

Não podemos ficar tristes ou irritadas com a evolução e as mudanças de nossos mitos; devemos aceitar ver as Deusas irem do sol para a lua, e a evolução de Deusas para deuses e depois para um só deus, e aí, adeus. Devemos admirar a mudança sofrida por certos aspectos. Afinal de contas, seríamos muito hipócritas se as criticássemos por evoluírem, mudarem e crescerem – mesmo que tenham mudado de gênero e se tornado homens. É revelador lançar luz sobre as origens míticas da Deusa do Sol e ver como as coisas mudaram. No fundo, tal processo poderia ser chamado a grande mudança mitológica de sexo!

O que sabemos com certeza é que hieróglifos, monumentos e locais que hoje são patrimônios da humanidade nos revelam o duradouro fascínio pelo sol ao longo da civilização humana, não importando o gênero associado: de Stonehenge à Esfinge egípcia, ao templo asteca, a Machu Picchu – chamado de "templo do sol". Nós, humanos, até hoje ainda somos atraídos para templos do sol, e muitos dos maiores pontos turísticos do mundo guardam um segredo radiante – foram construídos de forma a alinhar-se com o solstício de verão. Você já teve vontade de visitar as Grandes Pirâmides e a Grande Esfinge de Gizé? No solstício de verão, o sol se põe exatamente no meio das duas pirâmides e coroa a esfinge com um halo de luz. Isso representa a consciência.

As tradições dos solstícios e equinócios sempre dizem respeito a equilíbrio, a luz e escuridão e à ordem, tanto terrena quanto celestial, da natureza e da vida, nascimento e morte, princípios e fins. Representações humanas e divinas do sol (Apolo, Rá, até mesmo Jesus) e da lua (Ártemis, Diana, a Virgem Maria), e figuras que representam as forças e os padrões terrenos e celestiais são parte da maneira como os humanos veem seu lugar no universo. Todos representam nossa parte no plano maior da existência, marcando o caminho que percorremos através das estrelas enquanto viajamos juntos. Intenso, não é? A Deusa nem sempre foi o sol em si, mas era com frequência a força por trás dele. Era a grande controladora do cosmos, do sol e dos ciclos celestiais.

De acordo com a mitologia grega, Leto colocou um ovo que produziu dois descendentes, o sol e a lua, Apolo e Ártemis. A Deusa egípcia Hathor eclodiu "o ovo dourado do sol" na aurora da criação.[3] O deus sol Osíris-Rá morria a cada noite para retornar ao ventre da Grande Mãe, de cujo "portal" ele renascia a cada manhã. O mesmo é dito do deus do sol Maori, que deve descer à caverna uterina das Águas da Vida diariamente para ser regenerado. Originalmente, e ao longo da maior parte da história egípcia, Bast era uma leoa, uma Deusa Guerreira do Sol, mas depois foi transformada na Deusa Gato, familiar nos dias de hoje. Os gregos que ocuparam o Antigo Egito perto do fim de sua civilização transformaram-na em uma Deusa da Lua.

Você, tal qual esses deuses e Deusas, move-se como o sol e a lua, subindo e declinando, repousando e irradiando. Tudo isso está em equilíbrio, como as estações, ciclos e dias e noites da vida. Luz e escuridão são parte de seu equilíbrio.

ADITI (DEUSA INDIANA)

Esta Deusa hindu é conhecida como a guardiã da luz e da consciência. Ela é a mãe de todas as coisas, tendo dado à luz o universo. É a mãe dos deuses, e em sânscrito seu nome se traduz como "ilimitada" (ou seja, a Deusa chefa total).

AINE (DEUSA IRLANDESA)

Uma Deusa irlandesa, representa a centelha da vida. É celebrada em festivais da véspera do meio do verão, do Hemisfério Norte, e é considerada a Deusa do Verão; no Hemisfério Sul, esse dia corresponde à véspera do dia de São João.

AKYCHA (DEUSA NORTE-AMERICANA)

Deusa solar do Alasca, cultuada pelo povo inuíte, Akycha costumava viver na terra e fugiu para os céus quando seu irmão a estuprou.

AMATERASU (DEUSA JAPONESA)

Esta Deusa do xintoísmo simboliza o grande brilho do céu. É representada pelo sol nascente que aparece na bandeira japonesa. Amaterasu é considerada a Deusa não apenas do sol, mas de todo o universo.

ASTREIA (DEUSA GREGA)

Conhecida como a estrela donzela (e como o sol é uma estrela, ela com certeza merece menção), esta Deusa era um símbolo de pureza, inocência, virgindade e justiça. De acordo com a lenda, ela voltará à terra, trazendo consigo sua utopia.

BAST (DEUSA EGÍPCIA), TAMBÉM CONHECIDA COMO AILUROS (DEUSA GREGA)

Deusa Leão do pôr do sol, Bast regia muitas coisas ligadas ao ocaso, aos raios fertilizadores do sol, à guerra. Em sua evolução como Deusa, ela mudou de leoa para um gato e era, de forma ampla, um símbolo de proteção.

BILA (DEUSA AUSTRALIANA/ABORÍGINE)

Esta Deusa era meio que desagradável. Ela costumava iluminar o mundo cozinhando suas vítimas em uma chama gigante. Terminou sendo expulsa da terra e tudo foi lançado na escuridão. Mas é claro que era necessário haver um equilíbrio. Então fizeram o que qualquer ser humano com respeito por si faria. Eles a capturaram, prenderam e amarram-a à terra, garantindo desse modo luz para todos. Intenso, não?

BRÍGIDA (DEUSA CELTA)

Imagine que esta garota é aquela que faz a dança do fogo, elegante e talentosa, no próximo festival a que você for. Brígida é uma divindade solar cujo lance é tudo o que tem a ver com luz, inspiração e grandes bolas de fogo.

CHUP-KAMUI (DEUSA JAPONESA)

Esta gata é uma Deusa que sabe bem o que é recato! Parece que ela trocou de lugar com o deus do sol por estar constrangida com todo o comportamento sensual, atrevido e adúltero que rolava na terra durante a noite. Pessoalmente, acho que ela só queria ver tudo lá de cima.

HATHOR (DEUSA EGÍPCIA)

Eu me identifico totalmente com esta Deusa do Céu – ela tem tudo a ver com feminilidade, amor e maternidade. Acredita-se que é a mãe do deus do sol Rá, e é representada como uma vaca de um branco imaculado, em geral carregando alimento, ou como uma bela mulher com um disco solar entre chifres de vaca. Ela era como a

Taylor Swift da cultura *pop* das Deusas na época; todo mundo a conhecia e curtia sua *vibe*; ela era uma das Deusas mais populares no Antigo Egito. Mais tarde, ela foi desafiada pelo equivalente de Katy Perry do Antigo Egito, Ísis, que absorveu mais e mais das características de Hathor e eventualmente a sucedeu.

HINA (DEUSA DO PACÍFICO)

As histórias de Hina viajaram de Taiwan, na Ásia, até o Havaí, a Polinésia e, para o sul, Nova Zelândia. Em todos os mitos ela está conectada com a lua e compartilha uma ligação amorosa com o deus sol Maui. Essa garota ajudou Maui em praticamente todas as missões nas quais ele se meteu, da captura do sol ao roubo do fogo.

MEDUSA (DEUSA GREGA)

Bom, esta garota é mais conhecida por exibir a versão ancestral das extensões de cabelo: serpentes. Ousada, eu diria. De qualquer modo, de volta a Medusa. Ela é conhecida como um monstro que transformava em pedra aqueles que olhassem seu rosto; no entanto, há indicações antigas que mostram que ela também tinha algum lance com leões, que são bastante usados como símbolo para o sol. Hoje em dia, Medusa está em alta na moda, aparecendo no logo da Versace, em muitos *videogames* e em histórias. Parece que as Deusas com as piores reputações são as mais memoráveis.

OLWEN (DEUSA GALESA)

Imagine se o seu nome fosse "roda dourada", como um carro que acaba de ser customizado. Bom, Olwen é a versão Deusa disso; o pai dessa heroína era um gigante de verdade, superpossessivo, que faria qualquer coisa para impedir a filha de se casar, pois isso significaria a morte dele. Fala sério, que escolha difícil, hein? Ryan Gosling ou papai...

PATTINI (DEUSA DO SRI LANKA)

Você já sentiu um arrepio quando o sol penetra na pele com seus raios? Essa é Pattini afagando suas costas. Ela é a Deusa dos raios de sol e tudo que está relacionado com o calor. No entanto, acredito que ela recomendaria enfaticamente que você fosse responsável e usasse filtro solar ao se bronzear. Mas pode ficar tranquila, sabendo que ela garante seu bronzeado.

PELE (DEUSA HAVAIANA/DO PACÍFICO), TAMBÉM CONHECIDA COMO PERE

Esta é uma Deusa com um destino muito fatal. Deusa de tudo relacionado com o fogo e vulcões, foi condenada a vagar pela terra pelo próprio pai, que estava farto da atitude feroz dela. Ela percorreu a terra, criando vulcões por todo o Havaí.

SAULE (DEUSA DA LITUÂNIA)

Esta garota sabia como sair para se divertir. Tinha cachinhos metálicos dourados, cruzava o céu em uma carruagem puxada por dois cavalos brancos, e combatia a escuridão como Batman combatia o crime em Gotham City. Ela merece demais seu próprio filme de Deusa super-heroína.

SEKHMET (DEUSA EGÍPCIA)

Um superlembrete de que o sol significa equilíbrio, não só bronzeados perfeitos e cocos gelados. Esta Deusa representa todos os lances destrutivos que o sol pode produzir, como seca e fome. Era representada como uma Deusa com cabeça de leão. Um belo lembrete de que até nossas gatinhas lindinhas favoritas podem ter seu lado leoa.

SUNNA (DEUSA NÓRDICA)

Esta Deusa tem a mesma *vibe* que Saule (que também recebe o nome de Sol), e por isso acho que existe uma ligação entre ambas. Ela também viaja pelo céu em uma carruagem puxada por dois cavalos. É a irmã da Lua, Mani, que tem relação com o rosto que muita gente vê na lua. Essas conexões foram citadas até por estudiosos, para mostrar evidências de sua evolução, desde a Idade do Bronze nórdica até os indo-europeus – mudando de nome e adaptando-se a diferentes culturas.

UNELANUHI (DEUSA CHEROKEE)

Esta Deusa do Sol era a dona do tempo, e dividiu o dia em unidades. O calor dela era capturado pelos fios da teia da Avó Aranha.

EXERCÍCIO DE EVOLUÇÃO: ABRACE A ESCURIDÃO

Como acontece com todas as Deusas do Sol, admiro seu lado brilhante e ousado, mas também quero que você se familiarize com seu lado escuro, para que possa entender como e por que sua luz é importante. Não podemos ter a luz sem a escuridão, e essas histórias da mitologia nos lembram desse equilíbrio. Quando o fogo consome tudo, resta a escuridão. Neste exercício, registre uma de suas próprias histórias pessoais de Deusa do Sol, em um momento em que sua luz se apagou. Como você se sentiu? O que fez com que você perdesse sua luz? Como você reacendeu sua centelha de sol? Ao escrever sua experiência e aprendizado, você pode ir mais fundo e aprender mais. Lance luz nos cantos de sua consciência e tome nota.

WURIUPRANILI (DEUSA ABORÍGINE/AUSTRALIANA)

Dizia-se que esta Deusa do Sol acendia uma tocha e carregava-a através do céu, percorrendo-o de leste para oeste todos os dias. O fogo a guiava pelo céu e sob a terra.

XATEL-EKWA (DEUSA HÚNGARA)

No passado, deve ter existido uma frota de Deusas cruzando os céus em carruagens puxadas por cavalos turbinados, porque parece que esta Deusa europeia tinha uma semelhança incrível com várias outras Deusas do Sol já mencionadas! Obviamente era um meio de transporte popular entre as divindades solares.

Chaves para Ativar o Poder do Arquétipo do Sol

Paixão, avaliando seus objetivos

Liderança

Criatividade

Desejo

Senso de oportunidade

Intensidade

Imaginação, perspectiva visionária

Poder, pode ser destrutivo

Intuição

Combustível, precisa alimentar-se de algo (não existe energia gratuita)

Coragem

Força

Luz

Iluminação

Positividade

Atividade, ação

Obsessiva

Expansão

Decisiva

Ousada

Passível de fúria e ciúme

Focada

O ESSENCIAL DA EVOLUÇÃO DO SOL

"O SOL ILUMINA TUDO, E SUA IMAGEM REFLETE-SE EM MIL VASILHAS DIFERENTES CHEIAS DE ÁGUA. OS REFLEXOS SÃO MUITOS, MAS CADA UMA ESTÁ REFLETINDO O MESMO SOL. DA MESMA FORMA, QUANDO DESCOBRIRMOS QUEM REALMENTE SOMOS, VEREMOS A NÓS MESMOS EM TODAS AS PESSOAS."
— MATA AMRITANANDAMAYI, AFETUOSAMENTE CONHECIDA COMO AMMA ("MÃE")

Que melhor lugar para encontrar nossa Deusa do Sol do que a terra do sol nascente, o Japão. Amaterasu era a Deusa do Sol; ela era cálida, iluminadora, gentil e encorajadora. Ela resplandecia nas faces daqueles à sua volta, pois ressaltava a beleza e o potencial deles. Ela era tudo o que fosse luz e brilho no mundo.

Susanoo, o deus da tempestade, e Amaterasu tinham uma certa relação tipo amor-ódio. Alguns textos dizem que eram aparentados, outros dizem que eram amantes, mas seja como for, como em muitas relações entre homem e mulher, eles com frequência tinham suas diferenças, e muitas vezes discordavam entre si. Susanoo dava vazão a sentimentos reprimidos, e suas tempestades sacudiam o mundo quando as coisas ficavam estagnadas demais, movendo-se muito rápido e criando frequentemente o caos – eu diria que ele não era muito bom em lidar com as lições evolutivas na época, e costumava deixar que as coisas se agravassem. Ele era um fanfarrão. Valente, confiante, implacável, mas por baixo era só ansiedade e insegurança.

Ele queria visitar sua mãe morta no submundo, mas no fundo estava apavorado. Assim, para ganhar coragem, ele se banhou na luz e na sabedoria da Deusa do Sol, e aumentou sua força e intuição observando a maneira como ela encarava a vida. Quando por fim sentiu-se confiante o bastante, ele subiu aos céus, entusiasmado, para visitar Amaterasu. Estando tão centrado em si mesmo, quando voou para vê-la, sem querer libertou sua luz e ventos tempestuosos através de um céu trovejante – assustando os humanos na terra lá embaixo. Isso chamou a atenção da Deusa do Sol; certamente não era prudente que poderes como aquela luz e energia poderosa estivessem nas mãos de alguém tão desarrazoado, volátil e voltado para si mesmo.

Esquecendo-se de que haviam tido uma briga recentemente (como costumava acontecer com frequência), ele foi recebido pela Deusa do Sol, que apontou um arco com flecha em sua direção. Ela estava cautelosa, pois Susanoo era precipitado e veloz. Ela conhecia bem as mudanças de humor dele.

Na esperança de ganhar a confiança da Deusa do Sol, o deus da tempestade propôs a ela que gerassem filhos (pesado, eu sei). Então Amaterasu quebrou a espada do deus da tempestade em três pedaços, mastigou-os e soprou uma tênue névoa, dando à luz três Deusas, criaturas belas e luminosas. Ainda não satisfeito, Susanoo pediu cinco joias a Amaterasu, e as esmagou entre os dentes; a seguir soprou uma tênue névoa, fazendo nascer cinco divindades masculinas, cada uma delas poderosa e forte.

Susanoo uma vez mais passou a iluminar os céus com suas tempestades e trovões, em uma dança egocêntrica, comemorando suas criações, todo cheio de si. (Nunca é bom para uma divindade ter uma natureza temperamental e imprevisível. #almanãoevoluída)

Na esperança de fornecer-lhe uma lição evolutiva, Amaterasu explicou a Susanoo que ele não criara sozinho tanta beleza, que esta fora criada a partir da união, da parceria de energias. Não se tratava apenas da masculinidade dele. Desnecessário dizer que ele não gostou. Ficou furioso. Perdendo todo o autocontrole, ele surtou. Parece que ficou tão doido que chegou a colocar excrementos no templo da Deusa do Sol. Nojento.

A lição dada aqui é que, embora sempre tenhamos a esperança de iluminar e guiar os outros, oferecer afeto e ver beleza em todos, a menos que a pessoa esteja disposta a evoluir e a crescer por si mesma, não podemos ensinar-lhe. Mais importante, não é nosso trabalho. A maneira como você reage em momentos de desafio e destruição é o que a define como um ser. E tenho certeza de que esfregar cocô em espaços sagrados está perto do topo dos comportamentos não evoluídos. Excelente lição de como ser e como não ser.

Arquétipo de Personalidade do Sol

UMA LÍDER PODEROSA, QUE SE MOVE E AGITA COM PLENA CONSCIÊNCIA, UMA PIONEIRA TRANSFORMATIVA TOTAL. VOCÊ É O ELEMENTO DEUSA ESSENCIAL, NECESSÁRIO PARA CRIAR A MUDANÇA; VOCÊ É DE FATO UMA CRIADORA DA LUZ!

Você é uma mulher repleta de energia, sua linda! Uma líder poderosa, que se move e agita com plena consciência, uma pioneira transformativa total. Você é o elemento Deusa essencial, necessário para criar a mudança; você é de fato uma criadora da luz! Isso porque sua energia é luz! Você é iluminada pelo fogo de sua alma, e é uma trabalhadora incansável e pé no chão. Você pode literalmente iluminar um aposento com sua presença; no entanto, está sujeita a que as pessoas a sigam, na expectativa de pegar carona em seu duro trabalho evolutivo. É um aspecto importante de seu desafio consciente.

Os sóis são esferas de energia que sobem a grandes alturas durante o dia, e despencam e se apagam em escuridão à noite. Nisso a mulher do Arquétipo do Sol é semelhante à do Arquétipo da Lua, pois compartilham de dualidades polares extremas. No entanto, as energias do Arquétipo do Sol são opostas às do Arquétipo da Lua. Em vez da reflexão e da intuição que impulsionam a lua, o sol é movido pela ação intensa e surtos violentos de crescimento evolutivo. Quem convive com a mulher do Arquétipo do Sol pode com frequência queimar-se ao brincar com o fogo energético em sua jornada evolutiva.

Pessoas do tipo sol podem sentir que precisam realizar o máximo possível em um dia, trabalhar o máximo possível enquanto o sol ainda brilha. Elas temem não realizar tudo a que se propuseram, e temem a penumbra, a monotonia e a escuridão. Na verdade, elas temem a ideia de nunca mudarem, nunca se desenvolverem, nunca melhorarem e nunca serem a estrela mais brilhante. É quase uma obsessão com ser a melhor, o que pode ser sua ruína.

ELEMENTOS ASSOCIADOS

O Arquétipo do Sol está altamente conectado aos elementos Lua, Ar e Terra. Ao longo da mitologia da Deusa, as Deusas do Sol com frequência transferiram seu santuário do Sol para a Lua, velaram pela Terra e moveram-se através dos céus, de modo que compartilham uma afinidade com todas essas forças dos elementos. Assim, para quem é do Arquétipo do Sol, vale a pena explorar os capítulos referentes a esses três elementos. As Deusas do Sol são apaixonadas, decididas e dinâmicas. Incandescentes, seu arquétipo é alimentado pelo fogo. À semelhança das Deusas Brígida, Bast, Amaterasu e Sol, você é como um lampejo de luz: rápida, brilhante e ousada. É por isso que a Lua, o Ar e a Terra, três elementos que acalmam, proporcionam aterramento e são intuitivos, prestam importante ajuda para que a Deusa do Sol mantenha-se firme em seu propósito. São essenciais, ainda, para o aprendizado evolutivo que permite ao Arquétipo do Sol descobrir como utilizar tal energia, compreendê-la e sustentá-la. Como muitas histórias mitológicas de Deusas do Sol, se uma divindade solar fracassa ao confrontar sua escuridão, ao utilizar sua luz e confrontar seus desafios, ela e o mundo serão consumidos pela escuridão.

PERSONA DO SOL

Os Arquétipos do Sol são pessoas muito ativas. Estão mais felizes quando agem sob pressão, criando e trabalhando dia e noite. Elas vivem plenamente, trabalham intensamente e têm uma opinião contundente sobre tudo o que diz respeito à vida e ao amor. Isso em geral está acompanhado de um firme senso de ética quanto à sua evolução e sua perspectiva de acelerar ao máximo o processo de autodesenvolvimento. Pessoas que os atrasam irritam-nos profundamente (cof, cof, pessoas do tipo Terra). Toda essa pressa pode facilmente fazer com que se percam ao longo do caminho, ou acabem tendo um colapso. Este é outro motivo pelo qual a sabedoria da lua e a influência estabilizadora, lenta e segura da terra são úteis para as pessoas do tipo Sol em sua jornada evolutiva.

CHAKRAS DO SOL

Chakra da Raiz e Chakra da Garganta

O chakra da raiz, situado na base da coluna vertebral, é a sede da energia para lutar ou fugir, baseada em nossos alicerces e em nosso senso de sobrevivência. Tal energia é fundamental para a compreensão da motivação das pessoas do tipo Sol, que sentem a necessidade de sempre criar à sua volta uma sensação de estabilidade do sucesso. Uma aura de realização é necessária para que se sintam satisfeitas. O chakra da garganta está situado no pescoço e nos ombros, e é a partir dele que as pessoas do tipo Sol respiram seu fogo energético. Expressam a si mesmas e criam sua ação consciente, o que faz com que sua energia seja tão poderosa.

ANIMAIS ESPIRITUAIS DO SOL

Boi e touro: indomáveis, ligeiros e movidos a tudo que for vermelho; a paixão corre em seu sangue. Você é realista, e tem uma conexão muito grande com a terra, tendo um firme sistema de crenças e raízes fortes, que ajudam você a levar adiante a mudança consciente.

EMOÇÕES DO SOL

Pessoas do tipo Sol são intensas, e às vezes podem ser ofuscantes para os demais ao seu redor. Por vezes sendo tachadas de ignorantes, podem estar tão focadas e decididas que quase parecem passar por cima de qualquer coisa ou pessoa que fique em seu caminho evolutivo. Essa não é obviamente uma ação muito consciente. Mas a ação é seu lema. Qualquer coisa que a impeça vai rapidamente enfurecer, aborrecer e levar a uma potencial explosão de frustração por parte da pessoa do tipo Sol. Compaixão e paciência são duas virtudes que você precisa aprender a dominar. Sua energia pode ser cálida, afetuosa e acolhedora. Intensa quanto àqueles com quem se importa, leal e ferozmente protetora. Mas é igualmente abrasadora, e pode queimar aqueles próximos de você caso saia do equilíbrio ou aja de maneira inconsciente.

MANTRA DO SOL

Estou consciente de minha energia e de meus esforços, e meu objetivo é o equilíbrio, não o esgotamento. Estou consciente em minhas ações, e uso minha energia em coisas que alimentam o amor por minha vida evoluída.

ZODÍACO DO SOL

Os Arquétipos do Sol compartilham similaridades com os signos zodiacais de Fogo: Áries, Leão e Sagitário. Esses signos são conhecidos por seu beijo amoroso e mordida feroz. Semelhantes a muitas Deusas do Sol que partilham o simbolismo da leoa, como as Deusas Bast e Sekhmet, e as cabeças de carneiro vistas nas coroas usadas pelas Deusas, em forma de crescente ou de chifres, é fácil estabelecer a relação entre tais signos zodiacais de Fogo e as divindades solares. Como acontece com tudo, a energia do sol pode manter você aquecida, ou pode significar destruição, com seca, fome e fogo. O fogo se apaga rápido quando não há combustível para mantê-lo aceso, mas ele também pode se regenerar a partir das cinzas; por isso é vital para as pessoas do tipo solar aprender a cuidar de seu poder para evitar o esgotamento, e também aprender como reavivá-lo. Uma centelha, uma fagulha, podem rapidamente fugir de controle, e é por isso que as pessoas do tipo Sol precisam monitorar conscientemente sua energia ao longo da estrada evolutiva. Assim como as histórias das Deusas do Sol, há temas consistentes envolvendo lições de comunicação, força, força de vontade, purificação e proteção.

ESTAÇÃO DO SOL

Verão, fertilidade e florescimento.

CRISTAIS DO SOL

Os cristais que favorecem a energia da mulher de Arquétipo do Sol são aqueles que ajudam a manter equilibrado o brilho ofuscante, como a pedra do sol, e que promovem energia, saúde e força de vontade. Também cristais que compartilham os tons vermelhos, amarelos e laranja das chamas – como âmbar, cornalina, citrino, ágata de fogo, rubi e jaspe – ajudam a pessoa do tipo Sol a manter a energia positiva, foco e a ação bem-sucedida em sua jornada rumo ao despertar.

AROMATERAPIA DO SOL

No caso dos óleos essenciais do sol, é melhor se forem queimados com vela ou como incenso, para que a fumaça possa circundar a Deusa do Sol em seu santuário, o que é fundamental para o elemento Fogo. Óleos ou incenso que têm sintonia com os Arquétipos do Sol, amplificando-os, em sua maioria são fragrâncias que ajudam a acalmar e estabilizar a energia, auxiliando-os com seus objetivos e manifestações. Óleos como alecrim, rosa, zimbro, cravo-da-índia, hortelã-pimenta, pimenta-do-reino, noz-moscada e manjericão são todos calmantes para pessoas do tipo Fogo e Sol. São ótimos também se passados no travesseiro antes de deitar, auxiliando um sono calmo e repousante. Tais óleos conectam-se ao chakra do plexo solar, que está ligado ao nosso poder pessoal e à firmeza de propósito – tudo aquilo que ajudará a Deusa do Sol em sua evolução.

ALIMENTOS DO SOL

Para o Arquétipo do Sol, as raízes proporcionam muito aterramento e ligação com a terra. Alimentos como beterraba, cebola, batata e batata-doce nutrem as energias do sol e ajudam você a sentir-se saudável, forte e equilibrada. Tais vegetais também são essenciais por ajudarem a regular o sistema imune, que em geral está sob pressão no estilo de vida de trabalho e diversão intensos de uma pessoa solar.

FLORES DO SOL

A monarda é uma flor aromática que pode ser usada em chás com outras raízes, como dente-de-leão e gengibre, para ajudar a sustentar a energia do sol. Considera-se que ajude mentes ativas e reduza a hiperatividade e a insônia – problemas que muitas vezes as pessoas do Arquétipo do Sol precisam enfrentar.

DEUSA (R)EVOLUCIONÁRIA: DEUSAS SOLARES

Há muitas de nós mudando a maneira como utilizamos a energia do sol. Muita gente não percebe que existem inúmeras mulheres na linha de frente da crise energética. Liderando novas ideias e avanços em energia sustentável para ajudar a abastecer a Terra com fontes renováveis de energia. Essas modernas Deusas do Sol trabalham ao redor do mundo: Erica Mackie, PE; Laura E. Stachel, MD, MPH; Lynn Jurich; e Katherine Lucey, para mencionar apenas algumas.

As mulheres que lideram essa frente solar também estão na China, onde estão trabalhando para transformar o país mais poluidor do mundo no líder mundial em energia solar renovável. Fazendo com que a China instale suficientes painéis em fazendas solares para cobrir meio campo de futebol por hora! Criando uma revolução energética. O lance mais legal: Ni Huan começou tudo isso em seu quintal, onde chega a receber grupos escolares para ter certeza de estar empoderando a nova geração não apenas com energia renovável, mas também com recursos e compreensão para ajudar a fomentar um futuro sustentável. Ela diz: "As mulheres chinesas envolvem-se de maneira intensa na educação de seus filhos. Muitas delas querem aprender sobre "estilos de vida verdes", porque querem que seus filhos aprendam como proteger seu futuro".[1]

He Yisha, uma apaixonada empreendedora e Deusa Solar, fundou uma companhia que produz painéis solares quando tinha 25 anos. Não foi fácil: "Eu percebia que as pessoas duvidavam de mim, porque eu parecia jovem e não tinha muita experiência, mas eu não fiquei com medo. Apenas decidi tratar todo mundo como se fôssemos iguais, o que de fato somos". Sua determinação destemida foi recompensada de formas extraordinárias; seu sucesso significa sucesso para toda a Terra – todo mundo sai ganhando. He Yisha prossegue: "A China tem uma proporção relativamente elevada de mulheres executivas, em comparação com outros países, e percebo que isso está aumentando. Nos eventos profissionais aos quais compareço, estou ouvindo mais vozes femininas. Na China, agora, mais e mais mulheres nos locais de trabalho estão ousando expressar-se com coragem. Seja na indústria solar, seja em qualquer outra".[2] Brilhante!

LUA DO SOL

Lua vermelha ou eclipse lunar. A conexão do sol com a lua vermelha, ou eclipse lunar, representa seus mais profundos anseios, necessidades básicas, hábitos, mente inconsciente e capacidade de mudar a maneira como encara a vida (ou seja, evoluir). É um momento ideal para reconhecer quais foram suas mudanças em termos de crenças, estilo de vida, hábitos e aquilo que ainda precisa ser trabalhado. É um momento altamente intuitivo, quando você deixa seu eu mais elevado ajudar no apoio à sua ação ardente para o futuro.

EQUILÍBRIO MASCULINO DO SOL

Os Arquétipos do Sol podem ser quentes demais para se lidar quando estão fora de alinhamento e têm masculinidade demais em suas mãos! Isso porque todas as coisas na vida que têm a ver com o sol, fogo e chamas podem facilmente sair dos eixos. Você pode arder com tanto brilho que no fim acaba esgotada. Como um fogo fora de controle, é essencial para você criar algum sentido de caos organizado à medida que evolui, pois sua energia com frequência pode ser masculina demais ou tornar-se destrutiva. Ou, se for feminina demais, você pode acabar sufocada pela terra e pela água.

Uma Deusa com demasiada energia do sol pode ser vista como egoísta, egocêntrica e com expectativas irreais sobre si. De certo modo, é como se ateasse fogo em si mesma. Seu desafio é encontrar equilíbrio entre masculino e feminino ao criar uma mudança gradual, uma chama suave e constante, em vez de um fogaréu ardente. A primeira pode servir de combustível para você; o segundo pode destruí-la.

SOL RETRÓGRADO

Quando a mulher do Arquétipo do Sol está imóvel no céu, bloqueada ou impedida de prosseguir, a frustração pode torná-la implacável, maldosa, e ela pode explodir de repente. Sendo o sol mais comumente representado como um deus, ou como energia masculina, pode haver um traço de agressão e sacrifício masculinos. Em muitas histórias mitológicas, o sol é uma fonte de destruição. Como um bastão de dinamite, é necessário cautela.

Quando em estado retrógrado, é importante que você não se torne errática ou furiosa. Sua paixão muda muito rápido do modo impulso e determinação para dominação e destruição – assim, é importante mantê-la sob controle. Você é, afinal de contas, uma Deusa do Sol, ligada a uma Deusa Guerreira, ou Deusa da Guerra. Como acontece com tudo, o equilíbrio vence qualquer batalha. O apoio dos elementos Terra e Água ajuda a estabilizar, aterrar e acalmar quando você talvez esteja se sentindo como uma bomba-relógio. Este é simplesmente um sinal de que você está acabada, esgotada, fora de alinhamento, e é hora de descansar e se recarregar. Até mesmo o fogo necessita de combustível. De fato, ele não consegue arder sem combustível. Assegure-se de encher seus tanques de energia para evitar uma pane.

Fases da Vida do Sol

O sol está sempre pleno, a menos que seja eclipsado pela lua. Por essa razão, é mais comum que uma Deusa do Sol vivencie fases distintas de Deusa ao longo de sua evolução. Posto que uma Deusa do Sol é decidida e focada no progresso, ela vai se sentir recompensada ao entrar em uma nova fase de vida, vendo cada uma delas como um desafio novo e bem-vindo.

DONZELA DO SOL

Uma Deusa do Sol é uma guerreira em treinamento. Este é um período de descobrir seu poder, expressar sua força e assumir seu lugar no mundo. A Deusa Sekhmet é uma Donzela Guerreira e encaixa-se perfeitamente nesta fase. É comum que Donzelas do Sol sejam fãs da guerra. Elas gostam de desafios, da batalha e buscam combater a injustiça. A imagem de Sekhmet mostra-a com a cabeça de um leão, e em hieróglifos ela é chamada de aquela que é poderosa. A leoa resume a Donzela do Sol, uma caçadora feroz, que sai à caça de desafios, e que prefere enfrentar a luta a bater em retirada. Uma Donzela do Sol foca sua atenção em desejo, ação, espontaneidade, independência e destemor.

MÃE DO SOL

A Mãe do Sol representa estabilidade, poder, realização e sucesso. Este é um período de grande espiritualidade e autodescoberta na jornada da condição feminina. O ato de dar à luz faz com que as mulheres de Sol evoluam com o aprendizado da entrega, proteção e grande responsabilidade. A Mãe do Sol utiliza a energia de seu corpo para a reprodução e para a sexualidade. Mães do Sol tornam-se cuidadoras dedicadas, tenham ou não filhos, e elevam sua voz para tornarem-se líderes engajadas em sua comunidade e ativistas pela mudança na sociedade. Os integrantes de sua tribo passam a ser seus filhos. Ela almeja cuidar de todos. Como a Deusa Brígida, sua chama é uma tocha que ilumina o caminho para os outros. Este é um período de liderança.

ANCIÃ DO SOL

A Anciã do Sol é uma verdadeira matriarca. Uma líder experiente e madura, a Anciã do Sol, em vez de murchar, vai descobrir que este período é o mais produtivo de sua vida. Não é incomum que uma Anciã do Sol sinta-se chamada para se manifestar, conduzir a mudança, tomar uma atitude e cultivar movimentos. Ela cerca-se de conselheiras sábias, Deusas com afinidade intelectual que, como ela, têm nas entranhas o fogo da mudança positiva e do progresso. Uma Anciã do Sol é motivada pela visão e pela ideia de deixar um legado esclarecedor. Ela é uma desbravadora para as futuras gerações de Deusas em evolução. É uma idade de maestria, espiritualidade, poder e consciência.

20

MODALIDADES DO SOL

"A AURORA: A GRANDE PROGENITORA DO DIA."
– EMILY DICKINSON

Respiração do Fogo

Escolha um dia para despertar sua alma com o nascer do sol! Programe o despertador para a aurora, sente-se em uma almofada, em um tapete de yoga ou um *bolster*, e faça uma meditação matinal ouvindo cantos devocionais *kirtan*. Eu pessoalmente amo Snatam Kaur. Procure na internet, você vai achar *playlists on-line* que pode ouvir. Caso se interesse, pode tentar também uma sessão matinal de Kundalini – gosto dos vídeos *on-line* da Gaiam TV, em particular as sessões com Ashley Turner. Na Kundalini, você pratica exercícios de respiração profunda e a repetição de movimentos que visam despertar diferentes centros de energia e órgãos. É apropriado que, agora que você está na seção deste livro sobre o sol, seja apresentada a essa prática, uma vez que a respiração central da Kundalini é a respiração do fogo!

A respiração do fogo é uma técnica de respiração rápida na qual você contrai o abdome enquanto expira com força pelo nariz e relaxa-o ao inspirar, respirando de forma rápida e ruidosa a partir do abdome, e através do nariz.[1]

Uma instrução importante para a respiração do fogo é que a inspiração e a expiração estejam equilibradas em força e duração. É como ofegar pelo nariz, com a boca fechada. Também é importante que as mulheres não a pratiquem durante seu ciclo da lua ou depois do centésimo vigésimo dia de gravidez. Essa prática pode ser usada com um *mudra*, ou gesto com a mão, feito quando você quer despertar sua alma e seu corpo.[2]

Mudra da Energia do Sol

Este mudra é ótimo para os Arquétipos do Sol, e ajuda a recarregar, despertar e revitalizar sua energia. Cerre ambas as mãos e coloque o punho esquerdo em cima do direito; erga-os à altura do coração, de modo que seus cotovelos apontem para fora e seus braços formem uma linha reta de um cotovelo ao outro. Use este mudra quando estiver praticando sua respiração do fogo.

Meditação do Sol

Para a energia masculina: da lua cheia à lua nova, medite de manhã com a respiração focada por sua narina direita. Na Kundalini, acredita-se que a respiração pela narina direita aumenta seu yang e sua energia masculina, ajudando a energizar e despertar.

Saudações ao Sol

Essencialmente, estamos a ponto de executar um *flow* (sequência) de vinyasa yoga que faz uma saudação ao sol, ou *surya namaskar*, em sânscrito. Como em todas as práticas que temos explorado, há variações dessa saudação, de modo que é sempre melhor explorar a prática com a qual você sentir maior afinidade. Também é importante ouvir o seu corpo, e não ir além de seus limites. Recomento seguir um vídeo de demonstração se você for nova no mundo do yoga. Quando era principiante, pessoalmente eu gostava dos artigos e tutoriais do *Yoga Journal*.

- ♣ Comece de pé bem ereta na posição da montanha e traga sua atenção para a respiração, inspirando e expirando através do nariz, e focando na respiração *ujjayi* (consulte o capítulo "Modalidades do Ar" e o exercício *ujjayi*).
- ♣ Elevando seu coração e erguendo os braços acima da cabeça, imagine-se subindo como o sol, abrindo-se para o mundo. Você pode arquear levemente as costas para trás e olhar para as mãos quando estiverem no alto.
- ♣ Expire e curve-se para a frente, dobrando a cintura – esta é *uttanasana* (posição de flexão para a frente). Firme as mãos em suas pernas ou no chão e erga a coluna na direção do horizonte na *ardha uttanasana* (meia flexão), imaginando que suas costas são uma linha plana como o sol dividido em dois pela linha do horizonte.

- ♣ Volte a curvar-se na *uttanasana* (posição de flexão para a frente) e perceba como seu corpo está começando a se aquecer.

- ♣ Expire, e coloque os pés para trás, com um passo ou um salto, e então assuma a postura do cachorro olhando para baixo. Eleve bem os glúteos e mantenha as palmas das mãos e os pés bem firmes no chão.

- ♣ Desenrolando a coluna e abaixando os glúteos, assuma a posição da prancha (parecida com a posição das flexões de braço, exceto que os braços ficam bem junto ao corpo, e não afastados), que é chamada *chaturanga dandasana* em sânscrito.

- ♣ Inspire e volte à postura do cachorro olhando para baixo.

- ♣ Então junte os pés, com um passo ou um salto, voltando à posição de flexão para a frente. Volte à meia flexão. A seguir, erga as mãos de novo, junte-as e traga-as à altura do coração em prece. Preste atenção em como se sente. Atente para sua respiração. Você se sente mais quente?

- ♣ Repita a saudação ao sol três ou quatro vezes.

Escriba do Sol

Sua evolução move-se como o sol e vai passar por fases como a lua! Tome nota, descreva ou mantenha o registro de transições, humores e momentos decisivos em seu diário, ou no calendário de seu celular, para ver se há algum método em sua loucura mística moderna. Pense nisso como seu rastreador astrológico da evolução. Você é mais criativa na lua nova, passa por um tumulto emocional na lua cheia, vivencia reviravoltas como rompimentos, grandes tomadas de decisão ou férias no exterior no solstício de verão? E observe que tudo deve ser desfrutado em equilíbrio – o sol pode ser divertido, mas se for demasiado você termina literalmente queimada. Quando puder trabalhar com as estações, o sol, a lua e as estrelas, vai descobrir que é possível compreender mais sobre si mesma do que imaginava.

> **CONTEMPLAÇÕES DA DEUSA...**
>
> O Arquétipo do Sol tem muito o que fazer em termos evolutivos na presente vida. Se a pessoa é capaz de usar seu poder para ser uma chama forte e cálida, de ação e energia sustentáveis, a mudança consciente que pode criar é tremenda. A luz dessas pessoas espalha-se com facilidade, tornando-as vitais para a evolução global e para as mudanças que estão em curso no mundo. Se você tem fogo em seu traseiro evolutivo, então volte aos capítulos da terra, do ar e da lua para continuar explorando tudo o que promove ações positivas luminosas e ardentes. Tais elementos ajudam a alimentar seu fogo.

Meditação da Vela

Acenda uma vela e sente-se junto a ela no escuro. Veja como a chama engole a escuridão com sua luz. Como queima suavemente, não com violência, mas com calidez. Deixe-se contemplar a luz e, com respirações suaves longas e lentas, permita que sua energia englobe a vela. Note como ela não é destrutiva – ela simplesmente brilha. Iluminando o espaço à sua volta. Ela tem uma presença gentil. É acolhedora. Reconfortante. Presente, mas não desgastante. Sua vela pode acender outras. Você pode compartilhar sua energia do sol e do fogo com quem precisa de seu calor e sua centelha. Assuma a responsabilidade e o cuidado – se não for cuidada e compartilhada com sabedoria, sua centelha pode também queimar e incendiar os demais. Medite na intenção de cuidar de sua luz. Tome posse de sua energia solar. Seja a guardiã, a doadora e a cuidadora da luz.

Utilize as Energias da Deusa do Sol

Esteja você sentada sob a claridade de um dia ensolarado, ao lado de uma fogueira, ou junto a uma chama tremeluzente, a energia do sol é mais bem utilizada em espaços arejados e conectados à terra. A umidade sufoca sua chama. Assim, foque em usar como combustível coisas que elevem sua emoção e sua paixão. Música. Pessoas. Projetos apaixonantes. Presenteie-se com coisas de que você goste. Os prazeres da vida. Trabalhe com a energia do sol e visualize uma leoa, um tambor que marca o ritmo de seu avanço; tons quentes, apaixonados, de vermelhos, amarelos e laranja circundando você a cada passo suave que dá à frente. O tambor é seu coração e seu propósito. O brilho ardente é aquilo que faz pelos demais. Você é a luz radiante que o mundo necessita tão desesperadamente.

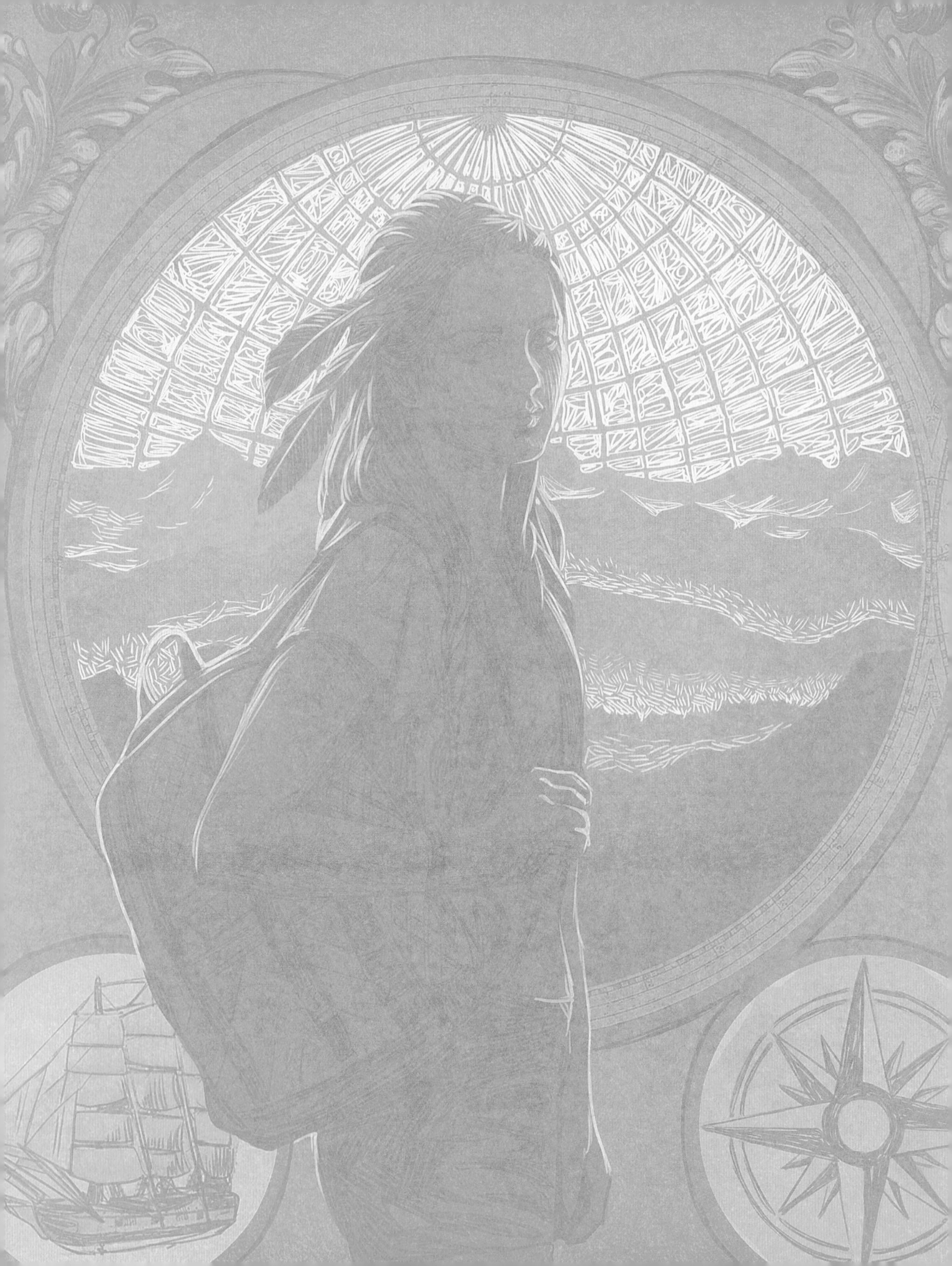

ATIVANDO SEUS PODERES DA DEUSA

"AS MULHERES TALVEZ SEJAM O ÚNICO GRUPO QUE SE TORNA MAIS RADICAL COM A IDADE."
— GLORIA STEINEM

A elaboração deste livro tem levado um longo tempo. Quero que seja um livro sobre mudança e evolução. Por quê? Porque a vida sempre foi sobre como nos tornarmos mais brilhantes em todos os sentidos do termo: tendo sempre presente nossa sabedoria, sendo compassivas e inteligentes em nossas reações. Despertas em nossas ações. Reafirmando nossa direção rumo ao equilíbrio e à plenitude. Um futuro feminino. Uma insurreição da Deusa Interior.

DÊ A SI MESMA PERMISSÃO PARA SER VOCÊ PLENAMENTE, INCORPORANDO TODOS OS SEUS ELEMENTOS DE DEUSA EM UNÍSSONO.

Dê a si mesma permissão para ser você plenamente, incorporando todos os seus elementos de Deusa em uníssono. Suas emoções da água, suas raízes profundas e firmes da terra, suas intuições da lua, suas paixões ferozes do sol, todos expressos e conectados à voz da mudança do ar. Tornando-se plena, e totalmente consciente de tudo que ativa seus pontos fortes e suas fraquezas, de que seus gatilhos transformativos serão os catalisadores em sua mudança e contribuição.

Você respeita os homens tanto quanto respeita as mulheres. Você segue em frente lado a lado com eles. Trabalha com eles. Você os ama e lhes ensina, assim como eles amam e ensinam você. Somos diferentes, mas iguais, e estamos juntos, e isso é o que torna forte nossa dualidade. O mesmo se passa dentro de você! Sua escuridão e sua luz. Sua capacidade de honrar seu guerreiro masculino interior, sua ação desperta, juntamente com sua natureza feminina, para criar o novo e receber lições, vai unificar você em sua capacidade, sempre em evolução, de seguir adiante com propósito e discernimento, em lugar do impulso de avançar às cegas e sem um sentido. Você é uma Deusa, e é exatamente quem deveria ser: sem competir com ninguém, sem conflito com nada. Simplesmente em busca por mudança consciente. Você transforma feridas em sabedoria.

Ativando seus Poderes da Deusa

Suas emoções e elementos evolutivos (Lua, Água, Terra, Ar, Sol) podem lhe dar indicações sobre suas paixões, sua saúde, seu propósito, suas prioridades. Antes de avançar em qualquer direção, pergunte-se, como isso de fato me faz sentir? Fique atenta a seus sentimentos. Tome consciência deles. Então assenhore-se do que sentiu. Trate suas emoções com o respeito que elas merecem. Honre sua energia. Faça uso de seu elemento e das lições que ele pode lhe oferecer, e permita que a energia, a emoção, ajude seu crescimento. Permita que seja seu combustível transformativo. Seu próprio superpoder pessoal de Deusa.

Madre Teresa não estava inerte em Calcutá, desanimada por causa da pobreza, dedicando sua energia a ficar furiosa com o mundo. Ela canalizou sua resposta emocional como um amor curativo pelos demais. O mesmo aconteceu com a princesa Diana, com Oprah Winfrey. Com as mulheres que exibem seus cartazes em meio a marchas. Com a mulher que incentiva outras, que, por sua vez, ajudam a empoderar e amar os outros. A mulher que lê para aprender como oferecer sua energia a uma causa maior que ela própria. Cada uma delas tão importante quanto as demais. Cada uma delas uma fonte importante de energia transformativa carregada de emoção. Elas escolheram evoluir da arte do ser para a poderosa arte do fazer.

Estas são as mulheres que realmente venceram. Que não foram traídas por sua energia e suas emoções, e que se recusaram a ser conquistadas por suas negociações na vida. Que escolheram não ser vítimas.

Em vez disso, aceitaram a lição e enfrentaram o desafio. Como você, elas tinham essas cartas que estão sendo jogadas; são os frutos maduros do desenvolvimento evolutivo sendo colhidos, para absorver de

JOIA DA DEUSA: CELEBRE

Reúna sua consciência e cerque-se de Deusas que estão, como você, assumindo seu poder. Apague de sua vida o medo do feminino, e coloque em alta seu amor e seu lado mulher. Destemida, *topless*, indomável e livre. As Deusas têm dançado desde a aurora dos tempos – das cerimônias à sensualidade, à dança do ventre e às pistas de dança. Assim, esta joia diz respeito ao ritual de celebração. Coloque no último volume sua Deusa favorita, seja ela Stevie Nicks, Florence Welch, India Arie, Dolly Parton, Tina Turner ou Snatam Kaur. E simplesmente mova-se. Mexa os quadris, chacoalhe o bumbum, erga os braços, bata palmas e nesse momento dance como a energia dos elementos. Por quê? Porque você pode, e porque merece celebrar sua Deusa Interior. Veja como você chegou longe na vida. É isso aí, você passou por um bocado de obstáculos, garota!

fato a consciência. Para serem digeridos a uma profundidade curativa. Você se alimenta de tais experiências. Elas são seu combustível.

É esse o lance nas experiências que ajudam você a evoluir – além de profundas, elas são dolorosas, tão confusas quanto miraculosas. Os reveses ajudam você a seguir em frente. E queira você ou não, esteja pronta ou não, eles vão aparecer de qualquer jeito. A vida muda num piscar de olhos. E nossas reações emergem, às vezes temerosas, feridas, confusas, impossíveis, selvagens e cruas. Cada emoção é válida. E, assim como a experiência, reações ou as emoções, também os elementos surgem à nossa volta quando bem entendem. Podem ser confusos, mas surgem de qualquer modo. Você e tudo que já vivenciou, tudo que está sentindo, tudo que a impulsiona, vai emergir para ajudá-la a seguir adiante. Para encorajá-la a evoluir. A única coisa impossível é tentar fugir disso! Nossa capacidade de aprender e crescer é interminável.

Sabe aquele ponto de virada de todas as histórias, onde Cinderela, Branca de Neve, Moana, a oprimida ou a opressora chegam a seu momento de transformação? Quando a jornada delas atinge o ponto de ruptura? O momento crítico transformativo? Sabe todas aquelas histórias que você já leu ou viu, torcendo para que a protagonista aproveitasse a oportunidade e mudasse totalmente o mundo que ela conhecia? Porque, você é parte da solução, garota. Você nunca precisou ser salva, nem de autorização para ser a Deusa verdadeira que você é. E, dane-se!, só quero que você meta o pé e escancare qualquer porta que a estiver bloqueando, e que você seja dona da sua vida.

ESTA É SUA HISTÓRIA, E ESTE É O SEU MOMENTO, QUANDO VOCÊ PERCEBE QUE É QUEM FAZ SEU PRÓPRIO DESTINO E, MAIS DO QUE ISSO, QUE É A CRIADORA DELE.

Esta é sua história, e este é o seu momento, quando você percebe que é quem faz seu próprio destino e, mais do que isso, que é a criadora dele. A mãe. Aquela que dá a vida. A nutriz. A líder. A que cura. E como todas as grandes histórias míticas de Deusas, todas nós chegamos a encruzilhadas onde podemos escolher mudar, ou escolher ficar. Assim, cá estamos nós. Qual será sua estrada hoje?

Sua longa linhagem de DNA da Deusa me levaria a crer que você tende mais a promover mudanças no mundo. O fio contínuo das emoções das mulheres que a antecederam pulsa através de você. Você é a combinação de todos os elementos naturais. De cada energia maternal. Você nasceu de uma linhagem de mulheres que se ergueram, se manifestaram e lideraram amorosamente através das mudanças e variações da história. Que contribuíram para construir a sociedade em que você se encontra hoje.

EXERCÍCIO DE EVOLUÇÃO: PRECISA DE AJUDA?

Quando começarmos a utilizar nosso superpoder de Deusa, talvez nossas energias fiquem focadas apenas em uma área ou busca específica, e isso naturalmente fará com que todo o resto saia do equilíbrio. Assim, tente manter sua energia de Deusa fluida, flexível e sustentável. Eis uma lista de Deusas às quais você pode recorrer para ajudar a dar apoio à sua energia divina feminina, caso precise de um reforço em fertilidade, criatividade, compaixão, sabedoria, beleza, amor ou cura.

Você pode se conectar com diferentes Deusas, dependendo de sua necessidade; confie em sua intuição e não tenha receio de recorrer a elas. A dica é: recorra àquela com quem você se identifica agora – é fácil! Também é importante saber que você não precisa sempre invocá-las, às vezes elas vão visitar você: seja em sonhos, visões ou no meio de sua meditação, então fique atenta.[1]

Afrodite	Grega	Amor, beleza, sensualidade – uma boa Deusa a quem invocar quando você precisa de um pouco de amor-próprio.
Ártemis	Grega	Coragem, independência, proteção – ideal para ser invocada quando você está receosa com uma mudança ou enfrenta um desafio.
Axo-Mama	Peruana	Fertilidade – invoque-a quando você quiser conceber. Mas é melhor não fazê-lo se estiver em busca de uma Deusa mais contraceptiva!
Brígida	Celta	Criatividade, inspiração, cura – é bom recorrer a ela quando estiver usando as mãos, como na escrita, nas artes plásticas, na massagem.
Ceres	Romana	Nutrição, cura – é bom invocá-la quando você estiver doente ou se sentindo mal. Recorro a ela quando tenho desejo por chocolate!
Diana	Romana	Caça, pureza, independência – recorra a ela quando estiver em busca da verdade.
Freya	Nórdica	Amor, cura, sensualidade – recorra a ela quando tiver problemas de relacionamento e precisar de um pouco de vibrações amorosas do bem ao seu redor.
Ísis	Egípcia	Nutrição, plenitude, despertar – recorra a ela quando estiver estudando e aprendendo.

Kali	Indiana	Transformação, destruição, mudança – invoque-a quando estiver em uma transição.
Kuan Yin	Asiática	Compaixão, misericórdia – recorra a ela quando estiver em conflito, e ela vai ajudar você a ver os dois lados da discussão.
Lakshmi	Indiana	Riqueza, abundância – invoque-a quando precisar de ajuda em questões de dinheiro.
Sekhmet	Egípcia	Guerra, raiva, negatividade – invoque-a em momentos de conflito e discórdia, para ajudar a solucionar a corrupção e oferecer proteção. Com ela a negatividade não tem vez.
Sofia	Grega	Sabedoria, poder – recorra a ela quando precisar comunicar-se com compreensão e autoridade. Pense nela como a poderosa chefona.
Tiamat	Babilônica	Poder, proteção, mágica – invoque-a quando precisar de um escudo de segurança a seu redor.

As mulheres na guerra, em protestos, na arte, nos negócios, em hospitais, no lar. As mulheres que alimentaram, conduziram, ensinaram, inspiraram e falaram a você sobre um caminho melhor por onde avançar. Cada uma delas é importante. Cada uma é fundamental. Você está conectada a todas elas, da Deusa à governanta, da sacerdotisa à presidenta, da mãe à matriarca. Cada uma de vocês é uma peça vital de um quebra-cabeças evolutivo. Não existe um quadro completo sem cada pequena contribuição. Todas as peças devem estar presentes, encaixando-se como uma só. Que sua vida seja um tributo a todas elas. E honre a contribuição delas tanto quanto honra a sua.

Mulher alguma já foi deixada para trás ou esquecida. Elas estão vivas em você. Em sua natureza e força de vontade para compartilhar as histórias delas. Para contar às outras essas histórias de sabedoria, de condição feminina, de suas experiências e conquistas emocionais evolutivas nesta vida. Suas histórias pessoais, tão instrutivas e inspiradoras quanto as de qualquer Deusa da mitologia. Sua jornada. Seus demônios. Seus momentos de transformação.

Veja bem. Você pode ser qualquer coisa. Mas o lance é que seu poder não é tanto o que você é, mas o que você faz. O velho ditado que diz "as atitudes falam mais do que as palavras" nunca foi tão verdadeiro. É fazendo que a magia acontece. E magia é o que você faz. É no fazer que se encontra a maestria. E você é uma Deusa em tudo o que cultiva e naquilo que você se torna. Para você, ser e fazer são a mesma coisa!

Agora, se a energia masculina é o que você procura – força, liderança, lógica, proteção, conhecimento e coragem –, então talvez precise aumentar sua energia yang com alguns destes deuses.[2]

Aengus	Irlandês	Juventude, amor – recorra a ele quando estiver em busca de alegria e diversão. Eu o chamo de meu jovem deus festeiro.
Apolo	Grego	Beleza, música, cura – invoque-o quando precisar se reafirmar quanto à sua beleza e restaurar a autoconfiança.
Ganesh	Indiano	Força, perseverança, superação de obstáculos – recorra a ele quando estiver querendo desistir. Ele é o deus dos discursos motivacionais e do incentivo.
Homem Verde	Celta	Fertilidade, abundância, sexualidade – invoque-o quando precisar dar um gás no impulso sexual ou na autoconfiança em termos de sexo.
Hórus	Egípcio	Conhecimento, vida eterna, proteção – recorra a ele quando estiver doente ou em busca de segurança.
Marte	Romano	Agressão, guerra, coragem – invoque-o quando precisar lutar por algo em que acredita, ou defender algo.
Mercúrio	Romano	Inteligência, comunicação – recorra a ele quando fizer negócios ou colaborar com outras pessoas; ele vai apoiar você.
Odin	Nórdico	Conhecimento, profecias – invoque-o quando precisar fazer uso de sua intuição ou buscar a verdade de uma situação.
Shiva	Indiano	Destruição, transformação – recorra a ele quando tiver sofrido algum forte golpe e estiver no processo de aprender, crescer ou reconstruir-se.
Vishnu	Indiano	Preservação, estabilidade – invoque-o quando se sentir sem chão, abalada ou desnorteada.
Zeus	Grego	Autoridade, justiça, abundância – recorra a ele quando buscar honestidade e integridade em uma situação.

EXERCÍCIO DE EVOLUÇÃO: ETIQUETA DE COMUNICAÇÃO

Existe uma certa etiqueta a ser aplicada durante a conexão com as divindades. É como entrar na casa de alguém e não perguntar se tudo bem não tirar os sapatos. Sendo uma alma consciente, você sabe demonstrar respeito, mas aqui estão algumas dicas adicionais para ajudá-la quando estiver se comunicando com seu reforço espiritual, seja ele uma Deusa, deus, guia ou animal espiritual.

- **Peça ajuda:** Essas entidades em geral só podem intervir quando recebem uma solicitação, e por isso não tenha medo de pedir orientação ou ajuda.
- **Ceda:** Se pediu ajuda, deve deixar que elas assumam o poder, e confiar na orientação delas. Não peça ajuda para depois torcer o nariz quando a resposta não for a que esperava.
- **Política de zero danos:** Sempre procure fazer o bem. Vá por mim, você não vai querer invocar energias do mal para fazer seu trabalho sujo. Você deve sempre procurar ajuda por motivos e soluções que sejam positivos.
- **Não seja rude:** Agradeça, demonstre alguma educação. Seja grata e você terá uma aliada bondosa e prestativa. Use os bons modos de Deusa com todo mundo, você é uma pessoa linda, consciente e cheia de classe.

Partindo para a Ação de Deusa

SABER O QUE SE DEVE SER É O PRIMEIRO PASSO. SABER O QUE FAZER CONSIGO MESMA É O SINAL DE UM SER QUE ESTÁ EVOLUINDO.

Saber o que se deve ser é o primeiro passo. Saber o que fazer consigo mesma é o sinal de um ser que está evoluindo. Ao definir sua Deusa, o necessário é tornar-se consciente de seus comportamentos, de sua energia elementar, de onde você está e do que está aprendendo. Tenha uma visão clara durante seu processo de transformação em Deusa, saiba o que você quer se tornar e para onde seu caminho a leva.

Você não precisa de fato ter um destino definido, mas é essencial ter uma direção. A seguir, é necessário saber o que você precisa para conseguir chegar lá. Saber o que precisa para poder seguir em frente.

As ferramentas de transformação estão disponíveis para ajudá-la: seus elementos, seu empoderamento, a melhor maneira de incorporar sua jornada de Deusa. Por quê? Porque você não avançará muito se nunca digerir as lições ao longo do caminho. Ou, pior, se jamais vier sequer a percebê-las. Você. Você sabe quem é. Você sabe aonde está indo. E você sabe que as coisas que acontecerem com você daqui em diante serão parte daquilo que a torna divina.

EXERCÍCIO DE EVOLUÇÃO: DANDO SEUS PRÓXIMOS PASSOS

Aqui estão algumas diretrizes práticas para ajudar você a seguir em frente, para além das páginas deste livro.

- Ofereça-se para fazer algo maior do que você mesma. Pode ser dar apoio a alguém, cuidar de algo, ensinar, curar ou ajudar. Pode ser uma causa de seu bairro, uma causa da comunidade ou uma causa global. Descubra o que lhe desperta a paixão e participe. Você não precisa liderar uma marcha com milhares de pessoas para criar a mudança (mas se isso a atrai, faça-o).
- Você pode simplesmente ajudar um vizinho, ou colega de trabalho, um estranho. Ser um humano bom em um mundo que necessita de humanos bons pode ser transformador. Agora que você está ciente das oportunidades de transformação e de crescimento, você vai começar a notá-las melhor, e não vai ignorar as chances de ajudar os demais.
- Pesquise as rodas de Deusas, busque grupos de mulheres, mentoras ou encontros que possam despertar sua atenção.

Siga sua intuição, confie em seus sentimentos, vá aonde sua jornada evolutiva a levar. Mesmo que isso signifique apenas passar este livro para outra Deusa. Cada gesto constitui uma ação.

O objetivo do jogo da vida sempre foi ir daqui para lá. Na natureza, até mesmo ficar sentada quieta pode ser um gesto perigoso; ficar sentada pode fazer com que você seja morta, devorada. No seu caso, ficar presa no lugar, derrotada. Mover-se vai empoderá-la. A emoção vai percorrer você. Isso a fará sentir-se viva! Por quê? Porque a transformação não tem a ver com ficar boiando na água, tem a ver com pegar a onda. Pode ter certeza, é uma coisa confusa, essa mudança. Suas capacidades despertas serão testadas. Mas saiba que você foi feita para vicejar no caos, para voltar a criar, para rejuvenescer, renascer, sobreviver no turbilhão interminável deste mundo. Tome posse disso. Confie. Siga esse fluxo. E continue fazendo e amando o que faz.

Tudo contribui para sua expansão. As coisas não estão conspirando contra você, elas estão desafiando você a erguer-se, crescer, evoluir – e evoluir é a palavra-chave, pois nós nunca paramos. É uma ação sem fim. Ciclos de crescimento. Fases de mudança que nunca terminam. Transformação eterna.

Onde quer que você esteja no processo de transformação, na escala evolutiva das coisas, saiba que seu arquétipo, os elementos e você estão sempre se desenvolvendo. E saiba que você tem o poder de mudar não apenas a si mesma, mas também o mundo à sua volta. À medida que você cresce, o mundo a seu redor também cresce. Como uma gota de água que produz ondulações, a árvore espalha seus galhos e os raios de sol percorrem as paisagens, saiba que você pode ter mais impacto do que jamais saberá, verá ou entenderá, simplesmente a partir de sua escolha de fazer mais do que ser.

> **ASSUMA A RESPONSABILIDADE POR SUA LUZ, SUA CALIDEZ, SEU BRILHO. OUÇA EM AÇÃO. AQUELES QUE FALAM MUITO NÃO APRENDEM. DEIXE QUE OS VENTOS DA MUDANÇA IMPULSIONEM VOCÊ.**

Assuma a responsabilidade por sua luz, sua calidez, seu brilho. Ouça em ação. Aqueles que falam muito não aprendem. Deixe que os ventos da mudança impulsionem você. Abra os braços para o potencial do mundo e deixe os elementos carregarem você. Circunde-se com as almas das gigantes entre as Deusas. Empolgue-se com os seres que pensam como você e que fazem as coisas acontecer. Que, como você, sentem entusiasmo ante a mudança. Da mudança das estações aos sons do oceano. Um nascer de sol. Chuva. As estrelas. Eu, por exemplo, fico empolgada por você não apenas alcançar a consciência, mas também agir com consciência. Você se move com atenção plena. Age de forma consciente. Sempre em frente. Mudando sempre.

Faça deste seu mantra para a evolução eterna.

> **EXERCÍCIO EVOLUTIVO: EVOLUA**
>
> Um exercício para fazer todos os dias e *ativar sua magia de Deusa*. Opere a partir de seus instintos mais primitivos: amor, intuição, crescimento e compaixão. Nunca pare de digerir novos conhecimentos, abrindo-se para novas visões e trabalhando para que todas as coisas tenham um equilíbrio abençoado. Siga os passos das ancestrais, das anciãs, das Deusas!

Expanda: Sua sabedoria e sistemas de crença.

Valores: Abra-se para todos os valores e formas de viver bem.

Observe: Você mesma, mais que os outros, reflita e aprenda sobre você; tanto em termos do corpo quanto do espírito.

Amor: Deixe que sua resposta orgânica e primitiva sempre seja o amor.

Visão: Permita-se pensar e absorver novos pensamentos e sonhos.

Equalize: Nunca pare de crescer, aprender e educar sua alma e seu eu, para descobrir o estado de equilíbrio em sua vida, o ponto ótimo espiritual.

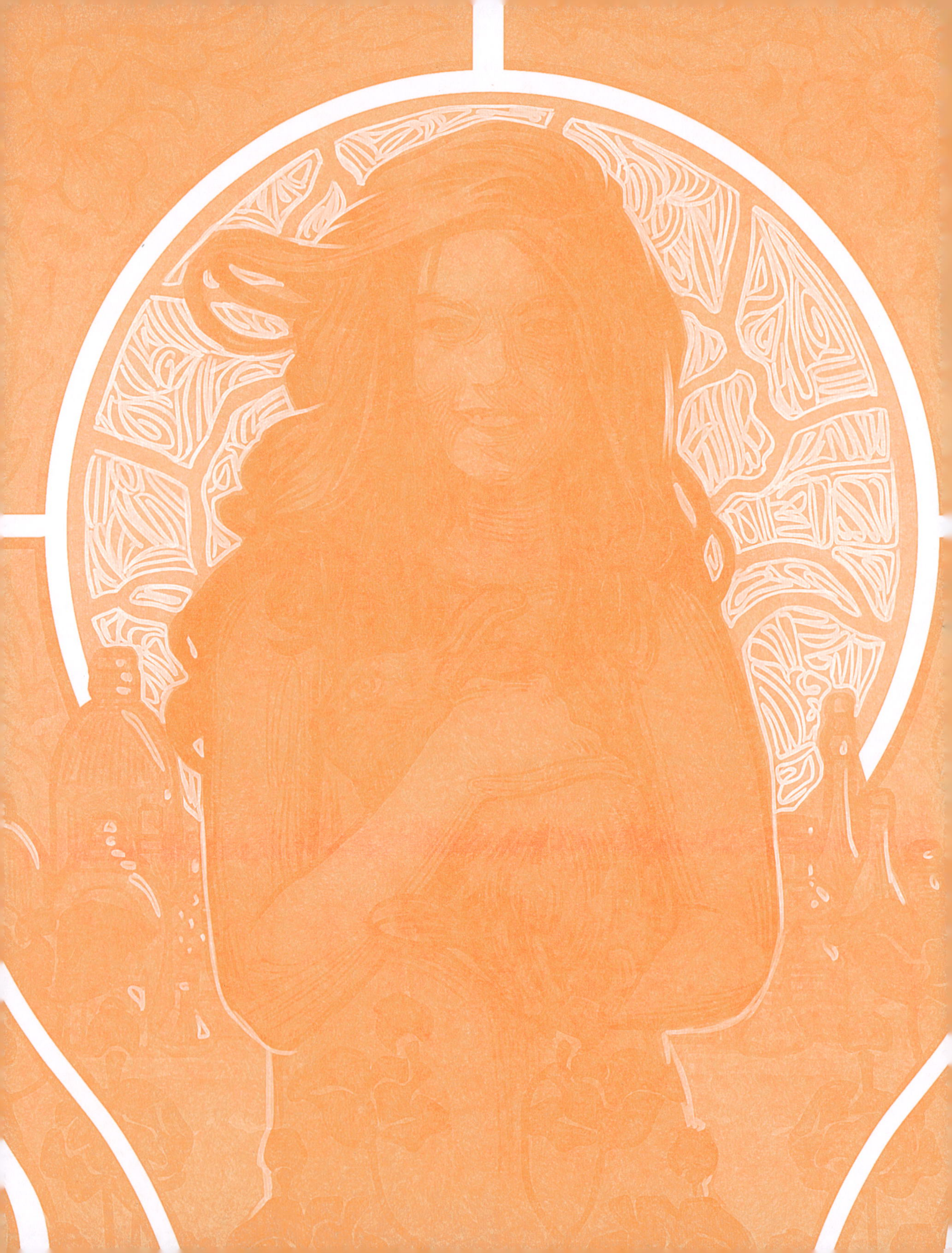

POSFÁCIO

"MINHA MISSÃO NA VIDA NÃO É MERAMENTE SOBREVIVER, MAS FLORESCER."
– MAYA ANGELOU

Sua história como Deusa agora está em andamento. Que sua linhagem se renove, não mais adormecida ou perdida, mas de pé, seguindo com você. As vozes de suas antepassadas ecoam com mais força enquanto está atenta a elas. Você não é uma mulher misteriosa, e tampouco é um mistério como você chegou a ser o que é e a fazer o que faz.

Você renasceu. Como acontece a cada novo dia, você recomeça. Sempre diferente de quem era no dia anterior. Há sempre um elemento de mudança em você. E isso, meu amor, é o que faz de você uma Deusa realmente capaz de qualquer coisa, pois está conectada com tudo.

Esta é sua nova era. Ela requer uma nova abordagem. Uma nova atitude. Uma nova maneira de pensar. Nessa nova era, qualquer coisa é possível. Este é o seu momento. Seja a mudança. Tenha a coragem de ser mais. De fazer mais.

A vida não tem a ver com passos pequenos e seguros. Tem a ver com os momentos em que confiamos, damos o salto, e aquele lugar aonde vamos quando achávamos que não conseguiríamos ir, ou ao qual disseram que não chegaríamos, mas que acreditávamos poder alcançar. A verdade é que, como quer que fosse, nós o fizemos. Viva plenamente hoje, e todos os dias. Saiba que a antiga você, as antigas histórias existem apenas como lições, não como limitações. Mais relevante do que as histórias que reprimiam você é o que você faz atualmente – é isso que importa. Porque as histórias que você deixou para trás, e as histórias que tem pela frente, não são nada comparado ao que você traz dentro de si. Evoluir como ser espiritual, uma realizadora espiritual, um ser humano melhor, não é para você uma questão de "se", é uma questão de "quando". Para você, tem a ver com o "como". Como você escolhe aprender, crescer e mudar.

VIVA PLENAMENTE HOJE, E TODOS OS DIAS. SAIBA QUE A ANTIGA VOCÊ, AS ANTIGAS HISTÓRIAS EXISTEM APENAS COMO LIÇÕES, NÃO COMO LIMITAÇÕES.

Todos nós podemos mudar. Nem todos escolhem evoluir. Mas você sim. Nem todo mundo escolhe ir além do que é tolerado, e do que é aceitável. Você está entre aqueles que desbravaram novas trilhas – que ousaram dizer sim ao desafio de seguir adiante em um caminho desconhecido. Esta é a mulher indomável que todas temos dentro de nós, a Deusa, o incentivo, o desejo intenso, a inquietação frustrante; é um estrondoso *sim*.

Sim, você pode. Sim, você é. Sim, você o fará. Sim, qualquer coisa é possível se você tiver coragem. Olho para você e digo, sim, sim, Deusa. Isso nunca foi a história. Minha história. A história dela. Sempre foi sua. Nossa. Este é o seu dia, o nosso dia, e todos os dias, para todas, um movimento para a frente. Para nos reunirmos. Juntas. Com ela.

Há um cântico, uma canção que me deixa arrepiada toda vez que a ouço. Algo dentro de mim é evocado. A batida de um tambor sacode a terra sob meus pés, despertando as almas adormecidas de nossas ancestrais, e sinto a missão delas pulsar através de mim.

Ao ler a letra impressa, as palavras cantarão para você. Caso se sinta inspirada, procure on-line a música de Sandy Vaughn, e deixe que ela atinja sua alma de Deusa.

Ouço as vozes de nossas avós[1]

Ouço as vozes de nossas avós me chamando
Ouço as vozes da canção de nossas avós
Ela diz desperte, desperte, criança, desperte, desperte
Escute, escute
Escute, escute
Ouço as vozes de nossas avós me chamando
Ouço as vozes da canção de nossas avós
Ela diz assuma seu poder, mulher, assuma seu poder
Escute, escute
Escute, escute

Ouço as vozes de nossas avós me chamando
Ouço as vozes da canção de nossas avós
Ela diz dê à luz, dê vida, mãe, dê à luz, dê vida
Escute, escute
Escute, escute
Ouço as vozes de nossas avós me chamando
Ouço as vozes da canção de nossas avós
Ela diz, ensine e transmita sabedoria, anciã, ensine e transmita sabedoria
Escute, escute
Escute, escute

Possam todos os rios correr limpos
Possam as montanhas manter-se intocadas
Possam as árvores crescer
Possa o ar ser puro
Possa a terra ser compartilhada por todos

Escute, escute
Escute, escute
Escute, escute
Escute, escute*

É hora de cantarmos todas "Desperte, desperte, escute, escute".² É hora de dar ouvidos a nossa verdade. Nossos chamados interiores. De ouvir o chamado que está sendo sussurrado a todas nós, vamos nos reunir, nos erguer. O fato é que agora você sabe do que é feita. Agora que você conhece sua verdade transformadora, não há limites para aonde pode ir, o que pode mudar e o que pode tornar-se. Afinal de contas, você é uma Deusa.

---

* **I Hear the Voices of the Grandmothers** / I hear the voice of the grandmothers calling me / I hear the voice of the grandmothers' song / She says wake up, wake up, child, wake up, wake up / Listen, listen / Listen, listen / I hear the voice of the grandmothers calling me / I hear the voice of the grandmothers' song / She says stand in your power, woman, stand in your power / Listen, listen / Listen, listen / I hear the voice of the grandmothers calling me / I hear the voice of the grandmothers' song / She says give birth, give life, mother, give birth, give life / Listen, listen / Listen, listen / I hear the voice of the grandmothers calling me / I hear the voice of the grandmothers' song / She says teach and give wisdom, crone, teach and give wisdom / Listen, listen / Listen, listen / May the rivers all run clear / May the mountains be unspoiled / May the trees grow tall / May the air be pure / May the earth be shared by all / Listen, listen / Listen, listen / Listen, listen / Listen, listen.

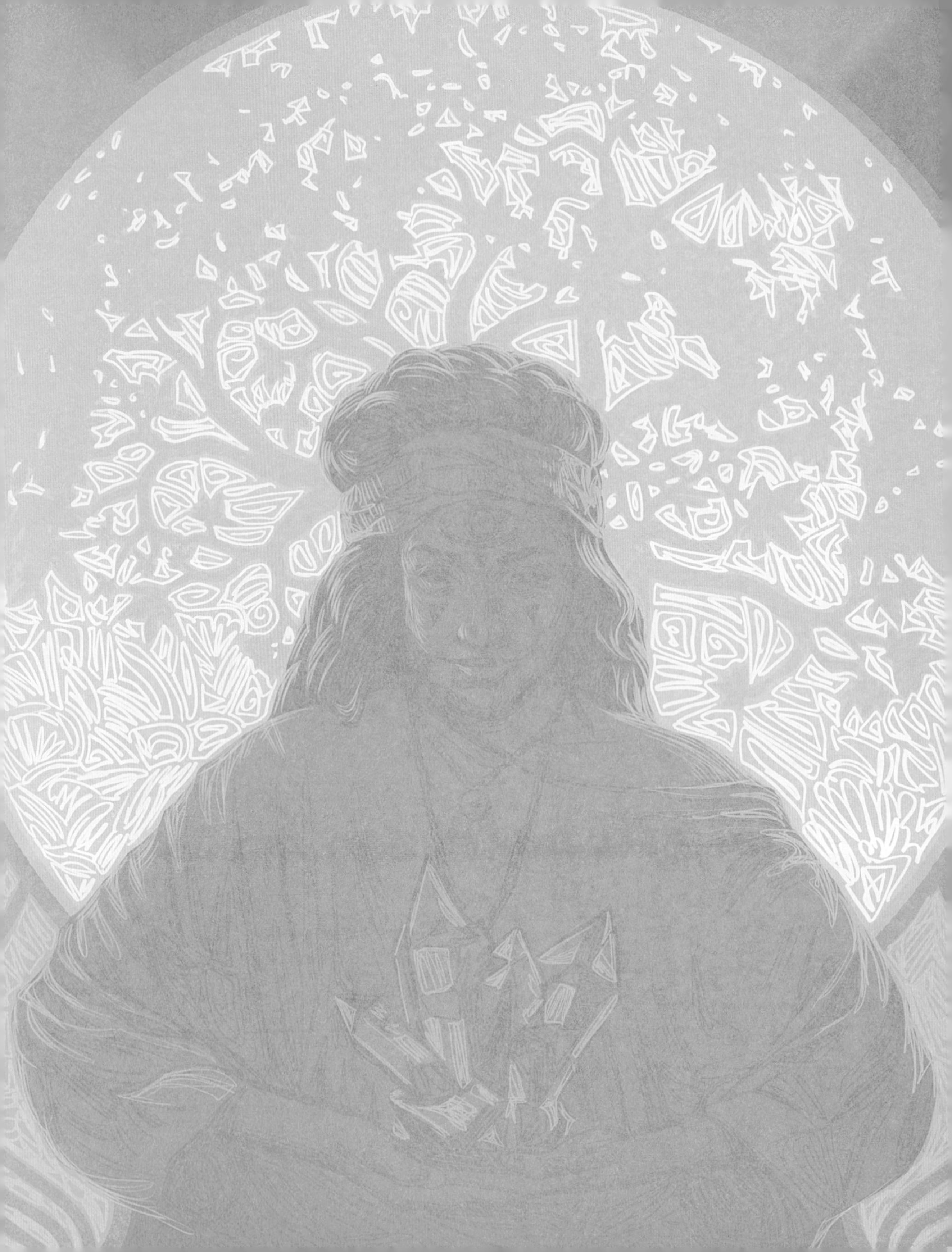

AGRADECIMENTOS

Obrigada a todas as Donzelas, Mães e Anciãs que tornaram possível este livro. Esta obra foi escrita por uma tribo de sábias, um coletivo de mulheres, um grupo de guias, fontes, universo, Deus e anjos (Gabrielle e Metatron) que canalizaram mensagens através do chakra da coroa para o teclado, e minha alma esperançosa se apresentou para o serviço espiritual.

Às muitas mulheres sábias que me agraciaram com sabedoria e aprendizados, para serem compartilhados nas páginas deste livro, eu me curvo:

Zhena Muzyka, a rainha que acreditou neste projeto quando ele era uma simples semente. Obrigada por me guiar, estar a meu lado sem julgamentos e me ajudar a assumir minhas verdades nestas páginas.

Judith Curr, e sua tribo supertrabalhadora na Simon and Schuster.

Marilyn Allen, Emily Han e Anne Slight, que derramaram todo o amor e energia nestas palavras para fazerem o mundo crescer.

Para as mulheres que abriram o caminho para mim, entre elas Marija Gimbutas, Starhawk, Caroline Myss e Clarissa Pinkola Estés.

Mulheres que seguem a mesma trilha que eu, compartilhando os caminhos da sacerdotisa e dando apoio a meu trabalho, obrigada, irmãs. Rebecca Campbell, Mel Wells, Shannon Kaiser, Amy Leigh Mercree, Rachel Hunter, Michelle Buchanan, Emma Loewe, Kayla Jacobs, Jordan Younger, Marissa Lace, Angela Leigh, Julie Parker, Heather-Ash Amara, Ruby Warrington, Taryn Brumfitt, Rebecca Van Leeuwen, Sarah Brosnahan, Jane Loewe, Kim Macky, Janelle Brunton-Rennie, Makaia Carr, Abbylee Childs, Hannah Jensen, Sarah Tanner, Erin O'Hara e Diane Sims. E a todas as mulheres que cruzaram meu caminho enquanto este livro estava sendo gestado, obrigada... Sandra, Kelly, Sarah, Charlotte, Leanne, Jane, Mo, Jess, Worth, Barbara, Kristen, Peggy, Cathy, Jennifer, Olivia, Roylin, Susan, Chante, Toni, Rebecca, Chris, Kathryn, Lisette, Aleisha, Lizzie, Vanessa, Jasmine, Emma, Bridget, Gaia, Rani, Mel, Jess, Julie e outras mais.

E aos homens fortes e amorosos que me apoiaram nesta viagem, em especial meu pai, Merv, e meu paciente parceiro, Brad. Que velaram enquanto estas páginas eram tecidas.

Este livro precisou de uma tribo, e a cada um de você devo minha gratidão.

APÊNDICE: MANTRAS DA DEUSA

Segue uma compilação dos melhores mantras da Deusa para levar com você em sua jornada evolutiva.

Tudo conspira para que eu evolua e cresça.

Não busco a perfeição. Sei que a perfeição não existe. Em vez disso, busco o progresso. Comemoro tudo o que alcanço, até mesmo o menor passo à frente.

Não vejo oposição. Vejo oportunidade de mudanças.

Para mudar o mundo, mudo a mim.

O verdadeiro pertencimento é uma prática espiritual, e a capacidade de encontrar o sagrado tanto ao fazer parte de algo quanto ao ter a coragem de estar só.

Preciso estar em equilíbrio para alcançar um mundo equilibrado. Procuro sempre ver os dois lados, buscando comprometimento, mudança, entendimento e paz.

Manifesto-me e atuo quando as coisas não servem mais para mim. Afasto-me de relacionamentos tóxicos. Defendo minhas posições no trabalho. Demonstro respeito por mim mesma, fazendo o que é melhor para mim.

Protejo as outras mulheres. Tenho em mente sempre que somos da mesma tribo, que estamos do mesmo lado.

Vou me manifestar a favor de outras mulheres e apoiar minhas irmãs. Mulheres empoderadas empoderam mulheres.

Faça as pazes com o processo de evolução. Respeite seus defeitos retrabalhados e que fazem parte de quem você é agora como mulher.

Eu escolho responder, em vez de reagir. Tenho consciência da diferença.

Escuto sempre com a intenção de compreender, não de responder.

- Permito-me ser amorosa. Faço elogios a estranhos, e digo às pessoas que me importo com elas. Eu amo, livremente.
- Uso minhas emoções como um ponto forte, não como uma fraqueza. Minhas emoções recarregam minha alma. Sinto plenamente minhas emoções. Presto atenção a elas.
- Não fico ferida com minhas experiências, fico melhor.
- Compartilho minhas emoções e minha história para ajudar a curar outras pessoas. Vulnerável. Real. Verdadeira.
- Honro todas as minhas emoções, reconhecendo o poder tanto da paixão irada e indomada quanto da paixão amorosa e dedicada.
- Sua emoção é seu empoderamento. Aceite que sentir a vida de forma tão profunda é tanto uma bênção quanto uma maldição.
- Rótulos apenas limitam. Seja definida por aquilo que liberta você.
- Ao receber um insulto, ofereço uma reflexão.
- Eu vejo com o coração, a intuição e a alma – todos são olhos. Escolho ver o que é bom.
- Tenho limites saudáveis.
- O que ofusca sua sabedoria? Elimine o que não está ajudando você a evoluir.
- Defendo aquilo em que acredito, enquanto respeito a opinião dos outros.
- Ter respeito e compreensão, e esforçar-se para entender a perspectiva alheia constituem uma expressão do amor.
- Eu neutralizo pessoas e situações hostis. Mantenho meus sentimentos sob controle quando lido com situações difíceis e não permito que a ira ou a frustração me dominem.
- Levo em conta o ponto de vista de todo mundo e uso minha inteligência emocional para guiar-me no conflito.
- Dou espaço a mim mesma em tempo de lições e aprendizados, para refletir sobre a experiência e recebê-la.
- Cuido de minha comunidade, oferecendo apoio e orientação, e incentivando todos à minha volta.
- Dou mais ênfase a minha presença do que a meu empenho. As outras mulheres apreciam minha companhia.
- Colaboro com os demais, permitindo que tudo flua, sem forçar.
- Estou o tempo todo renovando a mim mesma. Assim como a serpente solta-se da pele antiga, solte-se de seu passado e recomece, de novo e de novo.
- Meu poder feminino é amparo, compaixão e unidade – e não exigências ou conquistas.
- Dedico tanto tempo à minha escuridão quanto à minha luz. Dou a mim mesma espaço para processar todas as minhas emoções e experiências.
- Minha sororidade é medicinal. Peço ajuda quando necessito.
- Eu expresso a minha verdade.
- Não deixo que rótulos me definam. Tampouco julgo os demais.
- Eu contribuo para o mundo. Pratico a ação desperta. Busco o progresso.

APÊNDICE: MANTRAS DA DEUSA

Compreendo que se eu agir todo dia, mesmo que só um pouquinho, ajudo e contribuo para com o todo, de maneira significativa. Menos ser, mais fazer.

Dedico meu tempo e minha energia a algo maior do que eu.

Não estou ferida. Não sou uma vítima. Aceito, aprendo e sigo em frente.

Sou corajosa, não estou presa no lugar. Penetro em minha escuridão, com o mesmo orgulho com que penetro em minha luz.

Compreendo que tanto escuridão quanto luz me ensinam e também me curam.

Sem culpa alguma, sou empoderada, generosa, amável, forte.

Sou uma Deusa.

NOTAS

CAPÍTULO 1. A DEUSA DE MIL FACES

1 "Goddess", *The Merriam-Webster Dictionary*, acesso em 5 de outubro de 2017. https://www.merriam-webster.com/dictionary/goddess.
2 Entrevista feita pela autora, por e-mail, com a fundadora da Tribal Trust Foundation, Barbara Savage, 1º de agosto de 2017.
3 *Ibid.*
4 *Ibid.*
5 *Ibid.*

CAPÍTULO 3. O FEMININO: ARQUÉTIPOS + NARRATIVAS

1 Joseph Campbell, *The Power of Myth* (Nova York: Anchor Books, 1991).
2 *Ibid.*
3 Dra. Clarissa Pinkola Estés, *Women Who Run with the Wolves: Myths and Stories of the Wild Woman Archetype* (Nova York: Ballantine, 1992).
4 *Ibid.*
5 Caroline Myss, *Archetypes: Who Are We?* (Carlsbad, CA: Hay House, 2013).

CAPÍTULO 4. A LINHA DO TEMPO SEGUNDO AS ESTRELAS

1 David Bokovoy, "God, Gods, and Goddesses: Making Sense of the Elohim in Genesis", *Patheos,* 6 de dezembro de 2014, acesso em 25 de agosto de 2017. www.patheos.com/blogs/davidbokovoy/2014/12/god-gods-and-Goddesses-making-sense-of-the-elohim-in-genesis.
2 *Ibid.*
3 *Ibid.*
4 Marija Gimbutas, acesso em 5 de novembro de 2017. http://www.marijagimbutas.com/.
5 Manuela Dunn Mascetti e Peter Lorie, *Nostradamus: Prophecies for Women* (Nova York: Simon and Schuster, 1995), capítulo 1, p. 47.
6 Joan Didion, *The Year of Magical Thinking* (Nova York: Vintage Penguin Books, 2007).
7 Rebecca Campbell, *Rise Sister Rise: A Guide to Unleashing the Wise, Wild Women Within* (Carlsbad, CA: Hay House, 2016).
8 Kavita N. Ramdas, Mount Holyoke, Discurso de formatura, "Dancing Our Revolution: Why We Need Uncommon Women Now", 19 de maio de 2013, acesso em 25 de agosto de 2017. https://www.mtholyoke.edu/media/kavita-n-ramdas-85-citation-and-speech.

CAPÍTULO 7. O ESSENCIAL DA EVOLUÇÃO DA LUA

1 Body Image Movement, acesso em 9 de setembro de 2017. https://bodyimagemovement.com/.
2 Jessica Samakow, "This Woman Wants to Change How All of Us See Our Bodies", *The Huffington Post*, 14 de maio de 2014, acesso em 9 de setembro de 2017. https://www.huffingtonpost.com/2014/05/14/embrace-taryn-brumfitt_n_5318178.html.

CAPÍTULO 8. MODALIDADES DA LUA

1 Miranda Grey, *Red Moon – Understanding and Using the Creative, Sexual and Spiritual Gifts of the Menstrual Cycle* (Londres: Upfront Publishing, 2009), capítulo 4, pp. 48-54. [*Lua Vermelha – As Energias Criativas do Ciclo Menstrual Como Fonte de Empoderamento Sexual, Espiritual e Emocional*. São Paulo: Pensamento, 2017, pp. 138-40.]
2 *Ibid.*
3 "Meditation for Balancing the Moon Centers", 3HO: Healthy, Happy, Holy Organization, acesso em 29 de setembro de 2017. https://www.3ho.org/3ho-lifestyle/women/moon-centers/meditation-balancing-moon-centers.

CAPÍTULO 10. O ESSENCIAL DA EVOLUÇÃO DA ÁGUA

1 Doug Sundheim, "Good Leaders Get Emotional", *Harvard Business Review*, 15 de agosto de 2013. https://hbr.org/2013/08/good-leaders-get-emotional.

CAPÍTULO 11. MODALIDADES DA ÁGUA

1 Dr. Vitale e Dr. Ihaleakala Hew Len, *Zero Limits*, notícias para a Soul Internet Radio, acesso em 2 de novembro de 2016. http://hooponoponoinsights.wordpress.com. Reimpresso com permissão.

CAPÍTULO 12. TERRA: MITOLOGIA + PODERES

1 Jane Goodall e Phillip Berman, *Reason for Hope: A Spiritual Journey* (Nova York: Grand Central Publishing, 2000).

CAPÍTULO 13. O ESSENCIAL DA EVOLUÇÃO DA TERRA

1 Amy Leigh-Mercree, *The Chakras and Crystals Cookbook: Juices, Sorbets, Smoothies, Salads, and Soups to Empower Your Energy Centers* (Allegria Entertainment, 2016), capítulo 1, "Chakras". Reimpresso com permissão.

CAPÍTULO 14. MODALIDADES DA TERRA

1 Amy Leigh-Mercree, *The Chakras and Crystals Cookbook: Juices, Sorbets, Smoothies, Salads, and Soups to Empower Your Energy Centers* (Allegria Entertainment, 2016), capítulo 1, "Chakras". Reimpresso com permissão.
2 April Holloway, "How Ancient People Marked the Equinox Around the World", *Ancient Origins*, 20 de março de 2014. http://www.ancient-origins.net/ancient-places/how-ancient-people-marked-equinox-around-world-001464.
3 Leigh-Mercree, *The Chakras and Crystals Cookbook*.

CAPÍTULO 15. AR: MITOLOGIA + PODERES

1 Scott Cunningham, *The Complete Book of Incense, Oils, and Brews* (Woodbury, MN: Llewellyn Worldwide, 2002), pp. 27-44. Reimpresso com permissão da editora.

CAPÍTULO 16. O ESSENCIAL DA EVOLUÇÃO DO AR

1 "Mission + History", WRISE, acesso em 2 de novembro de 2017. http://wrisenergy.org/about-wrise/mission/.

CAPÍTULO 17. MODALIDADES DO AR

1 Siegfried Morenz, *Egyptian Religion* (Ithaca, NY: Cornell University Press, 1973), capítulo 5, pp. 88-9.
2 Melissa Eisler, "Nadi Shodhana: How to Practice Alternate Nostril Breathing", The Chopra Center, acesso em 26 de setembro de 2017. http://www.chopra.com/articles/nadi-shodhana-how-to-practice-alternate-nostril-breathing.
3 Scott Cunningham, *The Complete Book of Incense, Oils, and Brews* (Woodbury, MN: Llewellyn Worldwide, 2002), pp. 27-44. Reimpresso com permissão da editora.

4 Anita Sanchez, *The Four Sacred Gifts: Indigenous Wisdom for Modern Times* (Nova York: Enliven Books/Simon & Schuster, 2017).
5 *Ibid.*

CAPÍTULO 18. SOL: MITOLOGIA + PODERES

1 Rachel Hunger, "Raging Unicorn", acesso em 2 de novembro de 2017. http://www.rachelhunter.com/blog/2017/6/29/anger-.
2 Skye Alexander, *The Modern Guide to Witchcraft: Your Complete Guide to Witches, Covens, and Spells* (Avon, MA: Adams Media, 2014), capítulo 6, "Gods and Goddesses", pp. 75-6.
3 April Holloway, "How Ancient People Marked the Equinox Around the World", *Ancient Origins*, 20 de março de 2014. http://www.ancient-origins.net/ancient-places/how-ancient-people-marked-equinox-around-world-001464.

CAPÍTULO 19. O ESSENCIAL DA EVOLUÇÃO DO SOL

1 Anne McGurk, "Powering Up: Meet the Women Electrifying China's Energy Transition", Greenpeace, acesso em 17 de novembro de 2017. http://www.greenpeace.org/eastasia/news/blog/powering-up-meet-the-women-electrifying-china/blog/58885/.
2 *Ibid.*

CAPÍTULO 20. MODALIDADES DO SOL

1 Kundalini, *Breath of Fire*. Reimpresso com permissão de The Kundalini Research Institute. Para mais informações, contate www.kriteachings.org.
2 *Ibid.*

ATIVANDO SEUS PODERES DE DEUSA

1 Skye Alexander, *The Modern Guide to Witchcraft: Your Complete Guide to Witches, Covens, and Spells* (Avon, MA: Adams Media, 2014), capítulo 6, "Gods and Goddesses", pp. 75-6.
2 *Ibid.*

POSFÁCIO

1 Sandy Vaughn, de Tonasket, Washington, "I Hear the Voices of the Grandmothers", do CD *Home to the River of Love*. Reimpresso com permissão da artista.
2 *Ibid.*

Impresso por :

gráfica e editora

Tel.:11 2769-9056